図解即戦力

解と
い!

鉄道業界の しくみとビジネスが しっかりわかる 教科書

これ1冊で

枝久保達也 Tatsuya Edakubo
佐藤 充 Mitsuru Sato
小林拓矢 Takuya Kobayashi

技術評論社

ご注意：ご購入・ご利用の前に必ずお読みください

■ 免責

本書に記載された内容は、情報の提供のみを目的としています。したがって、本書を用いた運用は、必ずお客様自身の責任と判断によって行ってください。これらの情報の運用の結果について、技術評論社および著者または監修者は、いかなる責任も負いません。

また、本書に記載された情報は、とくに断りのない限り、2024年5月現在での情報をもとにしています。情報は予告なく変更される場合があります。

以上の注意事項をご承諾いただいたうえで、本書をご利用願います。これらの注意事項をお読みいただかずにお問い合わせいただいても、技術評論社および著者または監修者は対処しかねます。あらかじめご承知おきください。

■ 商標、登録商標について

本書中に記載されている会社名、団体名、製品名、サービス名などは、それぞれの会社・団体の商標、登録商標、商品名です。なお、本文中に™マーク、®マークは一部明記しておりません。

はじめに

1872年に走り始めた日本の鉄道は、人やモノの流れはもちろん、人々の空間認識や時間感覚まで一変させ、近代化を牽引しました。細長い国土で人口密度が高い日本にとって鉄道は最適な交通機関であり、鉄道は日本の成長とともに150年の歴史を歩んできました。

ところが鉄道業界は今、大きな曲がり角を迎えています。明治以来、増加し続けてきた総人口は2008年をピークに減少に転じ、全国の人口を飲み込んできた首都圏すら間もなく人口減少時代に突入します。従来のビジネスモデルのままでは、鉄道事業は生き残れません。

鉄道の特性であり優位性は大量輸送にあります。日本の鉄道事業は高い人口密度を背景に世界でもまれな純民営形態で成り立っていますが、人口減少社会はその前提を覆してしまうのです。地方では1990年代から少子高齢化・人口減少が本格化し、ローカル線の存続が議論されていますが、今後は都市部でも人口減少に向き合わなければなりません。

追い打ちをかけたのが新型コロナウイルス感染症です。外出自粛による輸送需要の落ち込みは回復傾向にありますが、定期利用は減少しており、リモートワークの普及や働き方改革の影響でコロナ禍前と同水準には戻りません。鉄道事業者は関連事業の拡大で鉄道事業の穴を埋めようとしていますが、鉄道との相乗効果が期待できて成長が見込める事業は多くありません。

本書は鉄道業界が置かれているこのような課題に対し、鉄道事業とはどのようなものか、今なにが起こっているのか、各地域・各事業者の取り組みを交えつつ、わかりやすく網羅的に学べるように解説した1冊です。

巨大組織である鉄道事業者を細部まで解説するのは困難なので、交通機関としての鉄道の特性や経営のしくみなど、事業の全体像を理解することを第一にまとめました。本書をきっかけに鉄道を知り、その未来を一緒に考えていただければ幸いです。

2024年5月
枝久保達也

CONTENTS

Chapter 2

鉄道会社の基本知識

Chapter 3

日本の交通を支えるJR7社

Chapter 4

都市の交通を支える大手私鉄

Chapter 5
地域の交通を支える中小私鉄・公営鉄道

Chapter 6
鉄道会社グループの組織構造

Chapter 7

鉄道業界の社員・協力企業

Chapter 8

鉄道会社の採用・待遇・キャリアパス

Chapter 9

鉄道会社が展開する非鉄道事業

Chapter 10
鉄道業界の未来動向

第1章

鉄道業界の最新動向

自動車にバス、そして鉄道——私たちの生活には、さまざまな交通機関が関わっています。その中でとりわけ速度や輸送量に強みを持つのが鉄道ですが、まずは鉄道事業者の利益構造やビジネス、取り組みなどの概要を見ていきます。

Chapter1
01

初期投資を賄う必要がある

鉄道会社が生み出す利益の構造

私たちの生活に欠かせない交通機関。現代はバスや自家用車などの普及によって、鉄道の存在意義は「高速」「大量輸送」に特化しました。鉄道経営が利益を生むには、資金調達や利払いのコントロールが重要です。

鉄道経営では資金のやりくりがカギ

1920年代までは、近代的な陸上交通機関は鉄道しか存在しておらず、その独占的な地位で利益を獲得していました。しかし、小回りが利くバスやトラックなどの自動車輸送事業の拡大や、1960年代以降の自家用車の普及によって、鉄道事業は方向性の転換を迫られ、現在では高速輸送や大量輸送をその強みとしています。

また、鉄道事業は用地の買収、線路や駅の建設、車両の調達などの設備投資や、運営に携わる人財の確保など、莫大なコストが必要です。これを賄う資金の調達、その返済とそれに伴う利払いのコントロールが鉄道経営における基本方針となります。

現代も続く事業の多角化

あらゆる社会経済活動は交通に支えられており、また交通に影響を与えます。たとえば1920年頃から近郊鉄道網が急速に発展したことで、大都市の中流層が環境のよい郊外へ移住する「郊外化」が進みました。郊外化は、道路、上下水道、電気などのインフラ整備や、人口増加、経済活動の活発化など、地域に大きな影響を与えます。これを「外部経済」といいます。

鉄道事業者は旅客・貨物運賃収入だけでなく、鉄道建設によって生じた外部経済を内部化するため、鉄道建設と同時に沿線で不動産事業や電力事業を展開しました。また沿線在住者の買物やレジャー需要を開拓するため、ターミナルデパートの建設や沿線観光地の開発を進めるなど事業を多角化していきます。このような鉄道と不動産を軸とした私鉄ビジネスモデルは、現代でも多くの事業者に引き継がれています。

外部経済
取引当事者以外に便益が波及すること。経済活動が取引当事者以外に及ぶことを「外部性」と呼ぶ。また、「外部不経済」は公害など周辺に負の影響が及ぶことを指す。

内部化
企業の経済活動によって第三者に生じた利益や不利益などを、企業側の経済計算に反映させること。

ターミナルデパート
東急東横店や小田急新宿店など、鉄道やバスのターミナル駅から接続して建てられている百貨店。私鉄の経営多角化の一環として行われるケースが多い。

地域ごとの移動の交通手段（平日）

地方では自動車、都市部では鉄道の需要が目立つ

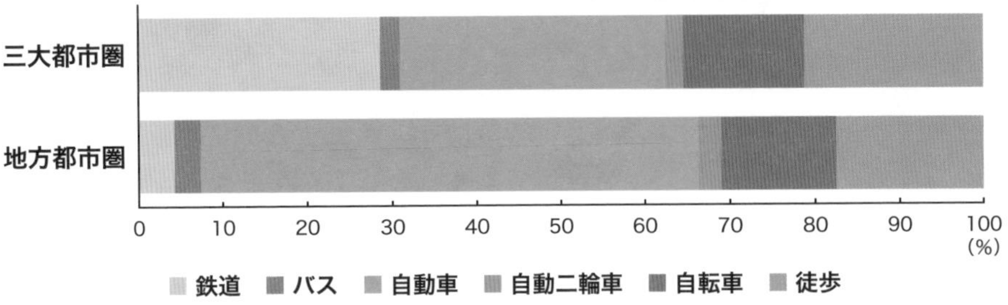

出所：国土交通省「令和２年版交通政策白書」

鉄道経営の特徴

貸借対照表

資産の部		負債及び純資産の部	
科目	金額（百万円）	科目	金額（百万円）
資産の部		負債の部	
流動資産	11,669	流動負債	10,961
現金及び預金	631	短期借入金	1,362
：	：	：	：
固定資産	81,206	固定負債	56,726
鉄道事業固定資産	79,754	長期借入金	16,770
各事業関連固定資産	610	長期未払金	36,710
：	：	：	：
		負債の部合計	67,687
		純資産の部	
		株主資本	25,188
		：	：
		純資産の部合計	25,188
資産の部合計	92,876	負債及び純資産の部合計	92,876

損益計算書

科目	金額（百万円）
鉄道事業営業利益	2,839
営業収益	13,935
うち旅客運輸収入	10,446
営業費	11,095
営業外収益	100
営業外費用	412
支払利息	386
その他の費用	25
経常利益	2,528
特別利益	18
特別損失	17
税引前当期純利益	2,528
法人税等計	770
当期純利益	1,758

設備投資に伴い、固定資産は大きくなる

設備投資に必要な費用を固定負債としてまかなう

負債返済にかかる利息が多い

純利益から負債（元本）を返済する

出所：北総鉄道「2022年度決算について」をもとに作成

Chapter1 02

セグメント別収益とキャッシュフロー

鉄道グループを連結売上高で見ると運輸事業の割合は多いとはいえませんが、連結営業利益の割合を見ると運輸事業並びに不動産事業が半数以上を占めています。経営の実態は減価償却費を含めたキャッシュフローから見えます。

売上高と利益の違いを知る

鉄道・バスなどの運輸事業を本業とする鉄道事業者ですが、関連事業を手広く展開する大手・中小私鉄では売上高に占める運輸事業の割合は2～3割にとどまります。もう1つの軸である不動産事業もおおむね1～2割で、鉄道とあわせても過半数に届きません。

セグメント別に見ると、たとえば東急は東急ストアなどを展開する「生活サービス事業」が連結営業収益の半分を占めます。またプリンスホテルを擁する西武ホールディングス、各種ホテルや近畿日本ツーリストを傘下に持つ近鉄グループホールディングスの「ホテル・レジャー」セグメントは3～4割を占めています。

しかし利益の観点では様相は大きく異なります。連結営業利益に占める割合から見ると、利益率が低い流通業・レジャー事業は合計しても1～2割に過ぎません。一方、運輸事業と不動産事業の合計はほとんどの事業者で6～8割に達しており、鉄道事業者の利益の源泉が運輸事業と不動産事業にあるとわかります。

キャッシュフロー
事業の運営において生じる現金の流れのこと。

鉄道業界のキャッシュフロー

鉄道事業者には日々、乗車券の購入やICカードのチャージなどの現金が入ってきます。潤沢で安定したキャッシュフローは設備投資や関連事業拡張の原資になるとともに、金融機関や市場の信用の根拠になります。

固定資産の比率が大きい装置産業である鉄道は毎年、多額の減価償却費を計上しています。これは支出を伴わない見かけの費用であり、損益計算が赤字であってもキャッシュフローは黒字になる場合があるため、決算を読む場合には注意が必要です。

減価償却費
固定資産の取得価格を法定耐用年数に応じて各事業年度の費用として計上する会計処理。鉄道ではたとえば、レールは20年、鉄筋コンクリートトンネルは60年、電車は13年といったように個別に決められている。

運輸事業と不動産事業が占める割合（2023年度）

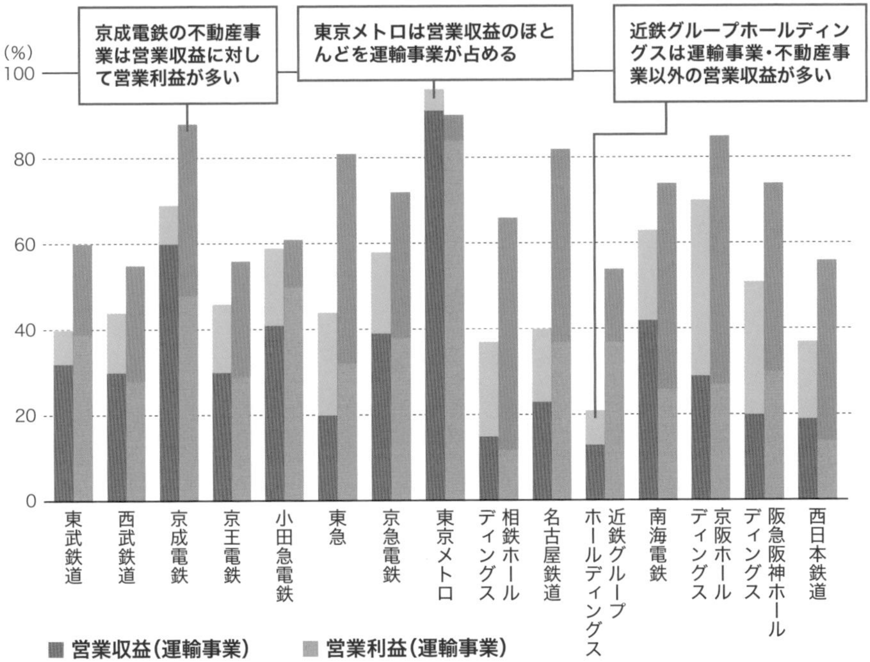

出所：各社決算資料をもとに作成

JR各社における運輸事業以外の売り上げが占める割合（2023年度）

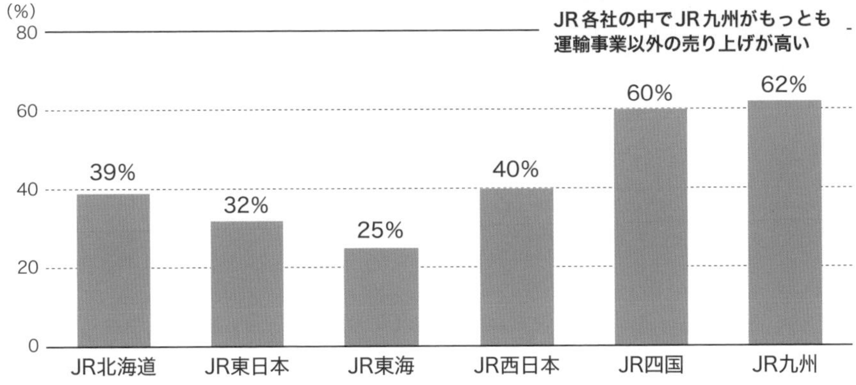

出所：各社決算資料をもとに作成

JRも民営化後に事業の多角化を進め、鉄道事業以外の割合が高くなっています

Chapter1 03

コングロマリット化が進むJRと大手私鉄

運輸や不動産で多くの利益を上げる鉄道事業者ですが、さまざまな業種に進出しています。本業との相乗効果を発揮できる分野かどうかが、事業拡大のカギを握ります。

運輸業以外にも多くのビジネスを展開

鉄道事業者はさまざまな業種にまたがった「コングロマリット」を構成しています。たとえば私鉄ビジネスモデルの始祖である阪急阪神ホールディングスは運輸、不動産のほか、宝塚や阪神タイガースに代表されるエンタテインメント事業、情報・通信業、国際輸送業などを展開し、各事業で大きな利益を挙げています。

また1990年代の東急電鉄（現東急グループ）は、400社以上のグループ会社を有する、事業多角化にもっとも積極的だった企業でした。現在も流通事業、ホテル・リゾート事業、広告代理業などを展開していますが、かつては航空事業（日本エアシステム）、映画業（東映）、銀行業、物流業、鉄道車両製造業などにも進出していました。しかしこれらの事業はグループ再編の際に撤退、売却されています。単に事業拡大を目指すのではなく、本業との相乗効果を発揮できる分野への進出が求められています。

コングロマリット
業種の異なる複数の会社を合併などによって統合し、それによってできた大企業のこと。「複合企業」ともいう。

東急
東京急行電鉄（東急電鉄）は2019年9月に事業持ち株会社「東急」に改組し、鉄道事業は「東急電鉄」として分社化した。詳しくは94ページ参照。

かつては“副業”が禁止されていたJR

政府の全額出資で設立された国鉄では民業圧迫を避けるため、鉄道事業に付帯する自動車運送、連絡船などの事業以外への進出が制限されており、私鉄のような多角化は行えませんでした。しかし1987年の民営化によって誕生したJR各社は、事業の多角化が認められたことによって、私鉄同様にコングロマリット化を進められています。

当初はキノコ栽培、すっぽん養殖など手探りでの他事業進出でしたが、1990年代以降は駅ビルやホテルなど収益性の高い事業が拡大し、JR九州では鉄道を上回る利益を上げています。今後はさらなる柱となる分野の開拓と成長が求められます。

東急グループの各事業と主な会社

交通事業
・東急電鉄
・東急バス　など

営業収益 **2,136億円**
営業利益 **320億円**

不動産事業
・東急不動産
・東急リバブル　など

営業収益 **2,865億円**
営業利益 **487億円**

リテール事業
・東急百貨店
・東急ストア　など

営業収益 **3,319億円**
営業利益 **55億円**

リテール事業は営業収益を多く上げているが、利益率は高くない

ICT・メディア事業
・東急レクリエーション
・東急エージェンシー　など

営業収益 **1,868億円**
営業利益 **75億円**

ホテル・リゾート事業
・東急ホテルズ　など

営業収益 **898億円**
営業利益 **7億円**

出所：東急「2024年３月期決算概況資料」

JR九州の収益（単体）の推移

単位：億円

年度	営業収益	鉄道運輸収入	その他収益	その他の収益の割合
1987	1,298	1,069	229	18%
1990	1,507	1,124	383	25%
1995	1,766	1,221	545	31%
2000	1,605	1,175	430	27%
2005	1,606	1,201	405	25%
2010	1,584	1,168	416	26%
2015	2,111	1,501	610	29%
2020	1,447	763	684	47%
2022	2,116	1,214	902	43%

出所：JR九州ホームページ

JR九州が手がける事業の例

・不動産賃貸業
・ホテル業
・小売業
・電気工事業
・建設機械販売・レンタル事業
・広告業　など

Chapter1
04

人口減少問題が影響している？

ローカル鉄道が直面する利用者の鉄道離れ

地方では自動車が普及するにつれ、まちづくりの中心が鉄道からロードサイトに移ったため、鉄道の地位は低下しました。さらに人口減少の影響も影響し、鉄道としての存続が難しい路線も増えています。

長距離移動は自動車が主役になった

鉄道利用は、路線や季節によって観光客が多数を占めることもありますが、基本的には沿線在住者の通勤・通学・私事など日常的な利用があって初めて大量輸送という特性を発揮します。

しかし1980年代以降、世帯あたり乗用車保有台数は大都市部を除くほとんどの地域で倍増し、並行してバイパスや高速道路の整備が進んだことで、日常の足から長距離移動まで交通の主役は自動車が担うようになりました。行政も道路を中心としたまちづくりを進め、街の中心は駅前からバイパス沿いに移りました。

実際、JR東日本各路線の輸送密度の推移を見ると、民営化後の30年で東北地方のほとんどの路線で5～6割減少しており、コロナ禍以降はさらに減少しています。

輸送密度
営業キロ1kmあたりの1日平均旅客輸送人員のこと。「年間輸送人キロ÷営業キロ÷365日（うるう年は366日）」で算出される。駅間ごとに変動のある利用者数を、全利用者が全区間を利用したと仮定した場合の平均利用者数を意味する。

人口減少は鉄道経営にも影響が

地方鉄道の地盤沈下に拍車をかけるのが人口減少です。日本の総人口は2008年から減少に転じましたが、地方ではより早くピークを迎えました。2000～2020年の20年間で、東京、愛知、大阪、福岡など大都市を抱える8都府県を除く39道府県が減少しており、東北、四国は1割以上に達します。今後、減少ペースが加速する中で、総需要の縮小は鉄道経営に暗い影を落とします。

大都市圏も無関係ではありません。東京の人口は2030年頃まで増加する予測ですが、首都圏外縁部では通勤・通学など鉄道利用の中心となる生産年齢人口の減少が始まっており、JRの首都圏主要路線末端区間の輸送密度は減少傾向にあります。

今後は利用者の減少を、1人あたりの利用頻度あるいは単価を増やすことでカバーする戦略が必要になります。

線路別鉄道利用者の推移

東京都市圏：東海道本線（東京～大船、品川～鶴見など）

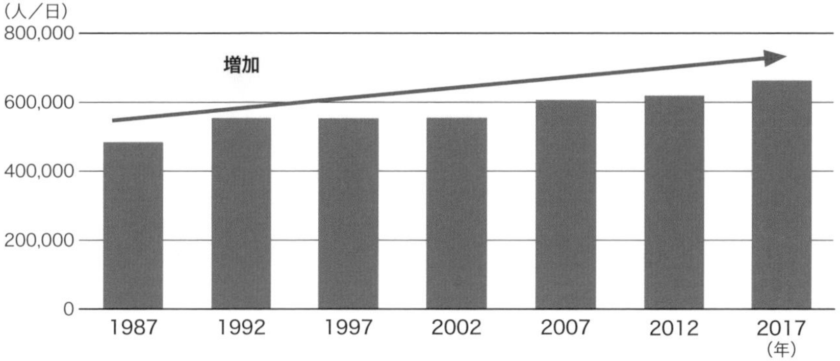

出所：JR東日本ホームページをもとに作成

新幹線：東北新幹線（大宮～宇都宮）

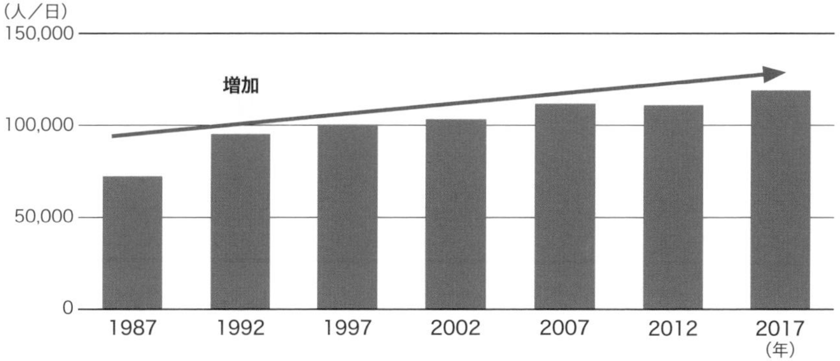

出所：JR東日本ホームページをもとに作成

地方：奥羽本線（秋田～追分）

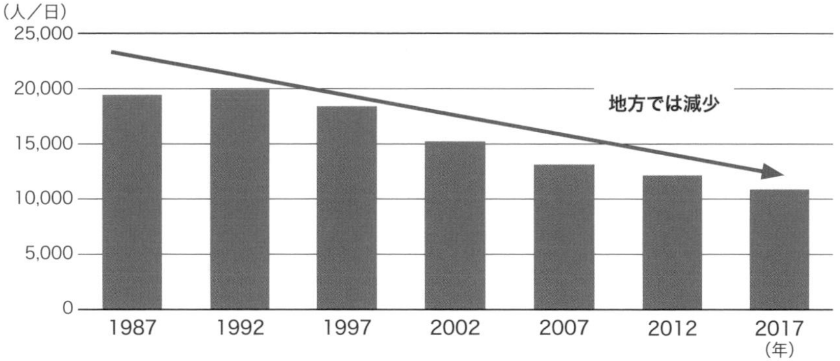

出所：JR東日本ホームページをもとに作成

一時落ち込んだ鉄道のシェア

航空・バスとの競合問題

鉄道は自家用車だけでなく、同じ公共交通機関である航空やバスと競合関係にあります。各社は所要時間、運賃、運行時刻、設備などニーズに応じた様々なサービスを提供し、区間ごとに競争とすみ分けを両立しています。

鉄道のシェアには「のぞみ」が貢献

船舶を除けば唯一の近代的交通手段だった鉄道ですが、時代を経るに従い、単距離で路線バス、中距離で高速バス、長距離で航空との競合関係が生じました。

かつては東京から九州、四国、北海道といった長距離移動も鉄道および連絡船が主流でしたが、東京〜博多間の鉄道と航空のシェアは、山陽新幹線が博多まで開業した1975年に半々となり、その後は航空機の大衆化と国鉄運賃値上げが相まって、東京から福岡、札幌などの長距離移動は航空に移行しました。

一方、600〜700kmの中距離区間では鉄道と航空の激しいシェア争いが繰り広げられました。たとえば東京〜岡山間は「のぞみ」が運行開始した1993年時点で鉄道が8割のシェアを握っていましたが、航空自由化が進んだ2000年代初頭に一時逆転されます。しかし「のぞみ」の大幅増発で反撃に出た鉄道が7割近いシェアを取り戻しています。

連絡船
海や湖などの水域で隔てられた陸地どうしを結び、乗客や荷物、車両などを運搬する船のこと。たとえば、本土・離島間の移動に使用される。

航空自由化
航空便の便数や路線、運賃などを柔軟に設定できるようにすること。自由化される以前、これらは航空協定によって規制されていた。

特性によってすみ分ける区間もある

需要が大きい区間はすみ分けている例もあります。東海道新幹線が開業した1964年に名神高速道路が部分開通すると高速バスの運行が始まり、1969年の東名高速道路開通以降は民間事業者に加え国鉄も「ドリーム号」の運行を開始します。

当時、鉄道には新幹線、夜行列車、在来線普通列車の選択肢がありましたが、速達性と運賃ですみ分けを図りました。現在は新幹線より遅く東京を出発し、早く京都・大阪に到着する高速バスが、新幹線と同程度の運賃ながら人気を集めるなど、特性に応じた競争も起こっています。

各地方から東京へ移動する際の鉄道シェア率の推移

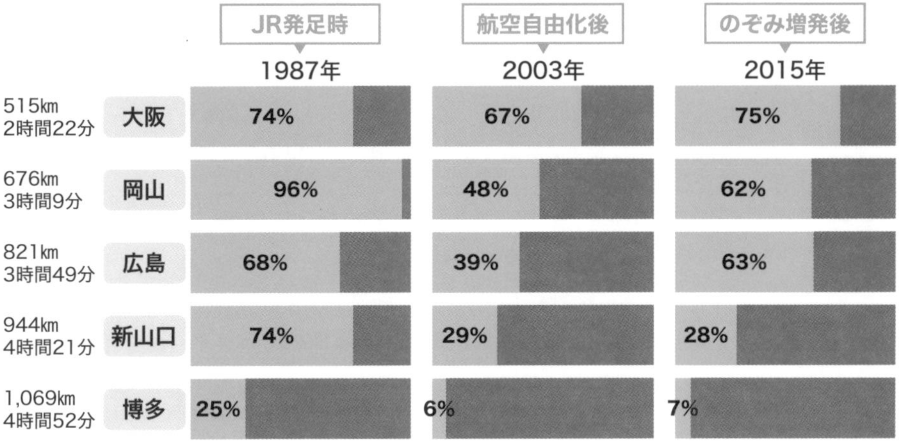

※上段は東京からの距離、下段はのぞみの所要時間

出所：国土交通省「貨物・旅客地域流動調査」をもとに作成

距離別交通機関の分担率

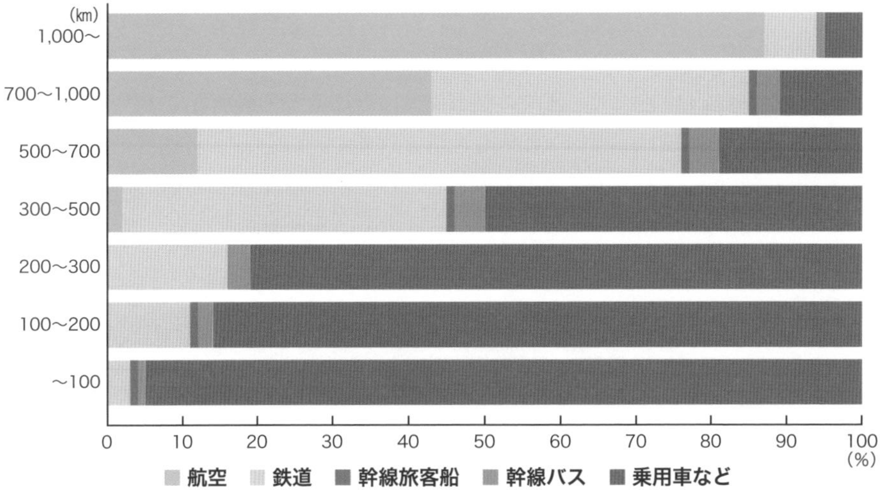

出所：国土交通省「令和２年版交通政策白書」

長距離移動では航空、短距離移動では車の利用が多く、鉄道はその中間に特性があります。ただし輸送量が多い都市部は短距離も鉄道が担います

本業以外のビジネス

沿線を越えて広がる鉄道会社の商圏

培ったノウハウを活用して、鉄道事業者が沿線から離れたビジネスを展開することもあります。鉄道と直接的に関係がない事業も、ブランドを高める効果を見込めます。

自社の技術を使って整備などを受託できる

沿線を中心に事業を営む鉄道事業者ですが、沿線を離れて関連事業を展開する事例があります。大まかに類型化すると以下の3つに分けられます。

①沿線外で経営ノウハウを活かしたビジネス
②ほかの鉄道事業者を対象としたビジネス
③鉄道事業者の信頼感を背景としたビジネス

経営ノウハウを生かした事例として、古くは1950年代に東急電鉄が地方私鉄を傘下に収め、北海道や長野で沿線開発や観光開発を進め、現在も事業を展開しています。また収益化に至ってないものの、海外の鉄道建設に参加する事例が増えてきました。今後は本格的な参入も期待されます。

鉄道事業者を対象としたビジネスは、自社向けに開発した技術や製品を外販して**スケールメリット**を得るものや、専門技術を生かして設計や検査、整備などを受託する例もあります。

スケールメリット
「規模のメリット」ともいい、同種のものを数多く集めることによって単体よりも大きな効果が得られるようになること。経営効率化やコスト削減といったメリットが期待できる。

“ブランドを高める”という戦略

特殊なのは鉄道と直接の関係を持たないビジネスです。たとえば東急、相鉄、京阪などは各地に都市型ホテルを運営していますが、沿線外にも幅広く展開しているため、鉄道との相乗効果はありません。しかし都市型ホテル事業は利益率が高く、鉄道会社の信頼感を背景に安定した利用が見込めるため、近年はJR西日本やJR九州が東京に進出するなど成長が期待される分野です。また、相鉄が西日本、京阪が東日本に自社名を冠したホテルを展開するなど、沿線外でのホテル展開は、自社ブランド向上にも貢献しています。

沿線を離れた関連事業の事例

①沿線外で経営ノウハウを活かしたビジネス

伊豆急行(伊豆急ホールディングス)

- 東急が伊東～下田間の敷設免許を取得し、1959年に設立
- 伊豆半島の豊富な観光資源を利用してさまざまな事業をしている

主な事業

・伊豆半島の不動産業や分譲地管理業、建築・土木・造園およびリフォームの工事など

観光資源を活用した下田ロープウェーの運行

②ほかの鉄道事業者を対象としたビジネス

日本コンサルタンツ

- JR東日本のグループ会社
- 新幹線から都市鉄道などのさまざまな鉄道の構想段階からその国に合ったベストソリューションを提案し、プロジェクトを進めている

主な事業

・インド高速鉄道公社での運営の実施責任者に対する研修
・ミャンマー ヤンゴン環状鉄道改修事業施工管理

インド鉄道の様子

③鉄道事業者の信頼感を背景としたビジネス

沿線以外の地域で運営するホテル

- 鉄道会社の信頼感を背景にして安定した利用が見込まれる
- 加えて、自社ブランドを高める効果も見込める

ホテルの例

・京阪ホテル:東京都(浅草、四谷など)
・西鉄ホテル:東京都(日本橋、新宿など)
・相鉄ホテル:大阪府(心斎橋、なんばなど)

東京都浅草で営業する京阪ホテル

明暗分かれる 首都圏鉄道とローカル鉄道

都市部の鉄道事業と地方部の鉄道事業では、ビジネスの形態が大きく異なります。前者は大きな利益を上げていますが、後者は経常赤字に陥っているケースが多く、また少子化による懸念も大きいのが実情です。

伸び悩む地方の業績

鉄道事業の現状は都市部と地方部で明暗が分かれています。鉄道事業者（貨物鉄道、観光鉄道などを除く）の60％が地域住民の通勤・通学などを担う「地域鉄道事業者」ですが、新型コロナウイルス感染症の影響を受けていない2018年度であっても、輸送人員は全体の1.8％、経常利益は0.4％に過ぎません。広域な路線網を有するJR東日本を見ても、鉄道旅客収入に占める新幹線・首都圏の割合は約96％に達しています。

また地域鉄道の4分の3が、国鉄再建において廃止・バス転換の対象となった赤字ローカル線（特定地方交通線）の輸送密度である4,000人を下回っており、さらにその3分の2が経常赤字に陥っています。一方、4,000人以上の25社中22社は経常黒字なので、輸送規模が経営の成否を分けています。

一部の事業者は鉄道・バスを維持するため地方自治体から補助金を交付されています。これらの地域鉄道は、輸送人員に占める通学定期利用者が多いため、少子化の影響が懸念されています。

地域鉄道事業者
新幹線、在来幹線、都市鉄道以外の路線を地域鉄道と呼ぶが、地域鉄道を運営する事業者のうち、中小民鉄および第三セクターの事業者を指す。2024年4月現在は96社が該当する。

都市部の利益は好調

一方、都市への人口集中を背景に好成績を挙げているのが都市鉄道です。首都圏、中京圏、近畿圏を中心とする大手私鉄は鉄道事業、関連事業ともに大きな利益を上げています。

また公営・準大手・中小の都市鉄道計41事業者のうち37事業者が輸送密度8,000人以上です。経営も好調で、経常赤字は湘南モノレール、芝山鉄道、スカイレールサービス（2024年5月廃止）など5事業者にとどまります。

都市鉄道
都市部において運行する鉄道。都市が拡大し居住者が郊外に移転する「ドーナツ化現象」が進んでからは、都心・副都心と郊外の住宅地・衛星都市とをつなぐ鉄道を指す意味合いが強くなったとされる。

輸送密度別の路線数（JR東日本）

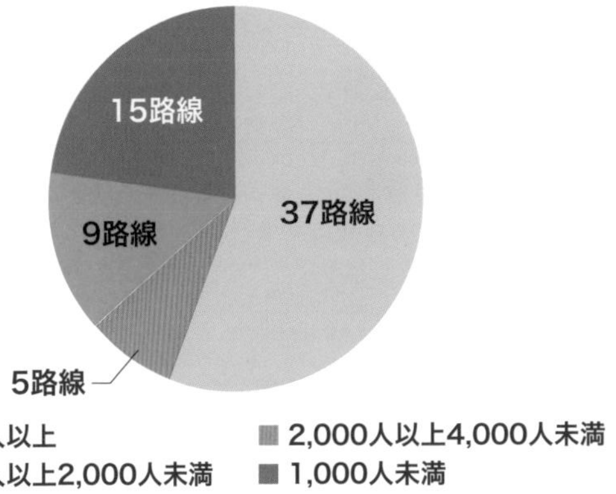

出所：JR東日本「路線別ご利用状況」をもとに作成

半数近い路線が輸送密度4,000人を下回っています

輸送密度	補足
4,000人未満	国鉄再建時、バス輸送などに転換を図る目安だった
2,000人未満	JR各社が「線路のあり方を見直す」対象とする
1,000人未満	線路再構築協議の優先対象となる

国鉄民営化に伴う動き

＼ 主に都市部の会社 ／

国鉄の債務を承継

- JR東日本
- JR東海
- JR西日本　など

➡ 収益が見込めるため、債務を継承し返済

＼ 主に地方部の会社 ／

経営安定基金※1から経営補助

- JR北海道：6,822億円
- JR四国：2,082億円
- JR九州：3,877億円※2

➡ 鉄道事業での損失が見込まれるため、経営安定基金の運用益で赤字を補填

※1　JR北海道、JR四国、JR九州の三社の経営を支えるために設置された基金
※2　2016年の完全民営化以降は補助の対象外となった

都市部と地方部の差は、国鉄民営化の頃から明らかだったといえるでしょう

Chapter1
08

あらゆる人が利用できるための工夫

バリアフリー化や安全性向上などへの取り組み

ノーマライゼーションの観点が重視される中で、鉄道にも高齢者や障害者を含むすべての人が利用できる環境を整えることが求められています。また、前提として、安全性の確保も重要な観点です。

みんなが利用しやすい環境を整える

公共交通機関である鉄道は、高齢者、障害者を含むあらゆる人が障壁なく利用できる必要があります。急速な高齢化や障害者福祉の促進を背景に、1994年に「ハートビル法」、2000年に「交通バリアフリー法」が策定され、2006年に両法を統合・拡充した「バリアフリー法」が成立しました。

現行法は一定数が利用する施設について、エレベーターやスロープ設置など段差の解消、点字ブロック、音声・文字案内設備、障害者用トイレなどの整備を義務付けるとともに、大規模駅ではホームドア整備を加速する方針が示されています。これらは多額の費用を要することから、2021年に鉄道利用者から整備費用を徴収する「鉄道駅バリアフリー料金制度」が創設され、JRや大手私鉄が相次いで導入しました。

一方でバリアフリーの概念も変わりつつあります。身体障害者や高齢者の物理的障壁除去にとどまらず、「ノーマライゼーション」の観点から社会面、制度面、心理面あらゆる障壁を取り除き、すべての人が同条件で利用できる環境を整備することが求められています。

ハートビル法
高齢者や身体障害者にも利用しやすいような「ハートのあるビル」の建築を促進する法律。2006年12月のバリアフリー新法（正式名称：高齢者、障害者等の移動等の円滑化の促進に関する法律）施行に伴って廃止された。

ノーマライゼーション
年齢や障害の有無に関係なく、全員が平等に生活できる社会をめざすという考え方。

鉄道の安全に関して求められること

「安全性」は交通機関の大前提です。線路上を走行する鉄道は、前方・後方列車との間隔を保つ保安装置で安全を確保していますが、線路そのものを破壊されては意味がありません。

今後は、発生が危惧される首都直下・南海トラフ地震や、激甚化する自然災害に対する安全投資、また乗客の安全確保、避難誘導を想定した準備が必要です。

保安装置
列車の運行中に万が一運転士が運転を行うことが困難な状況に陥ったとしても、事故を防止できるようにするための装置。ATS（自動列車停止装置）、ATC（自動列車制御装置）などがある。

安全対策設備の設置状況

ホームドアの設置駅数

	総駅数	設置駅数	設置駅割合	総番線数	設置番線数	設置番線割合
JR東日本	1,612	95	6%	3,607	216	6%
JR西日本	1,112	22	2%	2,553	56	2%
東急	87	66	76%	223	171	77%
東京メトロ	139	114	82%	358	298	83%

出所：『数字でみる鉄道2023（国土交通省鉄道局監修）』をもとに作成

駅で見られる設備の例

ホームドア

列車と人との接触などといったホーム上での不慮の事故を防ぐ効果がある

エレベーター

階段・エスカレーターの使用が困難な人も、円滑に移動することができる

多目的トイレ

手すりやベビーチェア、オストメイト対応設備などが設置され、多様な人が利用できる

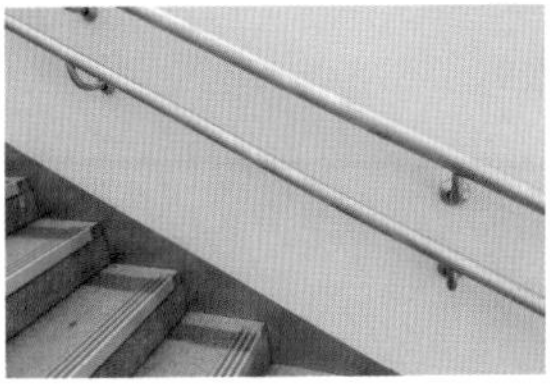

2段の手すり

子どもや高齢者などが利用しやすい高さにも手すりを設置し、安全性と利便性を高める

スロープ

段差をなくすことで、車いすや身体の不自由な人も移動しやすくなる

誘導ブロック

点状の警告用ブロックと線状の誘導用ブロックがあり、目の不自由な人の歩行を補助する

MEMO

駅を“みんなが使いやすい施設”に

鉄道の駅にはエレベーターや多目的トイレを整備することが義務付けられており、これはバリアフリー法にもとづく規定です。ほかにも、スロープ、音声・文字案内設備などといったものがバリアフリー設備に該当し、これらの設置が拡張されていくことが望まれます。

Chapter1
09

自然災害対策への取り組み

避けられない課題として、地震や水害などの「自然災害」が挙げられます。耐震補強といった対策だけでなく、避難誘導など柔軟な対応が必要なことへの対策も求められています。

「ソフト」な対策も必要

山間を抜けて河を越えて走る鉄道にとって、自然災害は避けて通れない課題です。これまで地震、火山、台風（水害）などさまざまな災害が鉄道に甚大な被害を及ぼしてきましたが、とくに喫緊の課題とされるのが地震と水害です。

地震被害はこれまでも、阪神大震災や新潟中越地震、東日本大震災など多くの被害があり、教訓をふまえて随時、耐震基準が強化されてきました。しかし日本社会・経済に甚大な被害をもたらす「南海トラフ地震」「首都直下地震」が、今後30年以内に70％の確率で発生するとされる中で、耐震補強などのハード対策のみならず、避難誘導などソフト的な対策も求められています。

新潟中越地震
2004年10月23日に新潟県中越地方を震源として発生した地震。上越新幹線において、日本の新幹線の営業運転中ではじめての脱線事故が起こった。

鉄道の再建が危ぶまれることも

気候変動を背景に近年、豪雨被害が激甚化しています。気象庁の調べによれば1時間に50㎜以上の集中豪雨が発生する頻度は、40年前から1.5倍となっており、さらに温暖化が進展して平均気温が2℃上がると洪水リスクは倍になるという予想もあります。

集中豪雨による土砂崩れや河川氾濫、内水氾濫は、施設や車両の水没、線路の寸断、橋梁流出などを引き起こします。近年は長期運転見合わせをもたらす豪雨被害が毎年のように発生していますが、被害は山間部を走る地方ローカル鉄道で起こりやいことから、費用と時間をかけて復旧するか、再建を断念して廃止、バス転換するかという議論が日本各地で起こっています。

このほかにも、東京では「1000年に一度」の降雨があった場合、荒川が決壊して地下鉄が水没する危険性があり、駅やトンネルの出入口などを閉鎖する防水対策も進められています。

内水氾濫
集中豪雨によって下水道などの排水施設にその要領を超える量の雨水が溜まったとき、または雨水の排水先の河川の水位が高くなったときなど、雨水が排水できなくなり下水道や水路などから雨水があふれ出す都市型水害。

自然災害による被害と復旧期間の例

災害	発生日時	路線	事業者	被害の例	復旧期間
熊本地震	2016年4月	高森線	南阿蘇鉄道	トンネル損傷 橋梁損傷 土砂崩れ	7年3カ月
九州北部豪雨	2017年7月	日田彦山線	JR九州	橋梁損傷 路盤流出	一部廃止・BRT転換
		久大本線	JR九州	橋梁流出	1年
西日本豪雨	2018年7月	芸備線	JR西日本	橋梁流出	1年3カ月
		呉線	JR西日本	土砂崩れ	5カ月
令和元年東日本台風	2019年10月	北陸新幹線	JR東日本	車両基地水没	2週間（10編成廃車）
		水郡線	JR東日本	橋梁流出	1年5カ月
		別所線	上田電鉄	橋梁流出	1年6カ月
		阿武隈急行線	阿武隈急行	土砂流入 道床流出	1年
		鉄道線	箱根登山鉄道	橋梁流出 路盤流出	9カ月
令和2年7月豪雨	2020年7月	肥薩線	JR九州	橋梁流出	2033年度頃復旧予定
		久大本線	JR九州	橋梁流出	9カ月
		湯前線	くま川鉄道	橋梁流出	2025年度復旧予定
令和3年8月の大雨	2021年8月	飯田線	JR東海	橋梁損傷	3カ月
福島県沖地震	2022年3月	東北新幹線	JR東日本	高架橋損傷	1カ月
令和4年8月豪雨	2022年8月	津軽線	JR東日本	路盤流出	バス転換を議論中
		米坂線	JR東日本	橋梁崩落	復旧方法を協議中
		奥羽本線	JR東日本	路盤流出	1年
		五能線	JR東日本	橋梁損傷 路盤流出 土砂流入	1年
		花輪線	JR東日本	路盤流出	9カ月
		磐越西線	JR東日本	橋梁崩落	8カ月
梅雨前線による大雨	2023年7月	山陰本線	JR西日本	橋梁損傷	2025年度復旧予定
		美祢線	JR西日本	橋梁崩落	復旧方法を協議中

※2024年4月時点

さまざまな路線で被害が出ており、中には廃止が選択肢に入るものもあるのが実状です

Chapter1 10

「コロナ禍」が鉄道に及ぼした影響

新型コロナウイルスは鉄道業界にも大きな影響を及ぼしました。鉄道利用者は回復傾向にありますが、通勤定期利用が減少するなど構造的な変化も起きており、鉄道経営のあり方は大きく変わっていくと思われます。

各社が最大の赤字を記録

2020年から3年近くに及んだ新型コロナウイルス感染症の拡大は、人々の移動を担う旅客鉄道に大きな影響を与えました。

たとえば最初の緊急事態宣言が発表された2020年度第1四半期（4～6月）の東急電鉄の輸送人員は、定期が前年同期比61％、定期外が44％に減少しています。なお、定期は会社の交通費支給などで定期券を購入済みの人を、期間中利用したとみなして計上した値であり、実際の利用状況を示したものではありません。

地域によって多少異なりますが、コロナ禍においてJR・大手私鉄はいずれも一時、利用者が7～8割減少したと見られます。

また流通やレジャーなど鉄道に付帯した事業も行動制限の影響を受けたため、JR・私鉄各社は過去最大の赤字を計上する異常事態となりました。

コロナ禍後にも影響は続く

しかし、パニック的状況が収まると鉄道利用は徐々に戻り始めます。東急の各年度第1四半期の輸送人員は2019年度比で、2021年度が定期73％、定期外77％、2022年度は定期81％、定期外92％、2023年度は定期87％、定期外98％まで回復しました。定期の回復分はほとんどが通学定期によるもので、通勤定期は感染状況に関係なくほとんど横ばいです。

定期外利用がほぼコロナ禍前に戻った反面、リモートワークの普及で都市鉄道の主要顧客であった通勤定期利用と、新幹線・特急のビジネス需要はもとに戻らないと考えられています。一方、ラッシュの混雑緩和と経営効率の改善につながる通勤利用の減少は、鉄道事業が生まれ変わるチャンスとの見方もあります。

大きな影響

JR各社や大手私鉄では決算資料などで把握できるが、中小私鉄はおおむね3年後に発行される国土交通省の鉄道統計年報を待たねばならない。本書では基本的にコロナ禍以前のデータをもとに解説している。

緊急事態宣言

新型インフルエンザ対策特別措置法にもとづいて政府の対策本部長である首相が発令する宣言のこと。２０２０年4月～2021年9月の間、多い地域では計4回発令された。

経営効率の改善

鉄道の施設、車両、人員は、もっとも運行本数が多い平日朝のラッシュ時間帯を基準に用意されている。仮に朝ラッシュが最短5分間隔、日中が10分間隔の場合、保有車両の半分は朝ラッシュにしか使わないことになり、投資の効率が非常に悪いことになる。コロナ禍以降の通勤時間帯減便やオフピーク誘導はこのような目的で行われている。

JR東日本の対コロナ禍前輸送量（人キロ）

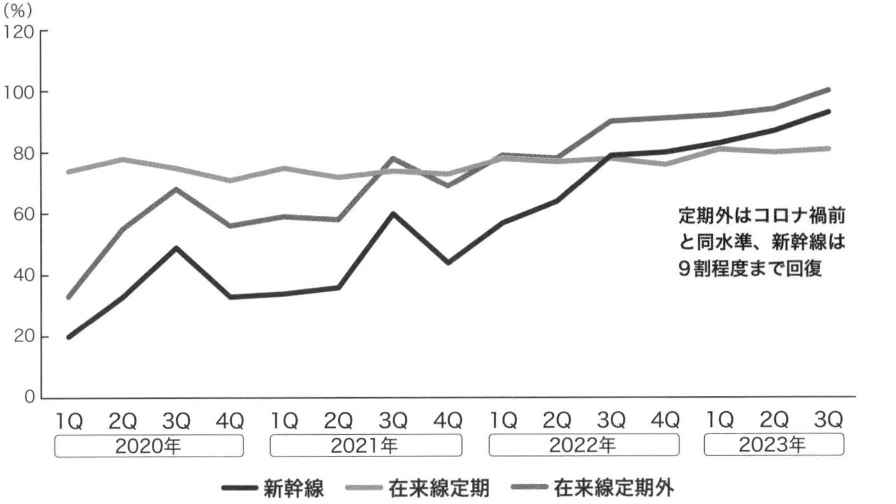

※第1～第3四半期は2019年度同期、第4四半期は2018年度同期を100%として比較　出所：JR東日本決算資料をもとに作成

東急電鉄の対コロナ禍前輸送人員

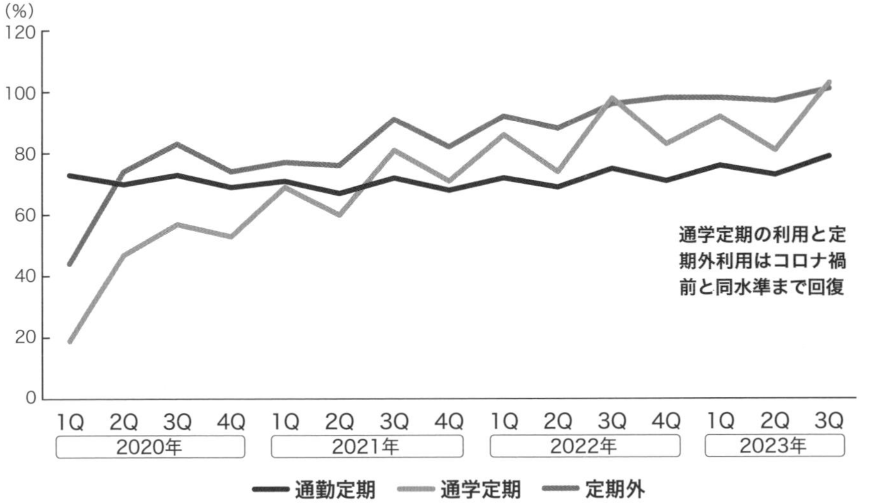

※第1～第3四半期は2019年度同期、第4四半期は2018年度同期を100%として比較　出所：東急決算資料をもとに作成

利用者が戻りつつある一方、通勤定期の利用はコロナ禍前と同水準に戻ることはないと考えられています

Chapter1
11

「観光資源」としての鉄道

観光地を走る特急列車は、鉄道事業者のブランドイメージに直結するものです。そして観光地やその地域にもたらす経済波及効果にも大きな期待が寄せられており、地域のブランディングに深く関わる側面を持ちます。

観光列車に注力する鉄道各社

鉄道と観光は古くから密接な関係にあります。小田急電鉄の箱根行特急「ロマンスカー」や東武鉄道の日光行特急「スペーシアX」に代表されるように、私鉄による観光地開発と豪華フラッグシップ特急の運行はブランドイメージに直結します。

国鉄は路線によっては私鉄に真っ向勝負をしかけましたが、本格的に観光に力を入れるのは民営化前後のことです。JR発足後は好景気を背景に「北斗星」や「トワイライトエクスプレス」などの豪華寝台列車、観光用車両ジョイフルトレインの投入、臨時列車の設定を進め、イメージの刷新を狙いました。また国鉄から分離した第三セクターもトロッコ列車などの観光列車を設定し、需要の開拓に務めました。

鉄道ならではの強みを生かす

鉄道は適度な時間的拘束がありながら、座席に縛られず自由に動くことができ、航空機と違って沿線の風景を車窓から楽しむことができます。2000年代に入ると観光による地方創生が注目され、沿線の観光地や名産品をコンセプトにした、乗車すること自体が目的となる観光用車両が相次いで登場します。

2010年代以降、ローカル線にも乗り入れる富裕層向けのクルーズトレインが相次いで導入されましたが、観光列車の運賃収入、物販の売上でローカル線の経営を支えることは困難です。それでも周辺観光消費と雇用増など地域にもたらす経済波及効果は小さいものではなく、地域から大きな期待が寄せられています。観光列車は鉄道事業者のみならず、地域のブランディングを体現する存在です。

ジョイフルトレイン
お座敷など特別な座席や、展望を確保するための大型の窓などを備えた国鉄・JRの車両で、そのほとんどが改造車である。現在の観光列車に用いられている車両も多いが、近年はこの呼称は用いられなくなっている。

クルーズトレイン
2013年に登場したJR九州の「ななつ星 in 九州」、2017年に登場したJR東日本の「TRAIN SUITE 四季島」、JR西日本の「TWILIGHT EXPRESS 瑞風」など、周遊型の豪華寝台列車。車内のみならず沿線の観光体験も含めたツアー形式で運行される。

観光に関する鉄道の例

ロマンスカー

- 運営会社：小田急電鉄
- 新宿駅から箱根湯本駅を最速75分で結ぶ
- 9時30分までに新宿駅に到着する「モーニングウェイ号」や17時以降に新宿駅を発車する「ホームウェイ号」などがあり、通勤にも便利

スペーシアX

- 運営会社：東武鉄道
- 2023年7月から運行を開始した新型特急
- 車内にカフェカウンターが設置され、限定商品を楽しめる
- 通常の座席のほか個室やソファ席など、バリエーションが豊富

ベル・モンターニュ・エ・メール

- 運営会社：JR西日本
- 「べるもんた」の愛称で親しまれ、自然豊かな車窓を楽しめる
- 沿線の伝統工芸品である「井波彫刻」や「高岡銅器」をイメージした車内デザインが特徴的

「乗車すること」そのものが目的となるような電車が登場し、地域の観光業とも深い関係を築いてきました

外国人旅行者からの需要

インバウンドへの取り組み

鉄道は、インバウンドに多く利用される移動手段です。地域によって訪れる客層が異なるため、地域性とターゲットを意識した戦略が求められています。

「新幹線」も観光の1つ

国土交通省の調査によると、インバウンドの過半数が移動に鉄道を利用しています。とくに東京から富士山を経由して京都、大阪を巡る「ゴールデンルート」は、日本が誇る新幹線の乗車体験ができることから人気ルートの1つです。訪日外国人向けのJR線乗り放題「Japan Rail Pass」がよく利用されています。

なお、旅行者の国籍の割合は地方ごとに大きく異なります。九州は韓国、中国地方・四国は香港、ゴールデンルート沿いは中国の割合が高く、一方で台湾は全国をまんべんなく訪れる傾向にあります。鉄道事業者の誘致策はこれをふまえて地域性とターゲットを意識して行われています。

インバウンド
訪日外国人旅行者のこと。「外から内向きに」という意味から転じてインバウンド（Inbound）と称しており、2010年代から一般にも使われるようになった。反対に、日本人の海外旅行をアウトバウンド（Outbound）ということもある。

Japan Rail Pass
2023年10月に普通車用7日券は2万9,650円（JR指定販売店）から5万円に値上げされた。

コロナ禍前後での変化

2019年のインバウンドは3,000万人を超え、消費額はGDPの1％以上に達しました。コロナ禍で交流は一時途絶したものの、2023年はコロナ禍前の78％まで回復。JTBは、2024年のインバウンドが過去最多の3300万人に達すると予測しています。

2023年の国・地域別旅行者数は、韓国が最多の約696万人で、台湾、中国、香港と続き、東アジア合計で全体の62％、東南アジアを含めると77％を占めます。コロナ禍前は単独で30％に達した中国は厳しい入出国制限で大幅に減少しましたが、2023年8月の団体旅行解禁以降は回復傾向にあり、2024年は前年比50％の増加が予想されています。

ただしインバウンドは政治に左右されるため、特定国への依存は危険性を伴います。近年では日韓関係の冷え込みや原発事故処理水の海洋放出の影響で、韓国からの入国者が減少しました。

インバウンドが入国で利用する空港の例（2019年度）

（単位：千人）

入国空港	韓国	中国	台湾	香港	アメリカ
成田空港	921 (16%)	1,851 (22%)	1,102 (24%)	550 (24%)	1,124 (**51%**)
関西空港	1,520 (**26%**)	3,447 (**40%**)	1,112 (24%)	612 (**27%**)	244 (11%)
羽田空港	467 (8%)	1,238 (14%)	324 (7%)	151 (7%)	561 (**26%**)
福岡空港	1,067 (18%)	248 (3%)	326 (7%)	226 (10%)	25 (1%)
那覇空港	389 (7%)	264 (3%)	679 (15%)	182 (8%)	25 (1%)

※（ ）内は各国の入国空港の合計を100%としたときの割合

出所：国土交通省ホームページ「FF-Data（訪日外国人流動データ）」をもとに作成

国によって利用が多い空港に違いがあり、観光の傾向も異なります

2019～2023年のインバウンド数

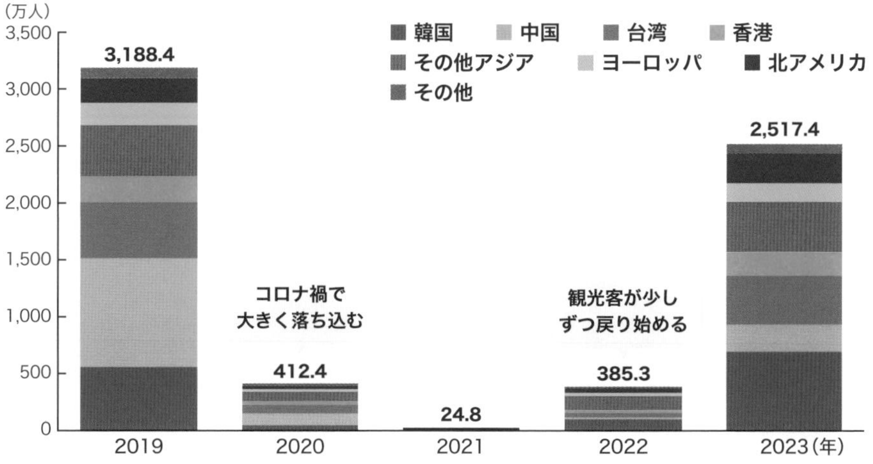

出所：日本政府観光局（JNTO）「国籍／月別訪日外客数（2003年～2024年）」をもとに作成

コロナ禍の収束でインバウンドは急速に回復し、2024年はコロナ禍前を上回ると予想されています

Chapter1
13

ターミナル駅を中心に実施

JR、大手私鉄が推し進める都市再開発

都市再開発は鉄道駅を中心に行われており、新宿駅や渋谷駅、大阪駅などがその例です。品川を大きなビジネス拠点とするための開発も進んでおり、その規模は鉄道事業者主導の過去最大級のプロジェクトといえます。

副都心の発展は駅がカギを握る

東京における池袋・新宿・渋谷や、大阪における難波・天王寺などの「副都心」は、近世以来の中心地である「都心」に対して、近代以降にターミナル駅を軸に発展したものであり、都市の再開発も自然と鉄道駅を中心に行われています。

2013年に行われた東急東横線の地下移転から本格化した渋谷駅の再開発は、ホームの移設や自由通路の新設など駅機能の再編、ターミナルビル「渋谷スクランブルスクエア」の整備が2027年度の完成に向けて段階的に進んでいます。

新宿駅でも小田急百貨店周辺を260mの超高層ビルに建て替える西口再開発事業を皮切りに、2040年代まで「北街区」「南街区」、さらに東口の再開発が予定されています。

関西では大阪駅北口の梅田貨物駅跡地に地下ホームが新設され、関空特急「はるか」が乗り入れ開始。将来的に「なにわ筋線」と直結する交通拠点の地上部では「うめきた」第2期開発プロジェクトが進んでいます。

自由通路
鉄道と交差し、主に歩行者、自転車が利用できる駅構内の通路。駅の改札から速やかに駅前へ移動できることを目的としている。また、線路などにより分断されていた駅前地域どうしを結ぶ役割も持っている。

なにわ筋線
関西高速鉄道が鉄道施設の整備・保有、JR西日本および南海電鉄が鉄道施設を使用した旅客営業を行う予定の、新たな鉄道路線。この開業によって関西国際空港などへのアクセス性の向上や鉄道ネットワークの強化などが図られる。

大規模な品川駅開発

鉄道事業者主導の過去最大級のプロジェクトといえるのがJR東日本の品川再開発です。車両基地跡地約9.5ヘクタールに4棟の超高層ビルを中心とした国際交流拠点を整備中で2025年度までに開業する予定です。

隣接する品川駅は羽田空港、東海道新幹線、将来的にはリニア中央新幹線が利用可能で、地下鉄南北線の乗り入れも予定されています。高輪口再開発と京急ホーム地平化工事もあわせて、品川を一大ビジネス拠点とする構想です。

副都心の再開発の例

渋谷駅

- 東急東横線の地下移転
- ホームの移設や自由通路の新設
- 「渋谷スクランブルスクエア」の整備

新宿駅

- 小田急百貨店周辺を超高層ビルに建て替える「西口再開発事業」
- 「北街区」「南街区」、東口の再開発

大阪駅

- 北口に地下ホームを新設
- 関空特急「はるか」が乗り入れ開始
- 「うめきた」第2期開発プロジェクトの推進

品川駅周辺

- 車両基地跡地に国際交流拠点を整備
- 品川駅高輪口の再開発
- 京急ホームの地平化工事

鉄道事業者主導としては過去最大級のプロジェクトで、品川を一大ビジネス拠点とする構想です

COLUMN 1

私鉄ビジネスモデルの歴史

古くから展開された私鉄のビジネス

不動産、百貨店などを中心とした私鉄ビジネスモデルを確立した阪急電鉄ですが、阪急以前にこうした事業を手がけていた鉄道事業者が存在しなかったわけではありません。阪神電鉄は阪急開業前年の1909年に西宮で大型宅地開発を行っており、南海電鉄はそれ以前に海水浴場や食堂、ホテルを展開しています。

さらに遡れば、日本の郊外私鉄に大きな影響を与えたアメリカの都市間電気鉄道「インターアーバン」は乗客獲得を目的とした住宅・遊園地経営を行っており、明治末の日本に紹介されていました。

阪急電鉄のビジネスのオリジナリティ

阪急の手がけた事業の特徴は、都市間鉄道が旅客誘致と増収を目的として展開するのではなく、鉄道事業を成立させることを前提として沿線開発を行った点にあります。1907年に設立された阪急の前身、箕面有馬電気軌道は梅田と有馬温泉を結ぶ観光鉄道構想で、沿線にはほとんど人家がありませんでした。事業が不安視される中、同社の経営を任された小林一三は沿線に何もないからこそ自ら宅地開発を進め、鉄道利用者を増やせると判断し、鉄道と不動産を軸とする私鉄ビジネスモデルを確立しました。

背景には当時、急速に工業化が進む大阪市は煤煙や水質汚染で環境悪化が問題化しており、中所得層は環境のよい郊外への移住願望が芽生えていました。そこで阪急は梅田から10～15分の位置にある田園都市は市内の利便と環境を両立する最適解であると訴えたのです。その後、沿線開発と一体的な鉄道建設は同業他社そして他地域にも広まりました。

欧米に類似例があるにも関わらず「日本独自のビジネスモデル」とされるのは、日本の私鉄が独立採算を求められたのに対して、欧米の都市・郊外鉄道は自動車の普及で早々に経営が悪化して廃止や公営化が進んだため、ビジネスの観点から語られることがなくなったからです。

第2章
鉄道会社の基本知識

長い歴史を歩んできた鉄道は、200以上の会社が事業展開しています。第2章では、鉄道に関する法律や国土交通省との関係、運賃のしくみ、経営の形態など、鉄道会社を知るうえで基本となることを学んでいきましょう。

Chapter2

01

「許認可事業」である鉄道

鉄道事業に関する2つの法律

かつて鉄道事業は独占的な免許制で行われていましたが、1999年以降は路線ごとの許可制となり、現在の鉄道事業は鉄道事業法と軌道法という2つの根拠法によって定められています。

鉄道に関する規制の変遷

莫大な投資コストを要する鉄道事業は、過当競争による共倒れや安全性の低下を防ぐため、長らく地域独占を前提とした**免許制**をとってきました。しかし鉄道のみが陸上交通機関だった時代はとうに過ぎ去っており、独占を前提とした規制を行う必要が薄れたため、1999年に路線ごとに事業の実現可能性、継続性、安全性などを審査する**許可制**に改められました。

鉄道事業に関する根拠法は大きく、「鉄道事業法」と「軌道法」に分かれています。前者は国鉄時代、国鉄に関する日本国有鉄道法と、私鉄などを対象とした地方鉄道法に分かれていましたが、国鉄民営化を機に鉄道事業法として統一されました。

路面電車の敷設にも対応

軌道法は1924年に施行された歴史のある法律で、新線整備は**特許制**をとっています。これはいわゆる路面電車を対象とした法律で、鉄道事業法が“道路上に線路を敷設してはならない”としている一方で、軌道法は“特別の事由がある場合を除き道路上に敷設しなければならない”と定めています。

「軌道」は道路交通を補助する交通機関と定義されるため、路面電車だけでなく道路上に敷設されるモノレールや新交通システムにも適用されることがあります。また**地域公共交通活性化再生法**にもとづく「軌道運送高度化実施計画」の認定を受けた路線も軌道法の特許を受けたとみなされます。2023年に開業した宇都宮ライトレールはこの規定で事業化されました。

鉄道と軌道をとくに区別する必要がないときは、両者をあわせて「鉄軌道」あるいは単に「鉄道」と称することがあります。

免許制
特定の資格を有している者に対して、権利や地位を与える制度。

許可制
ある行為について法律で一般的に禁止したうえで、申請にもとづいて審査を実施し、一定要件に合致する場合のみ禁止を解除し、適法に行為できるようにする制度。

特許制
ここでいう「特許」は、「私人に対して新たに権利能力・権利・包括的法律関係を設定する行為」を指す。

地域公共交通活性化再生法
2007年に施行された地方自治体が公共交通の維持に主体的な役割を果たし、生活交通確保のための体制作りの義務を負うことを定めた法律。

鉄道事業法（一部抜粋）

第一章
この法律は、鉄道事業等の運営を適正かつ合理的なものとすることにより、輸送の安全を確保し、鉄道等の利用者の利益を保護するとともに、鉄道事業等の健全な発達を図り、もつて公共の福祉を増進することを目的とする。

第二章三条
鉄道事業を経営しようとする者は、国土交通大臣の許可を受けなければならない。

第二章五条
国土交通大臣は、鉄道事業の許可をしようとするときは、次の基準に適合するかどうかを審査して、これをしなければならない。
一　その事業の計画が経営上適切なものであること。
二　その事業の計画が輸送の安全上適切なものであること。
三　前二号に掲げるもののほか、その事業の遂行上適切な計画を有するものであること。

鉄道事業を行うためには、事業計画を提出したうえで国土交通大臣の許可が必要です

「軌道」と「鉄道」

軌道

➡路面電車やモノレール、新交通システムなど、原則として道路上に敷設されるもの

例　・日暮里・舎人ライナー（東京都交通局）
・千葉モノレール（千葉都市モノレール）
・福武線（赤十字前〜田原町）（福井鉄道）
など

鉄道

➡原則として専用の線路を走るもの（地下鉄や新幹線、一部のモノレールなど含む）

例　・山手線（JR東日本）
・東海道新幹線（JR東海）
・静岡清水線（静岡鉄道）　など

Chapter2
02

国による監督

国土交通省と鉄道会社の関係

公共交通機関である鉄道は、高い公共性を有しています。そのため国はさまざまな規制を設けていますが、サービスや安全性の保持にはある程度の緩和も必要であり、そのバランスが大切になります。

技術の発展と規制のバランス

監督官庁である「国土交通省鉄道局」と全国9カ所の「地方運輸局」は、「鉄道整備の監督」「事業運営の監督」「鉄道整備の調整・支援」「鉄道の安全確保・事故調査」を担っています。

監督官庁
民間の会社や公共的団体などに対して、これらが行う事業を監督する権利を持つ官庁。

高い公共性を有する公共交通機関に対して、国はさまざまな規制を設けています。鉄道経営に過度な自由を認めると大きな社会的損失が生じますが、一方で過度な規制は事業者の創意工夫や技術革新を妨げ、かえってサービスや安全性を低下させかねません。規制と緩和はバランスが重要です。

たとえば車両や軌道、電気など技術についても、規制緩和以前は一つ一つ詳細な仕様、規格が指定されていましたが、現在は必要最小限の性能を定めた技術基準との適合を審査しています。また技術力が一定の基準を満たす事業者を、施設・車両の設計確認や竣工確認を大幅に簡略化できる「認定鉄道事業者」に認定する制度も存在します。

認定鉄道事業者
従来は設計管理や設計確認を行う要員（設計管理者）に権限を与えていたが、2000年に鉄道事業法が改正され、設計確認や竣工確認の認定対象を事業者とした制度。

国土交通省のその他の役割

許認可以外では、政府が出資する東京メトロや、株式を保有するJR北海道、JR四国、JR貨物などの監督、整備新幹線や都市鉄道の整備を担う独立行政法人鉄道・運輸機構の運営にも関わっています。

また鉄道関係では整備新幹線や東京圏の都市鉄道などを審議する諮問機関「交通政策審議会」の運営を通じて、事業者や自治体の利害を超えた整備計画を策定・調整することも重要な役割です。このほか、国交書の外局である運輸安全委員会が鉄道事故や重大インシデントの原因究明調査を担っています。

重大インシデント
踏切障害や脱線事故などのほか、信号違反やブレーキや保安装置の故障など、事故が発生するおそれのあるトラブルも調査対象となる。

国土交通省鉄道局の業務

鉄道整備の監督

- 鉄道事業の認可
- 工事施工認可、車両確認
- 工事の完成検査

鉄道整備の調整・支援

- 都市鉄道計画の作成
- 新線建設
- バリアフリー投資などへ補助
- 新幹線鉄道の建設

※色字箇所は地方運輸局が実施

鉄道の事業運営の監督

- 運賃認可
- 運行計画の届出
- 事業報告、事故報告
- 報告徴収、立ち入り検査の実施
- 事業改善命令、許可の取り消し
- 事業休止、事業廃止の届出

鉄道の安全確保、事故調査

- 動力車操縦者運転免許証の発行
- 運輸安全委員会による事故調査と再発防止対策の提言

規制や認可だけでなく、鉄道建設の支援なども行っています

重大インシデントの例

種類	発生年月日	発生場所	詳細
車両障害	2021年11月23日	名鉄名古屋線 伊勢朝日駅構内	走行中にドアの1カ所が開いた
	2022年7月24日	江ノ島電鉄線 湘南海岸公園駅構内	駅ホームへ到着する手前でドアが開いた
列車衝突	2014年2月15日	東急東横線 元住吉駅構内	停車中の先行車両の後部に衝突した
	2015年2月17日	JR北海道函館線 札幌貨物ターミナル駅構内	走行中の列車の側面が横の車両と衝突していた
本線逸走	2022年3月16日	JR東日本東北新幹線 福島駅～白石蔵王駅間	地震によって脱線
	2020年6月12日	京成本線 青砥駅構内	列車が異常な揺れを感知し非常ブレーキが作動した
人身傷害	2023年4月11日	富山地方鉄道本線本線 越中三郷駅～越中荏原駅間	走行中線路上にいた係員に接触した
踏切障害	2021年5月16日	JR東日本米坂線 越後金丸駅～小国駅間	踏切で軽自動車と衝突した

出所：運輸安全委員会ホームページより一部抜粋

Chapter2
03

主要顧客は定期購入者

運賃収入のしくみと運賃・料金規制

鉄道事業の収入は法令で４種類に定められています。運賃もその中に含まれ、事業者ごとに上限の範囲内で設定・変更が可能です。なお、定期券は大幅に割引されているため、収入に占める割合は高くありません。

上限の範囲であれば自由に設定できる

鉄道事業の収入は法令で旅客運輸収入、貨物運輸収入、鉄道線路使用料収入、その他の鉄道事業に付帯する運輸雑収などに分類され、旅客運輸収入は運賃収入（普通旅客運賃、定期旅客運賃）と料金収入から構成されています。運賃は人または物品の運送に対する対価であり、料金とは運送以外の設備や利用や付加サービス、役務の提供に対する対価と定義されます。

鉄道運賃は電気料金やガス料金と同様の「**総括原価方式**」で決定されています。総括原価とは人件費・経費・減価償却費などの営業費に、支払利息・配当金などの事業報酬を加えたもので、総収入がこれを上回らないように普通運賃、定期運賃の「上限運賃」が認可されます。

総括原価方式
過大な設備投資やコストの高止まりを防ぐため、大手私鉄・JR・地下鉄については人件費や経費に「基準コスト」を設定し、下回った分を事業報酬に反映する「ヤードスティック方式」を採用している。

鉄道事業者は、上限運賃の範囲内であれば、路線・区間別の運賃や、時間・期間別などの割引運賃は事前の届出によって設定・変更することが可能です。また、新幹線を除く特急料金・グリーン料金なども届出で設定できます。

定期は利用者が多い一方で収入の比率は低い

多くの鉄道事業者にとって主要顧客は通勤・通学利用者であり、大手私鉄ではおおむね60％前後が定期利用です。しかし定期券は通勤定期で30～40％、通学定期は80％前後の大幅な割引がなされているため、収入に占める定期の比率は40％程度に過ぎません。定期運賃の大幅割引は社会政策の一環として大正時代に始まりましたが、収支改善や輸送力増強設備投資の原資にするため徐々に割引率が引き下げられました。通学定期の割引は**文教費**として国が負担すべきと主張する事業者もあります。

文教費
国や都道府県および市町村の公財政から支出される教育費のこと。文化や教育に関する国家予算。

JR東日本（2022年3月期）の収入の分類

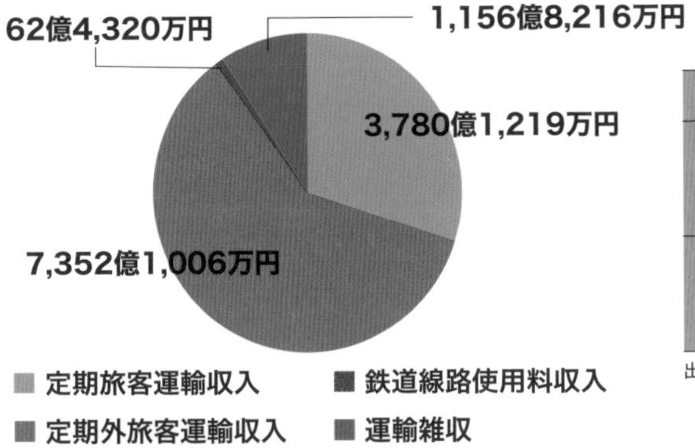

定期収入	・定期旅客運賃
定期外収入	・普通旅客運賃 ・特急料金 ・グリーン料金
運輸雑収	・入場料金 ・乗車券払戻手数料金 ・駅構内広告料

出所：国土交通省「鉄道統計年報」をもとに作成

定期や定期外の旅客運賃などをまとめて「旅客運賃」といい、これは「人の運送（場所的移動）への対価」として支払います

鉄道3社の定期利用と定期外利用の比較（2022年3月期）

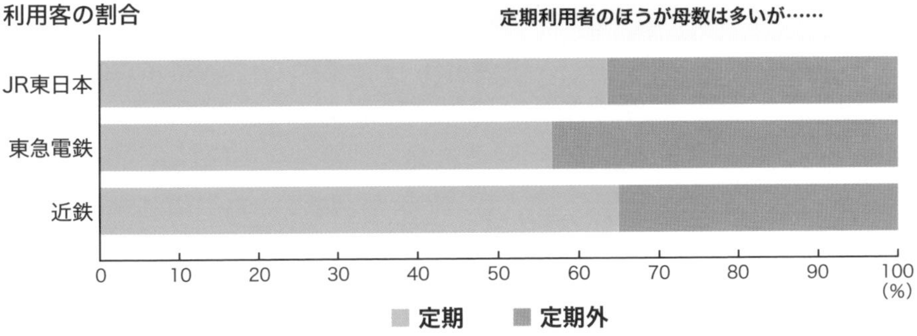

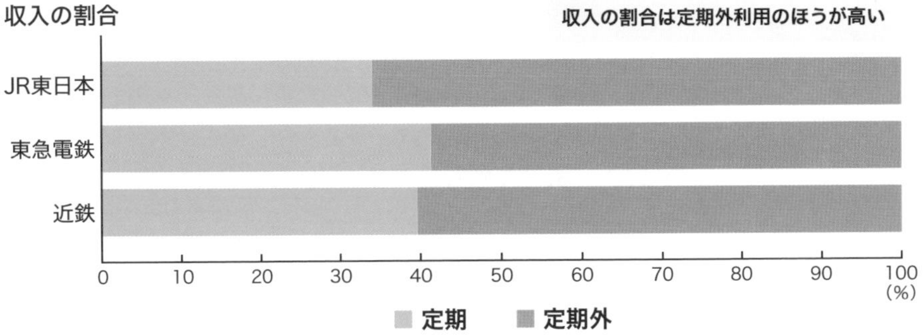

出所：国土交通省「鉄道統計年報」をもとに作成

Chapter2
04

200以上の事業者が参入

日本における鉄道の事業者数と経営の形態

普通鉄道、モノレール、新交通システムなどのさまざまな形態を合計すると、日本には200を超える鉄道事業者が存在します。その多くは民営資本で設立されていますが、公営のものや「第三セクター」なども見られます。

普通鉄道は約180社が手がける

日本には鉄道208事業者、軌道41事業者、重複を除くと合計219事業者が存在しています（2024年4月1日時点）。形態別に分類すると200事業者が「**普通鉄道**」で、このほかに「モノレール」（9社）、「**新交通システム**」（17事業者）、「鋼索鉄道（ケーブルカー）」（22事業者）、「無軌条電車（トロリーバス）」（1事業者）があり、複数の形態を兼営する事業者もあります。

また国土交通省は経営規模・経営形態ごとに事業者を、「JR」（旅客6社）、東急電鉄や阪急電鉄などの「大手民鉄」（16社）、山陽電鉄や新京成電鉄などの「準大手」（5社）、市営地下鉄や市電など「公営」（11事業者）、「中小民鉄」（138事業者）、JR貨物を含む「貨物鉄道」（10社）に分類しており、一部の認可・規制は異なる基準が適用されます。

普通鉄道
レールと鉄輪で走行する一般的な鉄道を指す。

新交通システム
自動運転を搭載した交通手段。ゆりかもめ（東京臨海新交通臨海線）やニュートラム（大阪市中量軌道南港ポートタウン線）など。

民営以外の鉄道事業者

鉄道事業者の多くは民間資本で設立された「私企業」ですが、公営鉄道や旧国鉄、営団地下鉄など国や自治体が出資する「公企業」や、自治体と民間の共同出資で設立された「第三セクター」などの形態もあります。一般的に国鉄の赤字ローカル線、または整備新幹線の並行在来線を引き継ぐために自治体が中心となって設立した事業者を第三セクター鉄道と称します。本書でも特記のない場合はこちらを指しますが、広い意味では都市鉄道整備を目的として沿線自治体と私鉄が出資する事業者、JR貨物と自治体が出資する各地の貨物専用鉄道、経営の厳しい地方私鉄を引き継いだ自治体出資の事業者も含まれます。

事業者の形態別分類

形態	事業者数	例
普通鉄道・軌道	200	JR東日本、近畿日本鉄道　など
モノレール	9	千葉都市モノレール、東京モノレール　など
新交通システム	17	埼玉新都市交通、神戸新交通　など
鋼索鉄道（ケーブルカー）	22	高尾登山電鉄、箱根登山電鉄　など
無軌条電車（トロリーバス）	1	立山黒部貫光※

※2024年12月1日で廃止

出所：国土交通省「鉄軌道事業者一覧」

モノレール

鋼索鉄道

無軌条電車

普通鉄道と鋼索鉄道の経営を兼ねている南海電鉄のように、複数の形態を経営する事業者もいます

事業者の経営規模・経営形態ごとの分類

経営形態	事業者数	例
JR旅客各社	6	JR北海道、JR東日本、JR東海、JR西日本、JR四国、JR九州
大手民鉄	16	東武鉄道、西武鉄道、京成電鉄、京王電鉄、相模鉄道、東急電鉄、京浜急行電鉄、東京地下鉄、小田急電鉄、名古屋鉄道、南海電鉄、近畿日本鉄道、京阪電鉄、阪急電鉄、阪神電鉄、西日本鉄道
準大手	5	山陽電鉄、新京成電鉄※1、北大阪急行電鉄、泉北高速鉄道※2、神戸高速鉄道
公営	11	京都市、東京都、横浜市、福岡市、名古屋市　など
中小民鉄	138	仙台空港鉄道、長野電鉄、北陸鉄道、首都圏新都市鉄道、神戸電鉄　など
貨物鉄道	10	JR貨物、仙台臨海鉄道、京葉臨海鉄道、名古屋臨海鉄道、西濃鉄道　など

※1　2025年4月1日に親会社の京成電鉄を合併予定
※2　2025年度に親会社の南海電鉄と経営統合予定

出所：国土交通省「鉄軌道事業者一覧」

Chapter2
05

線路の保有と使用状況がカギ

鉄道会社の種別と上下分離方式の導入

インフラを自社で運用するか、他社から借りるか、もしくは他社に貸し付けるか。これによって鉄道事業者は3つに区分されます。なお、インフラを国や自治体が保有する例も増えています。

鉄道事業者の採算性を保守

現在、日本の鉄道事業の多くは運行（上部）とインフラ（下部）を一体的に運営していますが、国や自治体がインフラを保有し、事業者は線路使用料を支払って運行する「上下分離」方式の導入事例が増えています。

車両があれば参入可能なバス・トラック事業と異なり、鉄道はすべての施設を保有し、一体的に運営する必要があるため、一定以上の輸送量がなければ経営が成り立ちません。そこで、インフラを事業者と切り離し、整備、保有、維持コストを削減することで採算性を確保する――これが上下分離の目的です。

事業者を3種類に区分する

日本では1987年に施行された鉄道事業法で、施設の保有と運営を行う「第1種鉄道事業者」、他事業者から線路を借りて運営する「第2種鉄道事業者」、保有する線路を第2種事業者に使用させる「第3種鉄道事業者」という区分が導入されました。同時に行われた国鉄民営化で、JR貨物は第2種事業者として設立され、第1種事業者であるJR旅客各社の線路を借りて運行する形態となりました。経営を成立させるため、線路使用料は**アボイダブルコストルール**にもとづいて算出されています。

都市鉄道でも第3種事業者が線路を整備し、貸し付ける事例が増えています。第2種・第3種事業者の区分がない軌道法においても、2007年に施行された「地域公共交通活性化再生法」の「軌道運送高度化事業」に軌道の上下分離が定められました。札幌市・富山市・宇都宮市などが軌道整備や車両購入を行い、事業者に貸し付ける「軌道整備事業者」となっています。

アボイダブルコストルール
JR貨物がJR各社に支払う線路使用料のうち、「貨物列車が走行しなければ回避できる経費」のみをJR貨物が負担するという決まり。アボイダブルコストとは「回避可能経費」という意味。

上下分離方式の例（青い森鉄道線）

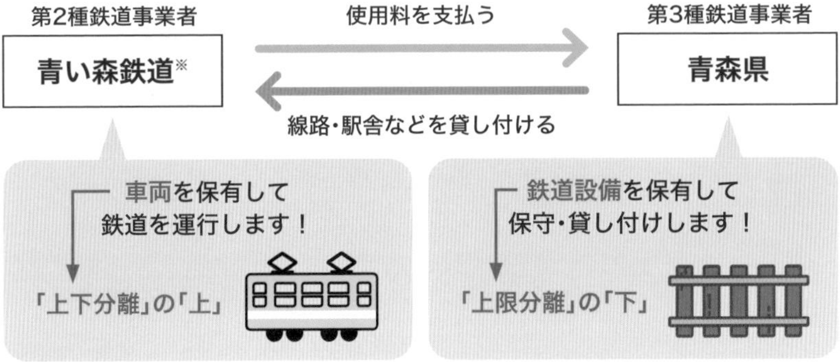

※青森～岩手県境付近を走る

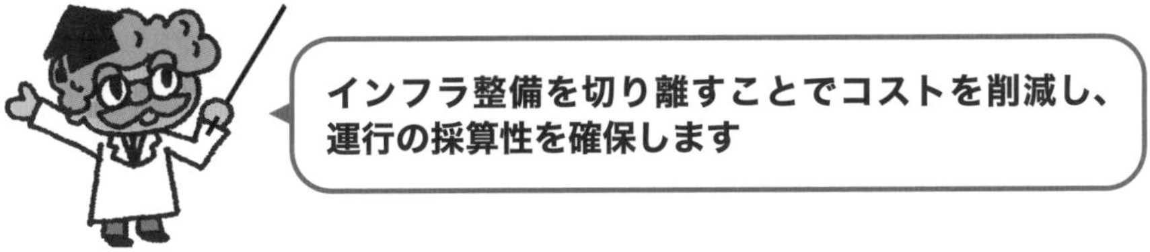

JR貨物の運行形態

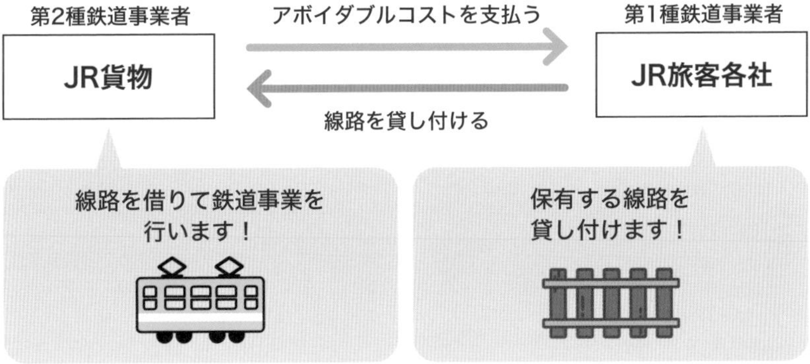

Chapter2
06

大手私鉄の傘下に入る中小私鉄

鉄道事業者による グループ会社と持株会社の形態

阪急阪神ホールディングスや小田急電鉄のように、鉄道会社は百貨店やレジャー、バスなど各事業の子会社とグループを構成しています。また一部の事業者は中小私鉄を傘下に収め、一体的に経営しています。

2種類のグループ構成が主流

鉄道事業者のグループ経営は、東武鉄道や小田急電鉄のように鉄道事業者本体が中核になる形態と、阪急阪神ホールディングスや西武ホールディングスのように**持株会社**が各事業会社を束ねる形態があります。

持株会社化にあたっては鉄道事業を新会社に分割し、本体を「ホールディングス」に改称する手法が一般的です。また東急の「伊豆急ホールディングス」のように、地域別・事業別に中間持株会社を設置する例もあります。

大手私鉄のグループ鉄道事業者としては、京成電鉄の新京成電鉄・北総鉄道・千葉ニュータウン鉄道・関東鉄道、阪急阪神ホールディングス傘下の阪急電鉄が出資する能勢電鉄や北大阪急行電鉄などがあります。また京成グループの小湊鉄道のような**持分法適用会社**や、神戸電鉄や京福電気鉄道のようにグループ会社でありながら独自に株式上場している事業者も存在します。

グループ鉄道会社は譲受や買収が多い

郊外私鉄黎明期には新線の資金調達を容易にするため、同じ資本関係の別会社や、子会社の設立が珍しくありませんでしたが、戦後のグループ鉄道会社はニュータウンなどの開発を目的として、沿線自治体と共同出資で新設した第三セクター鉄道が多いです。

近年は四日市あすなろう鉄道のように、赤字ローカル線を経営分離した子会社も増えつつあります。また2002年にJR東日本グループ入りした東京モノレールのように資本系統が変わった事例は珍しいといえるでしょう。

持株会社
ほかの株式会社を傘下に入れることを目的として、その会社の株式を保有する会社のこと。自ら事業は行わず子会社の株式を保有する「純粋持株会社」と、自ら事業を行いつつ、子会社を支配する「事業持ち株会社」に分類される。鉄道では多くが純粋持株会社だが、東急は事業持株会社。

持分法適用会社
株式の過半数を所有する連結子会社は収益・費用等を親会社と合算する。過半数を所有しない場合でも、経営上重要な影響力を持つ会社は持分法が適用される。持分法適用会社の利益は株式の比率に応じて営業外利益として計上する。

鉄道事業者とグループ会社の関係

●鉄道事業者がグループの中核になる形態

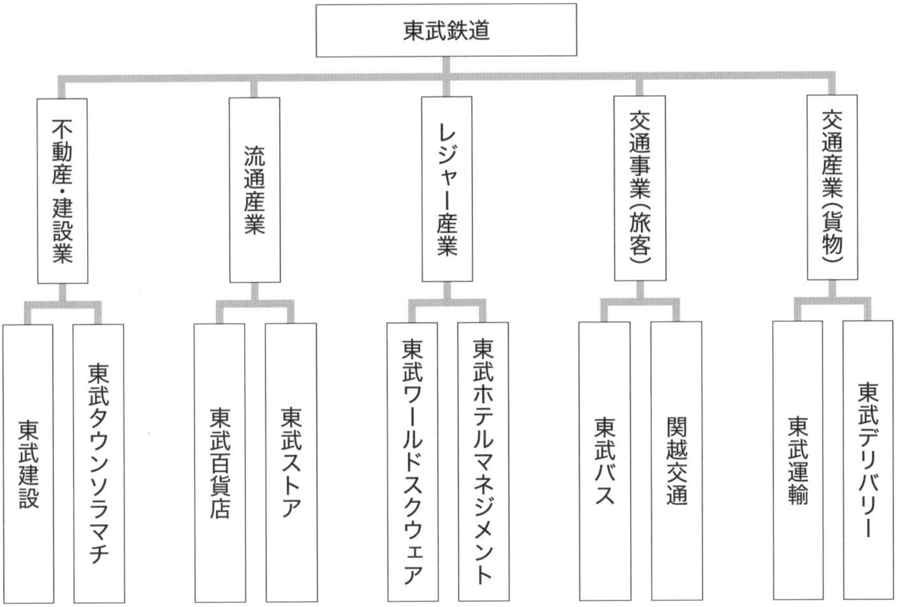

●持株会社鉄道事業を含む各事業を束ねる形態

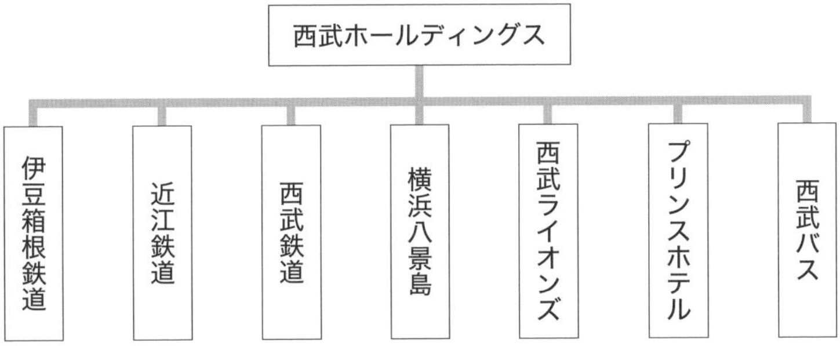

大手私鉄の傘下に入る中小私鉄の例

大手私鉄	地方中小私鉄
西武鉄道	伊豆箱根鉄道、近江鉄道
京成電鉄	新京成電鉄、北総鉄道、千葉ニュータウン鉄道、小湊鉄道
阪急電鉄	能勢電鉄、北大阪急行電鉄
近畿日本鉄道	奈良生駒高速鉄道、伊賀鉄道、養老鉄道、四日市あすなろう鉄道

Chapter2
07

「人キロ」を見る

日本国内における鉄道利用と世界との比較

鉄道の輸送量は、乗客あたりの輸送距離を示す「人キロ」という単位で示されます。日本の鉄道利用を人キロで見ると、そのほとんどが新幹線と都市鉄道で占められていることがわかります。

都市鉄道の利用が圧倒的に多い

2018年度の鉄道利用者（輸送人員）は合計約253億人で、うちJRが約95億人です。残る158億人が私鉄・公営ですが、都市鉄道の利用者は約152億人に達することからも、鉄道利用者のほとんどが都市の通勤・通学、私事利用者であることがわかります。

ただしこの数字は事業者ごとの利用者を合算したもので、1人の旅客がJR、私鉄、地下鉄を乗り継ぐと往復で6人分として計上されます。また隣駅に行く人と、新幹線で500km移動する人が同じ1人として計上されるなど、実態とは異なる数字です。

そこで「**人キロ**」で確認してみると、全鉄道事業者の合計は年間約4,400億人キロ、うち約1,000億人キロが新幹線、約3,000億人キロが都市鉄道となり、日本の鉄道の主役が新幹線と都市鉄道であるとわかります。

人キロ
旅客の輸送量を示す。「旅客の数×輸送距離」で算出される。例えば100人を20km運んだ場合、2,000人キロとなる。

日本の鉄道利用者数は世界有数

では世界と比較したらどうでしょうか。総務省統計局の調べによれば、世界最大は中国の約1兆3,450億人キロ（2017年）、次いでインドの約1兆1,600億人キロ（同）で、日本は世界第3位となります。人口規模を考慮すれば世界でもっとも鉄道が利用されている国といっても差し支えないでしょう。

一方、貨物鉄道はまったく様相が異なります。「**トンキロ**」で確認してみると、最大は中国の約2兆8,800億トンキロ（2018年）です。次いでロシアの約2兆6,000億トンキロ（2019年）、アメリカの約2兆3,600億トンキロ（同）ですが、日本はわずか約29億トンキロ（同）です。アメリカなどは貨物偏重、日本は旅客偏重という特徴が見えてきます。

トンキロ
貨物の輸送量を示す。「輸送トン数×輸送距離」で算出される。例えば、100トンの貨物を20km運んだ場合、2,000トンキロとなる。

輸送量とその比率（2018年度）

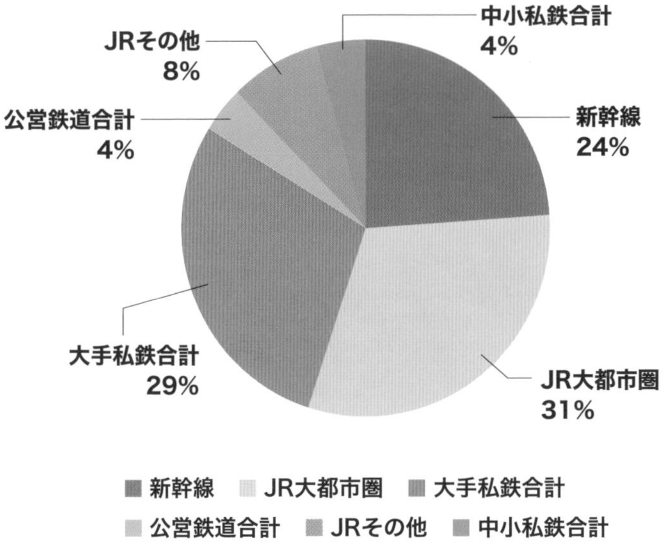

	旅客人キロ
新幹線	103,387,000
JR大都市圏	138,048,000
大手私鉄合計	127,642,687
公営鉄道合計	16,903,380
JRその他	35,803,455
中小私鉄合計	19,393,990

出所：JRは各社決算情報、その他は鉄道統計年報をもとに作成

MEMO

アメリカの貨物輸送事情

日本での貨物輸送は、内航海運によって行われることが多いです（78ページ参照）。これはアメリカでも同様で、とりわけ東部には運河網が発達しており、貨物輸送で大きな役割を果してきました。一方、アメリカ西部と中西部を結ぶ交通には水路が発達していません。その理由は、そびえ立つロッキー山脈にあります。水路を使えない分、陸を走って輸送されることが多く、その分貨物鉄道が発展しました。

Chapter2
08

路線の歴史

日本の鉄道の全長と時代ごとの変遷

日本中に張り巡らされた鉄道路線、その長さを合計すると2万7000km以上にもなります。民間主導、国鉄時代、新幹線の台頭など、これまでにさまざまな変化を遂げてきました。

JRの路線が約7割を占める

総延長
路線の起点から終点までの長さ。運賃計算上用いる営業線の長さ「営業キロ」と、実際の線路の長さ「実キロ」とは必ずしも一致しない。たとえば東海道新幹線の実キロは515.4kmだが、営業キロは552.6km。

日本の鉄道**総延長**距離は約2万7,000kmです（2023年12月末時点）。経営形態別に見るとJRが約1万9,800km、公営鉄道が500km、私鉄が約7,300kmです。私鉄のうち約3,500kmが都市鉄道、約3,700kmが地域鉄道です。また都市鉄道のうち約3,000kmが大手・準大手私鉄、地域鉄道のうち約2,200kmが国鉄・JR線から転換した第三セクター鉄道です。

形態別に見ると、新幹線が約200km、普通鉄道（在来線）が約2万3,600km、地下鉄が約700km、新交通システムが約160km、モノレールが約110km、ケーブルカーが約20kmです。

在来線の縮小と新幹線の拡大

新橋〜横浜間
開業当時は1日9往復の運転で、移動にかかる所要時間は片道約1時間だった。

1872年10月14日に**新橋〜横浜間**の約29kmで始まった日本の鉄道は、すぐに全国各地に広がりました。当初の鉄道整備は民間が主導しており、1906年時点で国が建設した官設鉄道は2,413km、民営鉄道は5,231kmでしたが、同年の鉄道国有化以降は国有鉄道が総延長の9割を占めるようになり、国が中心となって鉄道整備が進められました。

鉄道開業50周年を迎えた1922年には、国鉄だけで総延長は1万1,000kmを超え、新線建設の中心は地方へと移ります。1954年には国鉄の総延長が2万kmを突破しました。その後1983年にはピークとなる2万3,431kmに達しましたが、国鉄再建で赤字ローカル線の廃止が進み、JRが誕生した1987年には2万1,273kmまで減少しました。在来線が縮小する一方、新幹線は国鉄時代に約1,800km、民営化以降に約1,000km開業し、現在は3路線計622kmの建設工事が進んでいます。

鉄道総延長（営業キロ）の推移

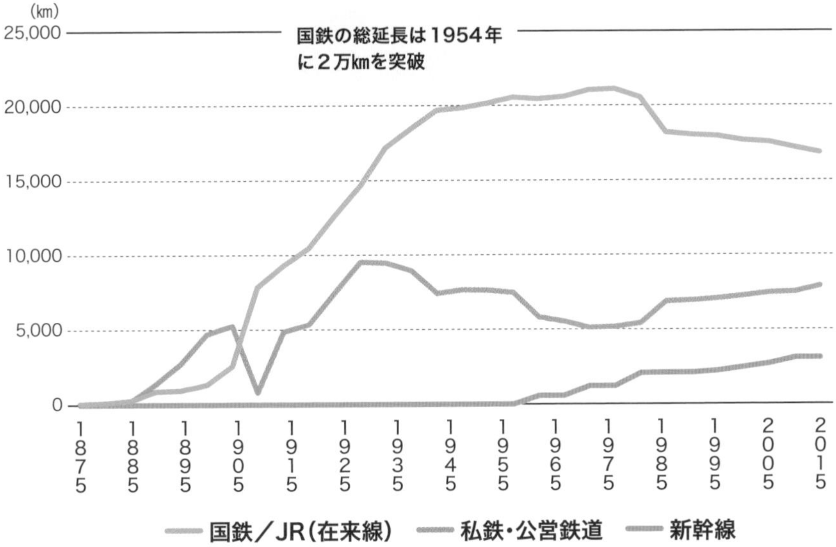

出所：1875～1960年は東洋経済新報社『長期経済統計 12 鉄道と電力』、1965年～は『数字でみる鉄道2023（国土交通省鉄道局監修)』をもとに作成

経営形態別鉄道総延長（営業キロ）

JR

JR北海道	2,254.9
JR東日本	7,401.2
JR東海	1,970.8
JR西日本	4,897.5
JR四国	853.7
JR九州	2,342.6
JR合計	19,720.7

出所：各社ホームページ

大手私鉄

東武鉄道	463.3
西武鉄道	176.6
京成電鉄	152.3
京王電鉄	84.7
小田急電鉄	120.5
東急電鉄	110.7
京浜急行電鉄	87.0
東京地下鉄	195.0
相模鉄道	44.4
名古屋鉄道	444.2
近畿日本鉄道	501.1
南海電気鉄道	154.8
京阪電気鉄道	91.1
阪急電鉄	143.6
阪神電気鉄道	48.9
西日本鉄道	106.1
大手私鉄合計	2,924.3

出所：各社ホームページ

※2024年4月時点

Chapter2
09

コロナ禍を経た変化と今後

鉄道会社が展開する関連事業とそれぞれの動き

JR・大手私鉄が展開する関連事業は運輸事業（バスなど）、不動産事業、レジャー事業、百貨店など流通事業に大別でき、その中にはコロナ禍を経てよい影響・悪い影響を受けた分野があります。

レジャー事業では損失が目立つ

鉄道グループは鉄道を中心に多様な事業を展開しています。鉄道と密接な関係を持つ事業に、沿線開発と連動した不動産業、鉄道のフィーダー輸送を務めるバス事業、駅の立地を活用した事業にターミナルデパートやストア事業があります。とくに1920年開業の「阪急百貨店」に始まる電鉄系百貨店は、沿線住民の生活を支えるとともに、各社のブランドイメージを作り上げています。

一方、観光利用は観光施設の運営やホテルなどのレジャー事業がカバーしています。レジャー事業はコロナ禍で大打撃を受け、2020年度は西武ホールディングスが約534億円、近鉄グループホールディングスが約492億円の営業損失を計上しました。レジャー事業はコロナ禍前から利益率が低かったこともあり、両社は**アセットライト経営**への転換を進めています。ただ2023年に入ってコロナ禍が収束し、インバウンドが急増したため、各社のレジャー事業の業績も急回復しています。

需要拡大で高利益を得た国際物流事業

もう1つ、コロナ禍で注目を集めたのが国際物流事業です。海上輸送の需要が逼迫し、従来は船で輸送していた貨物が航空貨物に殺到したことで空前の高運賃となりました。西鉄の国際物流事業は2021年度に114億円、2022年度に170億円の営業利益をたたき出し、コロナ禍前を上回る利益を記録しました。

この流れを受けて近鉄グループホールディングスは2022年7月、株式の約45％を保有する関連会社「近鉄エクスプレス」に**TOB**を実施して完全子会社化しました。**私鉄グループの国際物流企業**は旅客鉄道を補完する事業として重要性が増しています。

アセットライト経営
施設を売却することで保有資産を最小限に抑え、運営に特化すること。

TOB
「Take Over Bid」の略称で、「株式公開買付」のこと。買付価格や買付予定数、買付期間といった条件をあらかじめ公告して、その条件に同意した株主から市場外で株式を買う方法。

私鉄グループの国際物流企業
近鉄エクスプレスのほかには「阪急阪神エクスプレス」や「名鉄ワールドトランスポート」などがある。

各事業の売り上げ

不動産事業売り上げ上位5社(2022年度)

(単位:億円)

	社名	売り上げ	営業利益
1	JR東日本	4,097	1,115
2	阪急阪神	2,820	278
3	JR西日本	2,214	345
4	東急	2,204	288
5	近鉄	1,638	160

出所:各社ホームページをもとに作成

主な百貨店の売り上げ(2019年度)

社名	売り上げ(億円)	店舗数
阪急阪神百貨店	1,314	15
東武百貨店	567	5
近鉄百貨店	1,080	13
京王百貨店	310	10
東急百貨店	827	16

出所:各社ホームページをもとに作成

国際物流の売り上げ(2022年度)

(単位:億円)

社名	売り上げ	営業利益
近鉄	7,108	233
西鉄	2,320	171
阪急阪神	1,633	84
名鉄	1,370	34

出所:各社ホームページをもとに作成

国際物流では海上貨物輸送や航空貨物輸送が主流

国際物流事業に関わっている近鉄グループの会社

社名	事業内容
近鉄エクスプレス	貨物利用運送事業、航空運送代理店業　など
近鉄ロジスティクス・システムズ	国内輸送事業・ロジスティクス事業　など
近鉄コスモス	人材サービス、ロジスティクス、ビジネス関連消費財　など
近鉄エクスプレス販売	国際設備の国際一貫輸送・据え付け、イベント輸送、貿易代行　など
近鉄トレーディングサービス	輸出入・三国間貿易手続き全般　など

MEMO

近鉄エクスプレスの歴史

近鉄グループ子会社の近鉄エクスプレスの歴史は長く、1948年に近畿日本鉄道で国際貨物の取り扱いを開始したのが始まりです。その後香港やアメリカに現地法人を立ち上げ、1970年に近鉄航空貨物として独立します。1989年に商号を変更してからは、国内ターミナルの増設や東京証券取引所への上場などを果たしました。

Chapter2 10

鉄道に関する新しい需要

鉄道会社と社会とのさまざまな関わり

鉄道博物館を展開するなどして社会との関わりを持つ鉄道会社も多いです。これには、鉄道会社の歴史などを鉄道利用者、そして社会に広く知ってもらうといった目的があります。

鉄道博物館とブランド戦略

鉄道事業者は、コーポレート・コミュニケーションの中核施設として「鉄道博物館」を設置しています。

鉄道事業は地域性が強く、事業領域も多岐にわたるため、創業から現在まで、鉄道を中心に各事業を網羅的に解説するショーケースとすることで、地域との関わりや、社会貢献を可視化します。多くの施設が周年事業の一環として設置されたことからも、その目的がわかるでしょう。

近年は企業ブランド向上と愛着醸成を目的に、自社のイメージリーダーを中核に据えた「マーケティング・コミュニケーション」の役割を重視した施設が増えています。

ノウハウの輸出を行うJR西日本

JR西日本はソリューション営業企画部を設置し、CBM技術や、防犯カメラ向けに開発した人物・物体検知技術などを積極的に販売しています。このような鉄道のノウハウに外部の技術を組み合わせたソリューションを鉄道の外へ展開するのも、関連事業の一種です。社内データサイエンティストを育成し、AIによるデータ分析を内製化。開発した技術は駅や商業施設など実地でテストが可能で、導入後も知見をフィードバックしやすいため、開発コストを大幅に削減できます。

また鉄道部門では2023年、山陰エリアで車両整備を行うグループ会社・後藤工業が鳥取県米子市の内浜処理場管理業務に参入しました。各種設備・機械の整備技術を持ち、24時間即応体制が整備された鉄道事業者のノウハウは、人手不足の深刻化に対応できる可能性を秘めています。

コーポレート・コミュニケーション
企業理念や歴史を利用者や地域、社会に認知・理解してもらうために、企業が情報発信を行うこと。

マーケティング・コミュニケーション
企業と顧客が双方向でコミュニケーションを取りながら進める販売促進や広報活動のこと。顧客の視点や価値観を重視するのが特徴。

CBM
「Condition Based Maintenance」の略称で、故障を予測してメンテナンス時期を効率化すること(229ページ参照)。

ブランド戦略の例

●鉄道博物館

鉄道博物館(JR東日本)

京急ミュージアム(京急電鉄)

・コーポレート・コミュニケーションの中核施設として機能し、利用者や社会に事業を認知・理解してもらうことが目的のひとつ
・地域との関わりや、社会貢献を可視化できる
・近年は企業ブランド向上と愛着醸成を目的とした施設も増加

●技術の販売

CBM技術(JR西日本)

人物・物体検知技術(JR西日本)

・鉄道のノウハウに外部の技術を組み合わせたソリューションを開発・販売
・設備や機械の整備技術の活用は、人手不足改善に期待できる

MEMO

鉄道博物館の多くは“博物館”ではない

博物館は、厳密には博物館法にもとづく「登録博物館」と「指定施設(博物館相当施設)」、そして法にもとづかない「展示施設」に分類されます。登録博物館としてはJR東日本の「鉄道博物館」、東京メトロの「地下鉄博物館」、指定施設にJR西日本の「京都鉄道博物館」がありますが、その他多くの施設は法律上では「展示施設」です。

Chapter2
11

公金を投じて建設・維持する

公営で開発が進められた地下鉄事業

混み合った地上を避け、道路下を走る地下鉄は大都市の経済活動を支える重要な交通機関です。建設には多額の資金を要するため、その多くが公営または自治体が出資する第三セクターです。

地下鉄の多くが都営や市営

大都市の通勤・通学を支える地下鉄は現在、9都市で10事業者が運営しています。このうち8事業者が公営（都営、市営）で、東京地下鉄（東京メトロ）と大阪市高速電気軌道（大阪メトロ）は国または自治体が全額出資する株式会社です。

このほか、埼玉高速鉄道や東葉高速鉄道など事実上、地下鉄の一部として建設された鉄道や、多摩都市モノレールや大阪モノレールなどの都市モノレール、ゆりかもめや神戸新交通など新交通システムのほとんどは自治体が中心の第三セクター形態で設立されました。

莫大な費用を民間会社が一手に受けるのは困難

都市鉄道（24ページ参照）の多くに公的な資金が投じられているのは、地下線工事はおおむね1kmあたり300億円以上の莫大な費用を要するからです。民間会社がこれをすべて借入金で調達すると経営が成り立たないため、国と自治体による建設費を補助する制度がありますが、対象は公営、**準公営**および東京メトロに限られています。なお、東京メトロ同様に民営化した大阪メトロは現在のところ、補助制度の対象から外れています。

準公営
自治体が主体の第三セクターのこと。

日本初の地下鉄である現在の銀座線は、私鉄2社が民間資本で建設しましたが、資金難と2社の主導権争いで建設が停滞したため、1941年に政府と東京市が出資する特殊法人**帝都高速度交通営団**が設立され事業を引き継ぎました。一方、日本初の市営電車を開業した大阪は、地下鉄も市営で整備を進めました。1933年に開業した1号線（御堂筋線）は地上の街路整備との一体的な工事など、市営のメリットを最大限に活かしています。

帝都高速度交通営団
東京都区部（旧東京市）および周辺地域で地下鉄を整備・経営するために、1941～2004年まで存在した特殊法人。現在の東京メトロの前身。

公営鉄道の売り上げ（2022年度）

名称	運営元	収入（億円）	損益（億円）
札幌市営地下鉄	札幌市	467	67
札幌市電		15	0.6
函館市電	函館市	15	▲0.3
仙台市営地下鉄	仙台市	212	▲14
東京都営地下鉄	東京都	1,158	▲4
都電荒川線		21	1
日暮里・舎人ライナー		54	▲2
横浜市営地下鉄	横浜市	357	20
名古屋市営地下鉄	名古屋市	794	39
京都市営地下鉄	京都市	300	▲6
神戸市営地下鉄	神戸市	239	22
福岡市営地下鉄	福岡市	274	12
熊本市電	熊本市	23	6
鹿児島市電	鹿児島市	20	0.2

出所：各市ホームページをもとに作成

公営鉄道の例

都営地下鉄

その名の通り東京都が運営している

熊本市電

熊本市の地方公営企業で、路面電車を運営している

地下線の工事には莫大な費用がかかり、民間企業が調達するのは困難なため、公費が充てられます

COLUMN 2

鉄道と軌道の複雑な関係

軌道法を味方にして鉄道事業を開始した阪神

関東では京急電鉄や京王電鉄、京成電鉄、関西では京阪電鉄や阪神電鉄などが軌道から出発して鉄道に鞍替えした鉄道事業者です。「鉄道」と「軌道」は法的には明確に区分されますが、内実は非常にあやふやな関係です。このややこしい関係のきっかけを作ったのは1899年に設立された阪神でした。

明治期の私鉄は「私設鉄道法（施設鉄道条例）」にもとづき設立されていました。当時、鉄道事業は国有国営を原則としており、同法は特定の地域、区間を例外的に民間に認めるという立て付けでした。

阪神はアメリカのインターアーバンに倣い、大阪～神戸間に電気鉄道を敷設する構想でしたが、国鉄と競合する路線が認可されるはずがありません。

そこで目を付けたのが馬車鉄道・路面電車を対象とする軌道条例（軌道法）です。道路上を走る軌道は道路行政を管轄する内務省の共管だったため、「どこか線路が道路上にあればよい」との解釈を内務省に認めさせて特許を得ることに成功しました。

阪神や京成は、当初から起終点付近以外は専用軌道を走る高速電車として建設された一方、京急や京王は路面電車の要素が強かった路線を徐々に改良して発展しました。

道路下を走る地下鉄は「軌道」か「鉄道」か

日本の地下鉄は戦前、東京では「鉄道」、大阪では「軌道」として整備されましたが、戦後はどちらを適用するかで運輸省（旧鉄道省）と建設省（旧内務省）が対立しました。次世代交通機関として注目されていたモノレールについても、建設省は道路上に作るのだから軌道法を適用すべきと主張しました。

結局、地下鉄は「鉄道」、モノレールは「軌道」とすることで決着します。事実上の鉄道である阪神も軌道から鉄道に切り替えられましたが、大阪メトロは現在も軌道のままです。

第3章

日本の交通を支える JR7社

日本各地で事業を展開するJR各社。かつては「日本国有鉄道」という国有の鉄道でしたが、1987年に分割・民営化したという歴史を持ちます。6つの旅客鉄道会社と1つの貨物鉄道があり、それぞれの会社で収益構造が異なります。本章ではJR各社の特徴について見ていきます。

Chapter3 01

7社中4社が完全民営化

収益と利益で見るJR各社の比較

日本全国を走るJRの鉄道。しかし、実は各社に資本関係はありません。それぞれ営業収益や営業利益が異なり、事業の規模にも差があります。

同じルーツを持つJR各社の現在

JR各社の前身は日本国有鉄道（国鉄）という**公共企業体**で、文字通り国有の鉄道でした。1987年にその国鉄が分割・民営化されて誕生したのが旅客鉄道6社と貨物鉄道1社です。各社の略称に「JR」と入りますが、資本関係はありません。

JR各社の規模や収益構造はまったく異なります。2023年度の営業収益は、JR東日本が2兆7,301億円、JR東海が1兆7,104億円、JR西日本が1兆6,350億円、JR九州が4,204億円、JR貨物が1,885億円、JR北海道が1,477億円、JR四国が533億円です。JR四国の営業収益はJR東日本と比較して、約2%の規模しかありません。

JR東日本、JR東海、JR西日本、JR九州は株式上場をしており、完全**民営化**を果たしています。その他の3社は独立行政法人鉄道建設・運輸施設整備支援機構が100%の株式を保有する**特殊会社**で、代表取締役の選定も国土交通大臣の認可が必要です。

公共企業体
国や地方公共団体の出資などによって設立した法人のこと。国鉄のほかに、日本たばこ産業（JT）の前身である日本専売公社、日本電信電話（NTT）の前身である日本電信電話公社などが該当する。

民営化
国家などが経営する企業や特殊法人が行っていた事業を、民間企業（株式会社）が行うようになること。

特殊会社
行う事業が国の政策に大きく関わるため、国によって監督・保護されている会社。「特別法」で名称や営業活動の範囲などが定められている。

事業環境の差が大きく響く

2023年度の営業利益は、JR東海が6,074億円でトップです。これはドル箱の東海道新幹線を擁する強みといえます。JR東日本が3,452億円、JR西日本が1,797億円、JR九州が471億円と完全民営化された4社は黒字ですが、残りの3社はJR北海道が-499億円、JR貨物が-47億円、JR四国が-116億円と赤字になっています。

黒字路線を多く持つ会社と赤字路線を抱える会社では利益面で差が付いてしまう上、黒字路線の沿線では不動産事業などでも大きな利益を生むため、その差はさらに広がってしまいます。

JR各社の営業収益（コロナ禍前とコロナ禍後）

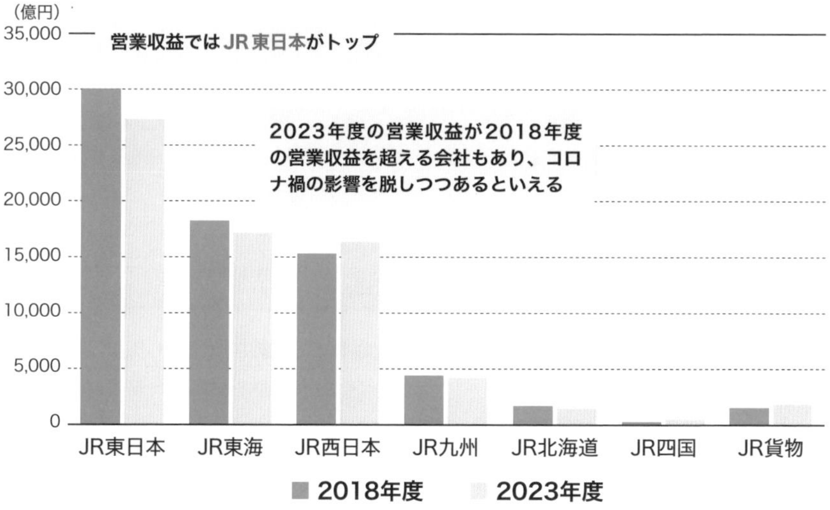

出所：各社決算資料をもとに作成

JR各社の営業損益（コロナ禍前とコロナ禍後）

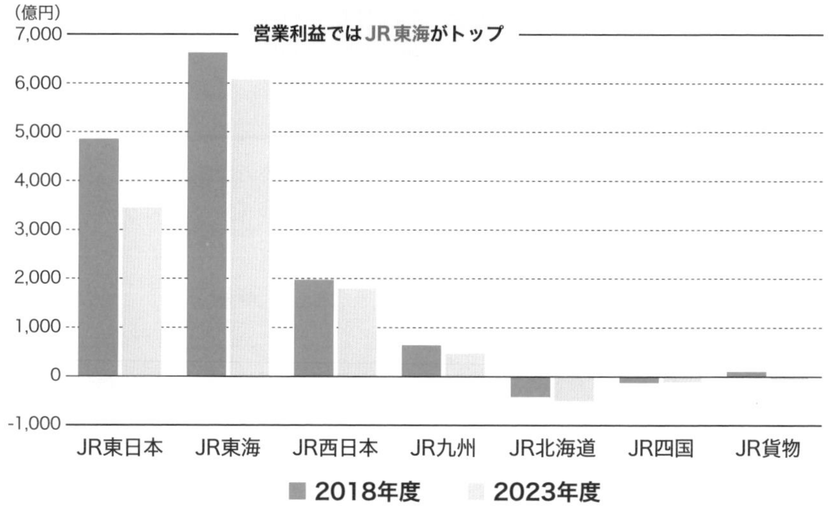

出所：各社決算資料をもとに作成

寒冷地ならではの困難

JR北海道の最新動向と特徴

北海道観光にも大きな関わりを持つ札幌駅。JRタワーの開業や駅の拡張などで街の発展を主導する一方、鉄道事業での収支では難しい問題を抱えています。

札幌の人の流れを変えたJR北海道

JRタワー
札幌駅の駅ビル型超高層複合商業ビル。ショッピングセンターやホテル、オフィスなどが集積している。

JR北海道がJRタワーを札幌駅に開業させてから、2023年で20年が経過しました。コロナ禍前の2019年度は札幌駅の年間乗車人員が約3,591万人になり、JRタワー開業前（2002年度）の約1.2倍となりました。札幌駅は商業の中心部から少し離れていますが、JRタワーによって駅周辺にも人が集まるようになりました。

2030年度末以降に北海道新幹線の札幌駅延伸が予定されています。北海道新幹線は鉄道・運輸機構による公共事業として整備されます。当初は最高時速260kmのスペックで建設される予定でしたが、JR北海道が追加工事費を負担して最高時速320km化を実現するための要請を行っています。実現した場合は新函館北斗～札幌間が1時間で結ばれます。札幌駅の新幹線ホームは土地の確保が難しいため、在来線の東側に新設される予定です。乗り換えは多少不便になりますが、札幌駅が拡張されることになるため、新たな駅前開発事業も期待できます。札幌駅を中心として、今後もJR北海道が札幌の発展を担うことになるでしょう。

厳しい経営の中で持続をめざす

2022年度のJR北海道の区間別収支は、都市間輸送や札幌近辺を含めて全21区間で赤字でした。その一因として、厳しい自然環境による高コスト体質、札幌一極集中など、北海道特有の事情があるのも事実です。厳しい経営環境の中、かつては安全に関わるコストを削減し、事故や不祥事が多発したこともありました。その反省から「当社単体では維持することが困難な線区」を公表し、地域とともに持続可能な交通体系を模索しています。

JR北海道の営業収益と営業損益

10年間の推移

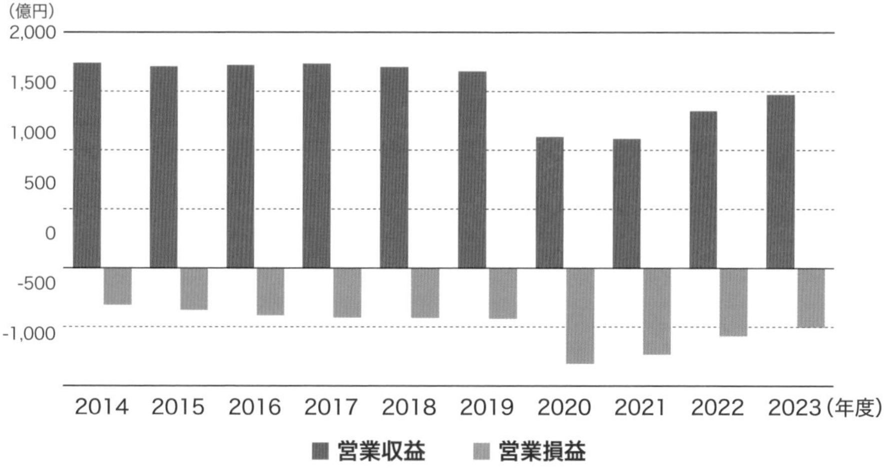

出所：JR北海道「JR北海道グループ2023年度決算」をもとに作成

セグメント別売上高

(単位：億円)

	運輸業	小売業	不動産賃貸業	ホテル業	その他	合計
2019年度	897	342	262	81	88	1,672
2023年度	895	238	192	100	50	1,477

出所：JR北海道「JR北海道グループ2023年度決算」をもとに作成

主な路線と営業収益（2022年度）

線名・線区		営業キロ(km)	営業収益(億円)	営業損益(億円)	輸送密度(人／日km)
函館線	札幌～岩見沢	40.6	365	▲72	32,776
札沼線	桑園～北海道医療大学	28.9			14,475
千歳・室蘭線	白石～苫小牧	65.4			38,410
函館線	小樽～札幌	33.8			36,353
函館線	岩見沢～旭川	96.2	42	▲42	6,164

出所：JR北海道「2022年度線区別の収支とご利用状況について」をもとに作成

Chapter3 03

圧倒的な利用者数を誇る

JR東日本の最新動向と特徴

JR東日本の営業エリアには、東京圏が含まれます。2000年代以降は駅の集客力を生かした開発に注力して、関連事業を発展させました。今後は経営資源の見直しやコスト削減を推し進め、人口減少に備えていきます。

首都圏での圧倒的に有利な事業環境

JR東日本は関東・東北を営業エリアとし、鉄道運輸収入の95％以上を新幹線と関東圏（在来線）が占めています。

1987年の国鉄民営化による誕生当初は、ガーラ湯沢スキー場の開業、駅レンタカーの価格破壊など、首都圏の利用者を自社の地方エリアに招く施策が目立ちましたが、2000年代に入ると、「**ステーションルネッサンス**」として、首都圏の駅の集客力を再評価して駅ビルや「**エキナカ**」の開発に力を入れ始めました。

JR東日本は、利用者の数が圧倒的に多いのが特徴です。コロナ禍以前の2018年度時点で、1日平均乗車人員が10万人以上の駅が40もあり、JR他社と比較して桁違いです。「エキナカ」で成功するのは、JR東日本だからといえるでしょう。

ステーションルネッサンス
駅空間を見直すというJR東日本グループの構想。「電車に乗るためでなくても駅へいきたくなるような、あるいは、乗り換え駅でなくても途中下車したくなるような、魅力ある場を作る」ことを掲げた。

エキナカ
鉄道事業者の管理下にある駅の中（とくに改札内）で展開する店舗や商店街のこと。

巨大鉄道会社が備える人口減少社会

JR東日本は、2018年度決算では営業収益が3兆円を超えて、圧倒的な存在感を示しました。しかし、新型コロナウイルスの影響が直撃して、2020年度の営業収益は1兆7,646億円にまで落ちて赤字に転落します。その後、2022年度には2兆4,055億円にまで回復し、黒字転換しました。

一方、人口減少による利用者減少という大きな問題にも直面しています。コロナ禍前に発表した経営ビジョンでも、「生活サービス事業およびIT・Suica事業に経営資源を重点的に振り向けて、新たな「成長エンジン」としていく」と明示しました。鉄道事業では、羽田空港アクセス戦（仮称）に着手する一方で、ワンマン運転の拡大、終電繰り上げや運転本数削減など、積極的なコストダウンを進めています。

JR東日本のセグメント別営業収益（2023年度）

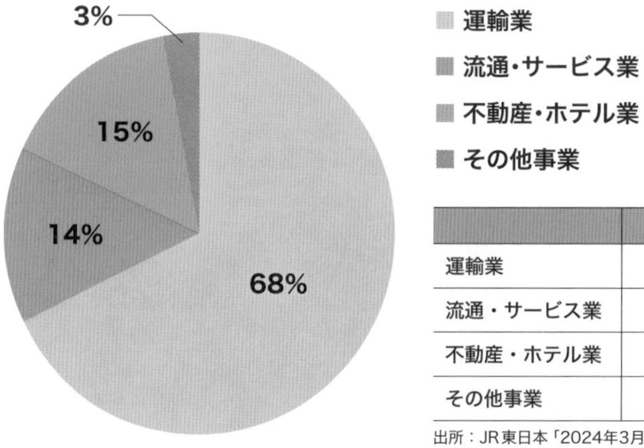

（単位：億円）

	営業収益	営業利益
運輸業	18,536	1,707
流通・サービス業	3,796	540
不動産・ホテル業	4,058	1,001
その他事業	910	219

出所：JR東日本「2024年3月期決算および経営戦略説明資料」をもとに作成

主要駅の利用者数

	2018年度	2022年度
駅名	乗降客数（人）	
新宿	789,366	602,558
池袋	566,994	458,791
東京	467,165	346,658
横浜	423,651	340,536
品川	383,442	248,650
渋谷	370,856	292,631
新橋	281,971	226,249
大宮	258,108	193,244
秋葉原	252,267	190,506
北千住	220,903	183,824

出所：JR東日本ホームページをもとに作成

コロナ禍後も1日に20万人以上が利用している駅もある

40駅で1日平均の乗車人員が10万人を超える（2018年度）

Chapter3
04

営業利益率は他の追随を許さない

JR東海の最新動向と特徴

JR東海の大きな特徴はその営業利益率にあります。東海道新幹線が圧倒的なドル箱路線で、コロナ禍を経てなお大きな利益を生み出しています。また、バブル崩壊後に参入した百貨店事業も成功し、経営に貢献しています。

ダントツの営業利益率を誇るJR東海

JR東海の営業収益は、コロナ禍前の2018年度が1兆8,781億円で、3兆円を超えるJR東日本には遠く及びませんが、営業利益は7,097億円で、JR東日本の4,848億円を大きく上回ります。鉄道会社の中でも圧倒的に営業利益率が高いのが特徴です。

JR東海の営業利益のうち、90％以上は運輸業が占めています。在来線の営業キロは東海道新幹線の2.5倍ほどありますが、利益の多くは東海道新幹線によるものです。品川駅の開業、新型車両の投入など東海道新幹線を発展させてきました。

しかし、コロナ禍の影響で2020年度は赤字に転落します。2020年4～5月の緊急事態宣言では東海道新幹線の利用者が9割も減り、需要が消失したためです。2023年度には東海道新幹線の利用者がコロナ禍前の9割以上にまで回復し、営業収益も同様に9割以上まで回復しました。東海道新幹線の**損益分岐点**は低いため、利用者が戻れば莫大な利益を生み出します。

損益分岐点
総費用と売上高が同じ金額になる、つまり利益がゼロになる売上高のこと。これを上回ると黒字、下回ると赤字となる。

ドル箱の東海道新幹線が生み出す新事業

JR東海は、自己負担を前提として、リニア中央新幹線の品川～名古屋を2027年に開業させることを目標に工事を進めてきましたが、**大井川の水問題**などで静岡県の合意が得られず、一部区間で着工できていません。東海道新幹線の利用者は回復しているため、リニア中央新幹線への期待も再喚起されています

鉄道事業以外では、2000年3月にJRセントラルタワーズを名古屋駅に開業しています。テナントとしてジェイアール名古屋タカシマヤが入居し、老舗百貨店を抑えて名古屋トップの売上高を誇る百貨店に成長しました

大井川の水問題
リニア中央新幹線開業にあたっては静岡市北端部の南アルプスを横断する計画だが、これにより中下流域住民の水源である大井川の水が減少することが危惧されている。

JR東海のセグメント別営業収益（2023年度）

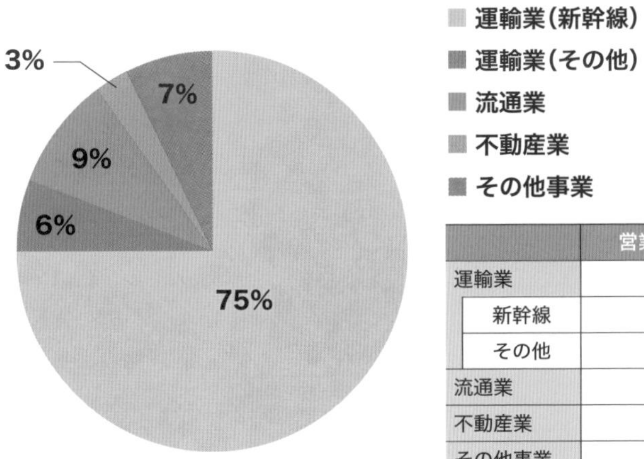

（単位：億円）

	営業収益	営業利益
運輸業	13,915	5,596
新幹線	12,479	—
その他	948	—
流通業	1,531	138
不動産業	495	202
その他事業	1,161	154

出所：JR東海「令和５年度期末連結決算概要」をもとに作成

新幹線の旅客運輸収入と輸送人員の推移

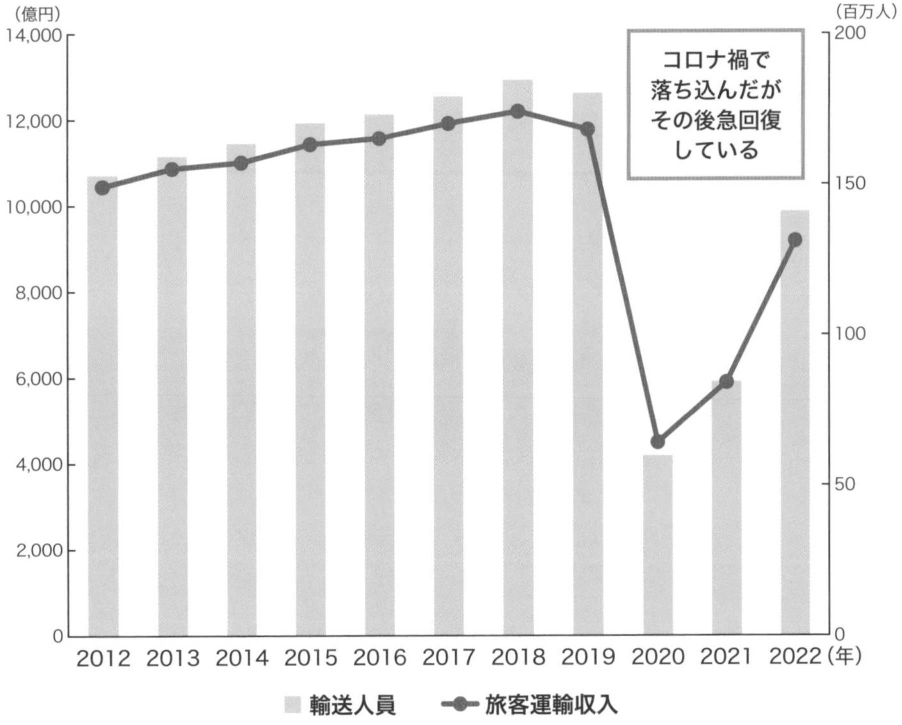

出所：JR東海「ファクトシート2023」をもとに作成

Chapter3
05

航空機との熾烈な競争を行う

JR西日本の最新動向と特徴

近畿圏の鉄道で圧倒的な利用者数を誇るのがJR西日本。その半面、新幹線は航空機との競争が激しく、百貨店事業、ホテル事業などでは苦戦しています。一方で、駅ビルなどの不動産事業は好調です。

圧倒的なシェアと激しいシェア争いが共存する事業環境

私鉄との競争が激しい近畿圏で、JR西日本は東海道・山陽本線の草津～西明石駅間を**複々線**化し、普通と快速のほか、新快速も運行しています。輸送人員、輸送人キロを**関西5私鉄**の合計と比較すると、それぞれ約1.5倍、約1.8倍にもなります。

複々線
上下列車がそれぞれの線路で走る「複線」が2つ並んだもの。つまり、4本の線路が並んでいる状態。

関西5私鉄
関西圏の大手私鉄である阪急電鉄（110ページ参照）、南海電気鉄道（106ページ参照）、阪神電気鉄道（110ページ参照）、近畿日本鉄道（104ページ参照）、京阪電気鉄道（108ページ参照）のこと。

一方の航空機とのシェア争いでは、JR東海の東海道新幹線は新幹線が圧倒していますが、JR西日本の山陽新幹線の区間になると、東京～広島は新幹線のシェアは6割まで下がり、東京～福岡では新幹線のシェアが1割以下にまで下がります。

鉄道以外の事業では、関西私鉄グループが立ちはだかります。2011年に大阪梅田でJR大阪三越伊勢丹をオープンさせましたが、わずか4年で閉店し、ファッションビル「ルクア1100」への業態変更を余儀なくされました。ホテルでは、宿泊特化型のヴィアイン、駅直結が売りのホテルグランヴィアなどを展開していますが、大きな利益を出すまでに至っていません。

ライフデザイン分野の比率を上げる計画

JR西日本において鉄道事業以外で大きな利益を生むのは、駅ビルの賃貸やショッピングセンター運営などの不動産事業です。近畿圏と西日本の主要都市をカバーしており、コロナ禍で鉄道事業が大打撃を受ける中でも、安定した利益を生み出しています。

JR西日本は、鉄道、流通、ホテル、旅行をモビリティサービス分野、不動産、ショッピングセンター、地域・まちづくりなどをライフデザイン分野と位置付け、後者の比率を上げる計画を掲げています。今後、鉄道事業への投資を行うだけでなく、大阪、広島、三ノ宮での新駅ビル開発などにも注力する予定です。

JR西日本のセグメント別営業収益（2023年度）

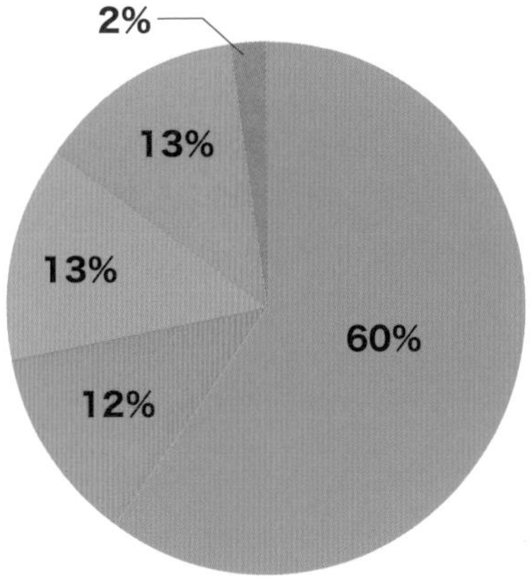

（単位：億円）

	営業収益	営業利益
モビリティ業	9,864	1,144
流通業	1,970	130
不動産業	2,177	406
旅行・地域ソリューション業	2,060	78
その他事業	278	42

出所：JR西日本「2023年度期末決算について（2024年3月期決算短信補足資料）」をもとに作成

新幹線と航空機とのシェア争い（2022年度）

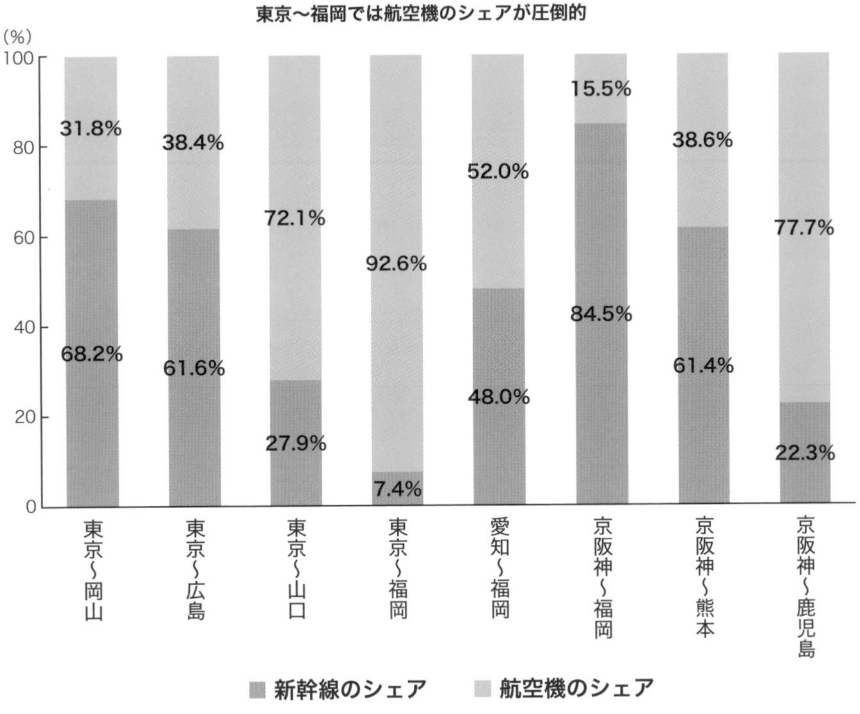

出所：JR西日本「ファクトシート（2023年版）」をもとに作成

Chapter3
06

JR四国の最新動向と特徴

JR四国は、四国内の広域をカバーしています。独自の観光列車が観光資源となる一方、市街地へのアクセスや高速バスとの競争に苦戦しています。今後の発展は駅の再開発がカギを握ることになるでしょう。

小さな組織で大きなエリアをカバーするJR四国

JR四国の路線は四国全体をカバーしていますが、営業キロはJRでは最短の853.7kmです（2024年4月現在）。営業収益（連結決算）は533億円（2023年度）、社員は2,025人（2023年4月時点）で、小さな組織で広いエリアをカバーしているのが特徴です。

ほかのJR各社が豪華な観光列車を運行する中、JR四国は投資を抑えながら魅力のある観光列車を開発してきました。社員がデザインした列車を走らせ、沿線の人々やJR四国の関係者が手を振って迎えます。この観光列車が新たな観光資源になり、地域との距離感も縮まりました。

将来を左右する主要駅周辺の再開発

一方で、経営環境が厳しいのは否めません。四国の商都である松山では、伊予鉄道の松山市駅は街の中心部や観光地への起点になっていますが、一方のJR松山駅は離れたところにあります。四国の玄関口である高松も、JR高松駅は街の中心部へのアクセスに恵まれません。そのため、主要路線の高松〜松山ですら、高速バスを利用する人が多いのが実態です。

そもそもマーケットが小さいうえに、高速バスとの競争は激しく鉄道の利用者が少ないため、ほかのJR各社のように駅ビルで大きな利益も得ることもできません。

そのJR高松駅周辺では、2024年3月に駅ビル「ORNE」がオープンしました。長年再開発が進まなかったJR松山駅周辺でも、県や市などが駅周辺の高架化、駅前広場の再開発を進めて、駅舎も新しくなります。鉄道の利用者が増えて、地域を訪れる人が増えるのは、JR四国だけでなく地元の願いでもあります。

伊予鉄道
観光やまちづくりに関する事業を展開する企業「伊予鉄グループ」の主要子会社で、南海電気鉄道（106ページ参照）に次いで長い歴史を持つ私鉄。

JR四国の鉄道運輸収入

10年間の推移

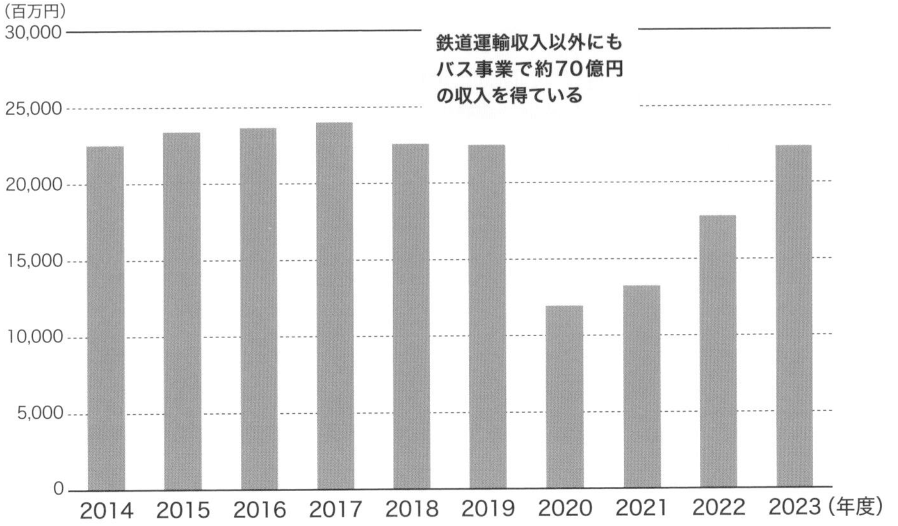

出所：JR四国「2023年度期末決算について」をもとに作成

セグメント別売上高

（単位：億円）

	運輸	物品販売	建設	ホテル	不動産	その他事業
2019年度	297	80	122	64	17	76
2023年度	283	57	139	78	60	96

※2023年度から物品販売は飲食・物販、不動産は駅ビル・不動産、その他事業はビジネスサービスにセグメントの名称を変更

出所：JR四国「2023年度期末決算について」をもとに作成

主な路線の輸送密度（2022年度）

線名・線区		営業キロ(㎞)	輸送密度(人／日㎞)
本四備讃線	宇多津～児島	18.1	22,270
予讃線	高松～多度津	32.7	22,302
	多度津～観音寺	23.8	8,086
	観音寺～今治	88.4	4,994
	今治～松山	49.5	6,092
土讃線	多度津～琴平	11.3	4,919
	高知～須崎	42.1	3,149
高徳線	高松～引田	45.1	4,109
	引田～徳島	29.4	3,173
牟岐線	徳島～阿南	24.5	3,964

出所：JR四国「2023年度期末決算について」をもとに作成

Chapter3 07

JR九州の最新動向と特徴

大きな発展を遂げて、上場による完全民営化を果たしたJR九州。鉄道事業を含むさまざまな業種で成果を上げているほか、事業環境の変化に応じて迅速に対応している点も成功の要因です。

鉄道以外の事業の成功で上場を果たしたJR九州

本州3社を除いて唯一、上場による完全民営化を果たしたのがJR九州です。JR九州が発展させたのは、駅ビル、ホテルなど、ほかの鉄道会社が取り組むような事業だけではありません。高速船による日韓航路の開業、分譲マンション「MJR」の販売、東京や上海にまで展開した飲食店「うまや」など、鉄道会社の枠を超えて、それぞれの分野でブランドを築き上げました。

鉄道事業では、「ななつ星 in 九州」などの**D&S列車**だけでなく、新幹線、特急列車、普通電車にまでデザインを取り入れてイメージを大きく向上させました。九州に多くの観光客が訪れるようになったのは、JR九州の貢献によるところが大きいでしょう。

D&S列車
JR九州の観光列車。D&Sとは「デザイン&ストーリー」のことで、「デザインと物語のある列車」という意味が込められている。

事業環境の変化への迅速な対応

JR九州の成功要因の1つは、事業環境の変化に迅速に対応していることです。

韓国からの訪日客が多い九州では、新型コロナウイルスの影響はとくに大きく、日韓航路は運行休止、小倉や屋久島のホテル撤退、飲食事業では「うまや」の海外店舗閉店、JR九州病院の事業譲渡など、矢継ぎ早に事業の見直しを行いました。

一方、イカで有名な呼子でレストランを運営する「萬坊」の子会社化、長崎駅の新駅ビル建設や長崎マリオットホテル開業、嬉野温泉での宿開業など、新規事業も並行して積極的に行っています。これらは西九州新幹線の開業に合わせた戦略によるものです。最近の特徴としては、人の流動量に依存しない建設セグメントを新たな重点戦略に掲げています。

JR九州のセグメント別営業収益（2023年度）

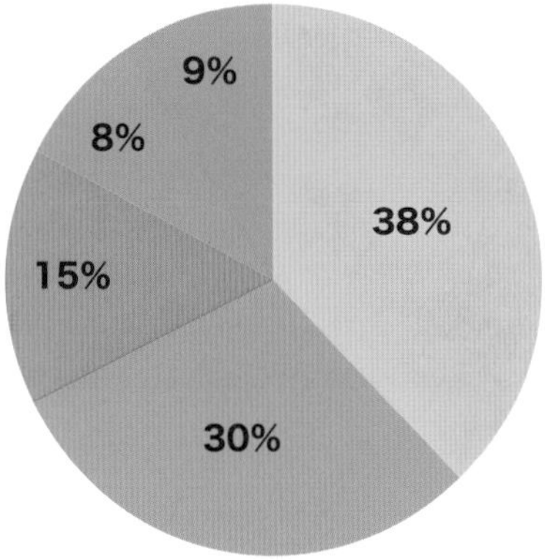

- 運輸サービス
- 不動産・ホテル
- 流通・外食
- 建設
- ビジネスサービス

（単位：億円）

	営業収益	営業利益
運輸サービス	1,589	103
不動産・ホテル	1,282	248
流通・外食	614	32
建設	330	59
ビジネスサービス	387	38

出所：JR九州「2024年3月期決算短信」をもとに作成

九州内を走るD&S列車

特急列車名	区間
或る列車	博多～由布院など※1
ゆふいんの森	博多～由布院
ふたつ星4047	武雄温泉～長崎
あそぼーい！	熊本～大分～別府
かわせみ やませみ	熊本～宮地
A列車で行こう	熊本～三角
SL人吉※2	熊本～鳥栖
海幸山幸	宮崎～南郷
指宿のたまて箱	鹿児島中央～指宿
36ぷらす3	九州7県

クルーズトレイン「ななつ星 in 九州」は、多くの豪華観光列車の先駆けとなった

※1　4つのコースがあり、時期により運転区間が異なる
※2　2024年3月で運行終了

出所：JR九州ホームページ

内陸部の長距離輸送に強み

JR貨物の最新動向と特徴

日本における鉄道貨物輸送の大部分を担うのがJR貨物です。貨物鉄道は利益を上げるのが難しい一方で、昨今の情勢を踏まえ、役割拡大が求められているビジネスでもあります。

日本の鉄道貨物を担うオンリーワン企業

日本の鉄道貨物輸送については、JR貨物がトンキロベースで100%近い輸送量を担っています。ただし貨物全体の輸送機関別輸送量（トンキロベース）では、自動車が約50%、内航海運が約40%を占める一方、鉄道は5%程度に留まっています。

海に囲まれた日本は内航海運の比率が高く、短距離輸送ではトラックに分がありますが、内陸部の長距離輸送については鉄道輸送がその優位性を発揮します。たとえば群馬、長野など内陸県への石油輸送は、京浜、京葉、四日市地区からの鉄道輸送が大部分を担っています。また内陸部にある北海道北見市で生産されたタマネギは、本州まで貨物列車で運ばれています。

時代に求められるJR貨物の役割

貨物列車のCO2の排出量はトラックの約11分の1と環境にやさしく、物流業界はトラックドライバー不足やドライバーの**時間外労働の上限規制**などの問題があるため、鉄道貨物輸送にさらなる役割の拡大が求められています。一方で鉄道貨物輸送は災害による不通区間発生時の迂回輸送や代替輸送の確保が難しいなどの弱点があり、鉄道輸送を増やすには多くの課題があります。

時間外労働の上限規制
働き方改革の一環として、2024年4月以降適用される規定。これにより、運送量の減少や経営コストの増加などが懸念される。

JR貨物は民営化以降、長年にわたって赤字が続いていました。2013年に就任した石田忠正会長による改革の結果、2016年度、2017年度と黒字転換しましたが、2018年の西日本豪雨、2020年以降のコロナ禍の影響によって再び赤字に転落しています。鉄道貨物は採算を取るのが難しい側面はありますが、その課題を克服して永続的な黒字化に達成することがJR貨物には求められています。

JR貨物のセグメント別営業収益（2023年度）

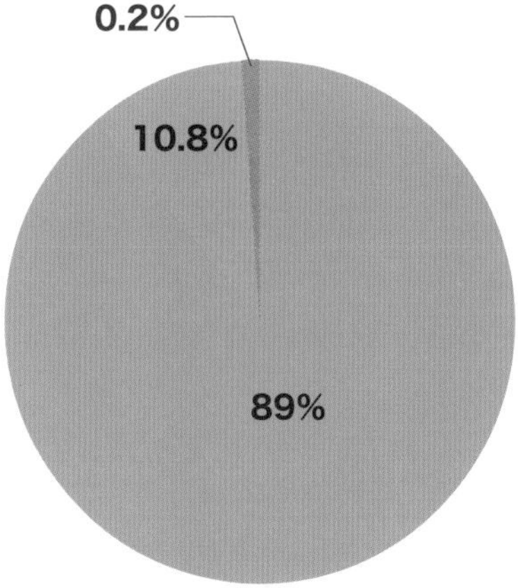

（単位：億円）

	営業収益	営業損益
鉄道ロジスティクス事業	1,671	▲148
不動産事業	202	107
その他事業	3	2

出所：JR貨物「2023年度決算短信」をもとに作成

輸送量の推移

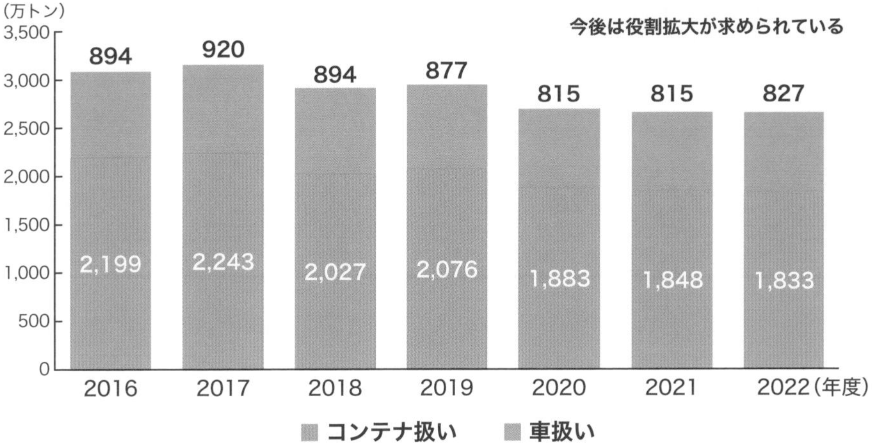

出所：JR貨物ホームページをもとに作成

コンテナ扱い

文字通りコンテナで輸送を行う。コンテナはそのままトラックにも載せて運ぶことも可能

車扱い

主に石油輸送を担い、沿岸部で精製された石油製品を内陸地域へ運ぶ

COLUMN 3

JR誕生の背景と交通の未来

設計された JR各社の経営

JRの前身である国鉄の末期は、毎年1兆円以上の赤字を計上し、経営は破綻状態でした。道路や空港整備が進んだことで鉄道の優位性は低下しましたが、その変化に対応できなかったのが要因の1つです。

国鉄の債務は37兆1,000億円にも膨れ上がり、その半分以上は国鉄清算事業団が引き継ぎ、残りはJR東日本、JR東海、JR西日本、JR貨物が負担しました。

一方で、大幅な赤字経営が見込まれたJR九州、JR北海道、JR四国には、「経営安定基金」が与えられました。その運用益で安定的な経営ができるようにとの設計です。

JR貨物は、貨物専用線などの例外を除いてレールは保有しません。旅客会社から借りて、その使用料は、「貨物列車が走行しなければ回避できた追加コスト分のみ」とし、採算が合うようにしました。

JRというのは、経営の見通しを踏まえて、負担と救済策を織り交ぜて設計された会社なのです。

国鉄改革の 成功と影

1987年にJR各社は誕生しますが、その後の推移は予想どおりだったわけではありません。

もっとも心配された船出の時期には、バブル景気の追い風が吹きました。東海道新幹線の輸送人キロはGDPの成長に引っ張られるように増えます。国鉄債務の返済は進み、財務状況が改善したことで、1997年までにJR東日本、JR西日本、JR東海が上場を果たします。

一方、バブル景気が終わると、金利は下落を続け、経営安定基金の運用益も低下しました。地方の鉄道を取り巻く環境は、JR誕生の頃の想定よりも悪化し、高速道路による影響だけでなく、最近では地方都市の人口減少が深刻です。その結果、JR北海道、JR四国などは、予想を超える厳しい経営環境になりました。

地方の交通手段をどう維持していくかは、もはや鉄道事業者だけの問題にとどまりません。

第4章
都市の交通を支える大手私鉄

日本の鉄道会社には、国鉄の分割民営化により誕生したJRのほかにも、民間事業者が運営する私鉄が数多く存在します。その中でも経営規模の大きさなどから16社を大手私鉄として区分します。第4章では、大手私鉄各社の業績などを見ていきましょう。

Chapter4
01

各事業の営業収益・営業利益

営業キロと各経営指標で見る大手私鉄の比較

鉄道会社は、運輸事業のほかさまざまな関連事業によって成り立っています。鉄道事業の大きさと全事業の営業収益合計は比例せず、また事業によって利益率は大きく異なります。

鉄道の規模と営業収益が比例しない大手私鉄

2023年度決算は、営業収益では近鉄グループホールディングスが1兆5,000億円を超えて、それに東急、阪急阪神ホールディングスが1兆円弱で続き、この3社が他社を引き離しています。近畿日本鉄道は私鉄の中でいちばんの営業キロを誇りますが、一方で東急電鉄の営業キロは100㎞程度なので、鉄道事業の大きさと営業収益は比例しません。

その好例が、ともに横浜駅を発着する京浜急行電鉄と相模鉄道です。鉄道路線としては、横浜～海老名間など営業キロが短い相鉄に比べて、品川～横浜間、羽田空港へのアクセスも担う京浜急行電鉄が、輸送人員でも営業キロでも倍以上になります。

しかし、相鉄が所有する横浜駅西口の不動産が大きく業績に貢献し、営業収益はほぼ互角、営業利益は相鉄ホールディングスが上回る年が多くなっています。

事業内容によって変わる営業利益のランキング

運輸、不動産、百貨店、流通、旅行業、ホテル、レジャー、物流など多岐にわたる鉄道ビジネスですが、運輸業とともに利益面で柱になるのは不動産業です。一方、生活に身近な存在ですが、百貨店や流通業の利益率は低いのが実態です。

営業収益トップの近鉄グループホールディングスですが、営業利益では阪急阪神ホールディングスには及びません。これも不動産業の差が影響しています。

名古屋鉄道や西日本鉄道は、東京や大阪ほど鉄道利用率が高くない事業環境の中、多様な事業を営んでいるのが特徴です。グループ全体ではほかの大手私鉄と肩を並べています。

大手私鉄の鉄道事業の営業収益（2021年度）

営業係数

・「100円を稼ぐのにどれだけの費用がかかったのか」を表す数値
・経費÷収益×100で求められる
・数値が100未満だと黒字、100以上だと赤字であることを示す

事業者名	営業収益（億円）	営業係数
東武鉄道	1,264.2	90
西武鉄道 （西武ホールディングス）	807.6	100
京成電鉄	428.6	124
京王電鉄	641.4	102
小田急電鉄	919.9	99
東急電鉄 （東急）	1,205.8	101
京浜急行電鉄	599.1	109
東京地下鉄	2,727.5	109
相模鉄道 （相鉄ホールディングス）	274.0	108
名古屋鉄道	694.5	100
近畿日本鉄道 （近鉄グループホールディングス）	1,068.9	99
南海電鉄	416.1	114
京阪電鉄 （京阪ホールディングス）	383.7	86
阪急電鉄 （阪急阪神ホールディングス）	790.0	92
阪神電気鉄道 （阪急阪神ホールディングス）	284.5	97
西日本鉄道	163.3	102

営業係数が114の場合、114円かけて100円の収入を得たということ
➡100円ごとに14円の赤字

※（　）内は親会社
※いずれも鉄道のみの数値で、軌道は含まない
出所：国土交通省「鉄道統計年報［令和3年度］」

コロナ禍による乗客減で、鉄道事業が赤字の会社が多いです

Chapter4
02

レジャー事業が業績に大きく寄与

東武鉄道の決算分析と事業の方向性

東武鉄道のレジャー事業は、栃木県の東武ワールドスクウェアや埼玉県の東武動物公園、そして東京スカイツリーなどが有名です。ほかにも、さまざまなレジャー施設を運営しています。

レジャー事業を抱える巨大私鉄

東武鉄道の路線は、日光、宇都宮、伊勢崎などの北関東に広がり、別系統の東上線は埼玉県西部の奥地まで、野田線は千葉県船橋まで運行されて、その営業キロは463.3kmにもなります。近畿日本鉄道（近鉄）には及びませんが、関東私鉄では最大です。

東武鉄道は、レジャー事業などの割合が大きいのも特徴です。東武ワールドスクウェア、東武動物公園だけでなく、中禅寺湖に遊覧船を浮かべ、日光にはスキー場を持っています。ゴルフ場も多く、ザ・リッツ・カールトン日光をはじめとしたホテルも多数あり、池袋、船橋、宇都宮などでは百貨店を運営しています。

東京スカイツリーによる恩恵

一方、東武伊勢崎線の起点は浅草で、JRのターミナル駅と接続しないという不利な状況にあります。沿線人口が増え続けた時期は、関連事業で恩恵を享受する以上に、混雑緩和のための設備投資に追われて、企業経営を圧迫しました。

近年、その東武鉄道を支えるのが、2012年に完成した東京スカイツリーで、東武鉄道の貨物列車のヤード跡地に建てられたことが幸いしました。商業施設の東京ソラマチを含めた東京スカイツリータウンが、東京の新たなスポットになっています。

東武鉄道の営業利益は、運輸、レジャー、不動産の3つの柱で支えられています。ホテル、旅行を含めたレジャー事業では、スカイツリーが3割以上を占めて、不動産業では、スカイツリータウンが2割弱を占めます。伊勢崎線の東武動物公園駅までを「東武スカイツリーライン」と呼ぶなど、東武はその発展に力を注いでいます。

ヤード
貨物列車の編成や入れ替えなどを行う開けた土地。「操車場」ともいう。

東武鉄道のセグメント別営業収益（2023年度）

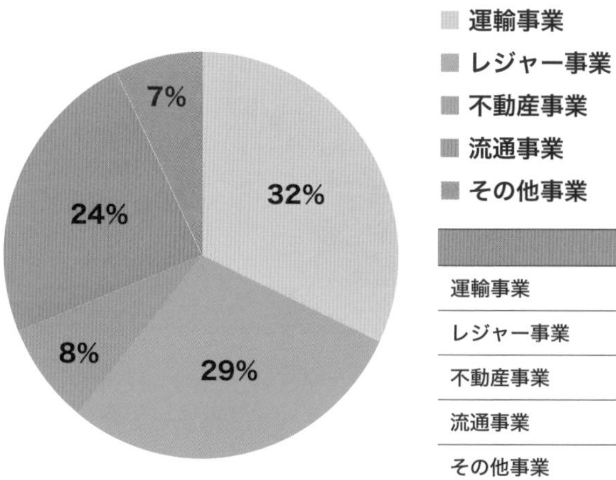

（単位：億円）

	営業収益	営業利益
運輸事業	2,047	298
レジャー事業	1,842	194
不動産事業	498	162
流通事業	1,553	44
その他事業	417	59

出所：東武鉄道「2024年３月期決算補足説明資料」をもとに作成

東武グループが経営する主な施設

施設名	営業収益（百万円）
東武動物公園	10,618※
東武乗馬クラブ＆クレイン	
東武スーパープール	
東武ワールドスクウェア	
東京スカイツリー・東京ソラマチ	15,192
東武百貨店（5店舗）	58,082
東武ストア（65店舗）	72,766
成田東武ホテルエアポートなど	27,701

※その他レジャー施設の営業収益の合計

出所：東武鉄道「2024年３月期決算補足説明資料」をもとに作成

東京都墨田区にある
東京スカイツリー

Chapter4
03

ディベロッパーとして培った蓄積

西武鉄道の決算分析と事業の方向性

西武グループは、創業期は鉄道事業よりも観光地や街の開発によって発展し、高度経済成長期はスキー場やプロ野球球団の経営などで時代をけん引しました。しかし、上場廃止などを経て、企業経営は大きく変わりました。

ディベロッパーとして歩んできた西武

西武鉄道を含む西武グループは、持株会社の西武ホールディングスのコントロール下にあります。そのホテル事業では、プリンスホテルなど、国内56施設、海外28施設のホテルを運営し、ゴルフ場、スキー場も多数運営しています。西武グループのホテル・レジャー事業は、横浜八景島シーパラダイス、箱根園なども加わり、2023年度決算の営業収益では全体の48％を占めます。

西武は、鉄道事業者というよりも、ディベロッパーとして時代を歩んできました。実業家の堤康次郎氏は、1932年に武蔵野鉄道の経営の実権を握り、1943年には旧西武鉄道の社長を兼務して、現在の西武鉄道を誕生させます。しかし、それ以前から軽井沢や箱根の開発を行っていて、戦後は、皇籍を離脱した宮家などから土地を買い取り、プリンスホテルを開業させました。

ディベロッパー
街や土地を開発する事業者のこと。再開発事業やマンション分譲、オフィスビルの建設などを主導する。

康次郎氏の次の世代になると、西武の流通部門はセゾングループとして分離します。大手デパートの西武池袋本店などは2023年8月のストライキ決行でも話題になりましたが、これは西武グループには含まれません。それでも、西武ホールディングスの営業収益は2022年度決算で4,000億円を超えます。

不祥事からの再出発

拡大を続けた西武グループですが、2004年に有価証券報告書の虚偽記載が発覚し、多額の有利子負債を抱えたまま上場廃止になります。資産を売却して経営再建を果たしますが、コロナ禍で再び深刻な危機を迎えます。その対応として、保有資産の圧縮、グループ内組織再編を行い、他事業との関連が薄い西武建材や西武建設の株式は売却してグループ再編をはかっています。

西武ホールディングスのセグメント別営業収益（2023年度）

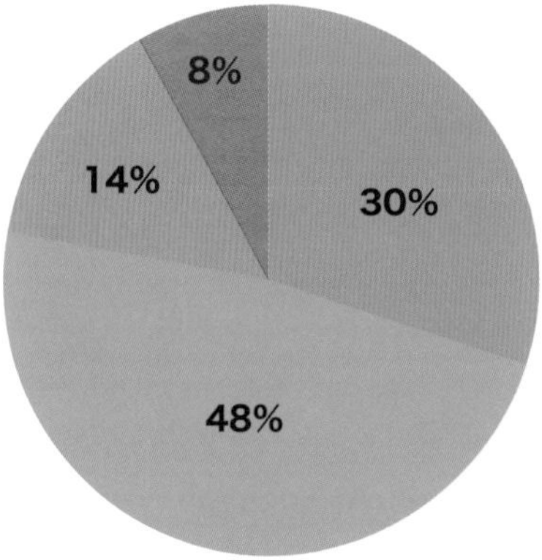

■ 都市交通・沿線事業
■ ホテル・レジャー事業
■ 不動産事業
■ その他事業

（単位：億円）

	営業収益	営業利益
都市交通・沿線事業	1,445	132
ホテル・レジャー事業	2,260	194
不動産事業	683	127
その他事業	386	14

出所：西武ホールディングス「2024年３月期決算実績概況資料」をもとに作成

ホテル・レジャー事業の営業収益の内訳（2023年度）

（単位：億円）

営業収益	2,292
国内ホテル業	1,480
海外ホテル業	374
スポーツ業	170
その他	268
営業利益	195

ホテル業の割合が大きい

出所：西武ホールディングス「2024年３月期決算実績概況資料」をもとに作成

西武グループが経営する主なレジャー施設

・ベルーナドーム
・横浜・八景島シーパラダイス
・西武園ゆうえんち
・大磯ロングビーチ
・国営昭和記念公園レインボープール
・NINJA BUS WATER SPIDER
・琵琶湖観光船オーミマリン
・プリンスアイスワールド　など

ほかに、スキー場やゴルフ場も手がけています

Chapter4
04

オリエンタルランドの大株主

京成電鉄の決算分析と事業の方向性

成田空港へのアクセスを担い、運輸業が大きな割合を占める一方で、それ以外の事業は大きくないのが特徴です。オリエンタルランドの大株主としての顔も持ちますが、投資家からは事業の関連性を問う声が上がります。

運輸業がメインの事業構造

新京成電鉄
千葉県東葛飾地域に路線を持つ鉄道会社。2023年10月31日に、2025年4月をもって京成電鉄に吸収合併されることが発表された。

京成電鉄は、新京成電鉄、北総鉄道、関東鉄道などを連結子会社に持ち、京成本線、成田スカイアクセス線、千葉線などを運行しています。バスやタクシーを含めた運輸業は、営業収益全体の約6割を占め、その比率が高いのが特徴です。とくに成田空港輸送の比率は高く、コロナ禍前の2019年度の実績では、鉄道の旅客運輸収入の約3割を成田空港発着が占めました。

一方、駅ビルなどは少なく、東京都と千葉県を結ぶ動脈を担っているわりには、不動産業は大きくありません。流通業では、スーパーのリブレ京成を沿線で展開しているほかに、京成百貨店が水戸にあり、レジャー・サービス業では、鋸山ロープウェーのほかに、数件のホテルを運営しています。いずれも小規模な事業が点在している印象です。これは、京成電鉄が1970年代に経営不振に陥った名残でもあります。

投資計画と沿線の発展に課題

ディズニーランドの誘致に尽力したのは、京成電鉄の社長を務めた川崎千春氏でした。今でも京成電鉄は、オリエンタルランドの大株主です。京成電鉄の2023年度の営業利益（第2四半期時点の業績予測）は250億円ですが、オリエンタルランド分が加わり、経常利益は472億円になる見込みです。

オリエンタルランド
ディズニーリゾートを運営する企業。京成グループに含まれる。

投資家からは、京成電鉄とオリエンタルランドは事業面での関係性が乏しく、その保有株を売却し、事業投資に生かすべきとの声が上がります。そのためには、沿線の魅力を高める投資計画を描けるかが重要です。競合するJRと比較すると、成田空港輸送では競争しているものの、沿線の発展は遅れています。

京成電鉄のセグメント別営業収益（2023年度）

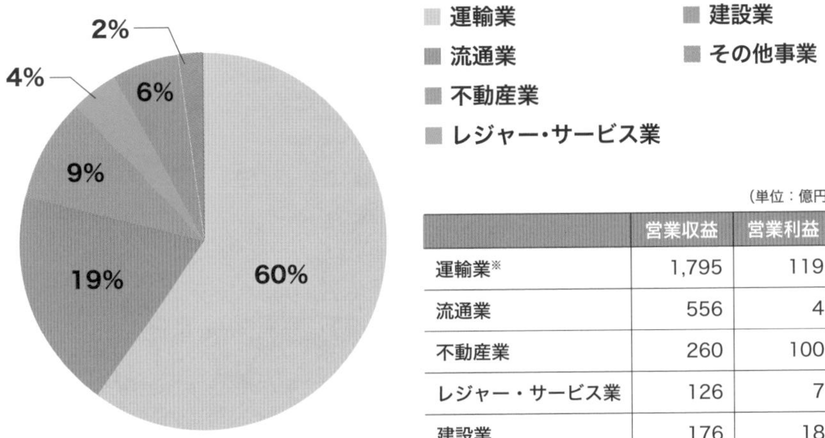

（単位：億円）

	営業収益	営業利益
運輸業※	1,795	119
流通業	556	4
不動産業	260	100
レジャー・サービス業	126	7
建設業	176	18
その他事業	50	2

※運輸業は鉄道以外も含む
出所：京成電鉄「2024年3月期第2四半期決算説明会」をもとに作成。第2四半期終了時点の同社予想による2023年度通期の金額

主な路線の営業収益

路線名	区間	営業キロ（㎞）	営業収益（百万円）
京成本線	京成上野〜成田空港	69.3	27,560
押上線	押上〜青砥	5.7	4,365
千葉線	京成津田沼〜千葉中央	12.9	2,411
千原線	千葉中央〜ちはら台	10.9	1,366
成田空港線※	京成高砂〜成田空港	49.9	4,676

※成田空港線は北総鉄道・千葉ニュータウン鉄道・成田高速鉄道アクセス・成田空港高速鉄道の4社が線路を保有し、京成電鉄は運行のみを担当

出所：国土交通省「鉄道統計年報（2021年度）」をもとに作成

京成上野〜成田空港を走る京成スカイライナー

ホテル事業がレジャー・サービス業の柱

京王電鉄の決算分析と事業の方向性

京王電鉄は新宿を起点とする鉄道の1つです。ホテル事業の割合が大きいためとくにコロナ禍の影響を大きく受けましたが、黒字転換が見込まれます。また財務体質がよいことも特徴です。

京王プラザホテル（新宿）の収益が大きい

新宿〜京王八王子、高尾山口などの路線を運行する京王電鉄は、同じく新宿を起点とする小田急電鉄に比べると地味な印象です。沿線の高尾山は人気のスポットですが、小田急電鉄の江ノ島、箱根と比べると小規模といえるでしょう。

それでも京王電鉄のレジャー・サービス業は、2023年度の実績で営業収益が695億円であり、不動産業を上回ります。これは、日本有数の大規模ホテルである京王プラザホテル（新宿）を有しているためです。

その京王プラザホテル（新宿）は、2020年度の客室稼働率が10%を下回るなど、新型コロナウイルスで大打撃を受けました。レジャー・サービス業は運輸業を上回る赤字となり、2022年度も赤字から脱却できず、影響は長期化しました。2023年度は客室稼働率が80%前後で推移していて、ようやく黒字転換できる見通しです。

財務体質は同業他社を上回る

新宿西口では、小田急などによる再開発が先行していますが、京王電鉄もJR東日本との再開発を本格化させています。また、個人旅行向けのカウンター店舗を大幅縮小して団体旅行に注力するなど、構造改革を進めています。2023年には京王プラザホテル多摩を閉館しました。

京王電鉄は自己資本比率が約38%（2022年度）で、鉄道会社のなかでも財務体質がよいのが特徴です。新宿西南口の再開発は大規模投資ですが、2040年代まで続く計画なので、財務耐久性に懸念はなく、投資の格付けも高レートを維持しています。

格付け
国や企業が発行する債券の元利金支払いの安全性などを格付会社が評価して、その信用度をランク付けしたもの。アルファベットで表され、「AAA」がもっともよい評価。

京王電鉄のセグメント別営業収益（2023年度）

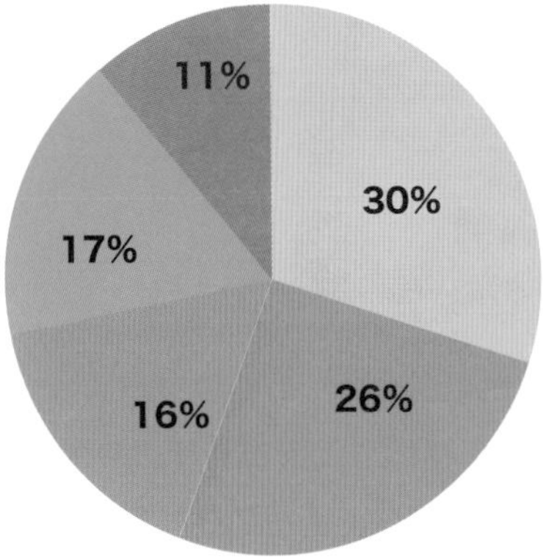

（単位：億円）

	営業収益	営業利益
運輸業	1,223	131
流通業	1,068	56
不動産業	623	120
レジャー・サービス業	695	83
その他事業	454	56

出所：京王グループ「2023年度決算補足説明資料」をもとに作成

ホテル事業の営業収益の推移

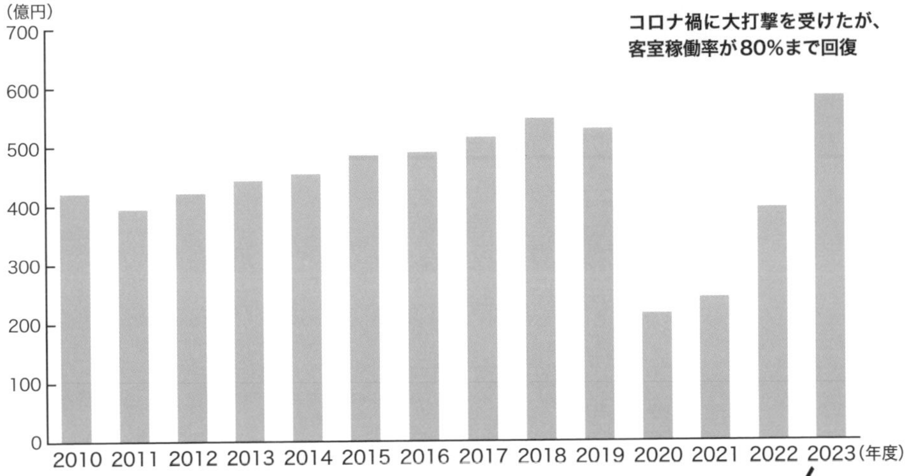

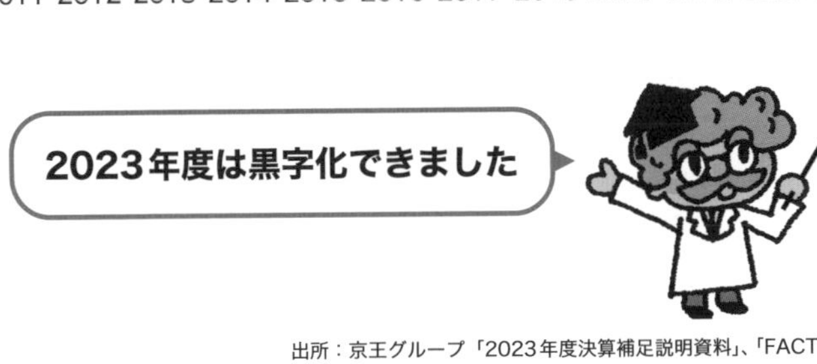

出所：京王グループ「2023年度決算補足説明資料」、「FACT BOOK」をもとに作成

Chapter4
06

財務健全性の維持が今後のカギ

小田急電鉄の決算分析と事業の方向性

江ノ島や箱根といった観光地でも事業を展開する小田急グループ。小田急電鉄の路線は住宅地から観光地までカバーしています。現在、昭和・平成に開発した沿線の大規模再開発を進めています。

住宅地と観光地をカバーする小田急電鉄

小田急ロマンスカーで知られる小田急電鉄は、沿線に有名観光地である江ノ島、箱根があります。またグループ内には江ノ電、箱根登山電車、箱根登山ケーブルカー、箱根ロープウェー、箱根登山バスなどがあり、積極的に観光地の開発を行ってきました。

計画から50年、着工から30年の年月を経て、2019年に代々木上原～登戸間の複々線化が完了しました。なかでも下北沢を中心とした東北沢～世田谷代田間は地下化により9カ所の踏切がなくなり、地上の鉄道跡地は新しい街に生まれ変わりました。

また新宿駅西口地区開発計画に伴い、新宿駅西口の「顔」であった小田急百貨店新宿店本館は、新宿ミロードとともに解体工事が進められ、2029年度中に地上48階建てのビルとして生まれ変わる予定となっています。

大規模再開発が進行中

大規模再開発に先立ち、2021～2023年度は体質変革期として、西新宿の小田急第一生命ビル、小田急センチュリービル、小田急・明治安田生命ビルなど、保有資産の売却を積極的に進めてきました。これに伴い、本社機能も新宿と海老名に分散移転しています。また、小田急電鉄が中心となって進める新宿駅西口地区開発計画には東急不動産も参画していますが、これは有利子負債の抑制が主な目的です。

小田急電鉄の保有資産や沿線は、昭和から平成にかけて開発されたところが多く、これから再開発などが必要となってきます。小田急電鉄にとっての今後の課題は、選択と集中を行いながら、財務健全性を担保しつつ投資を継続していくことにあります。

小田急電鉄のセグメント別営業収益（2023年度）

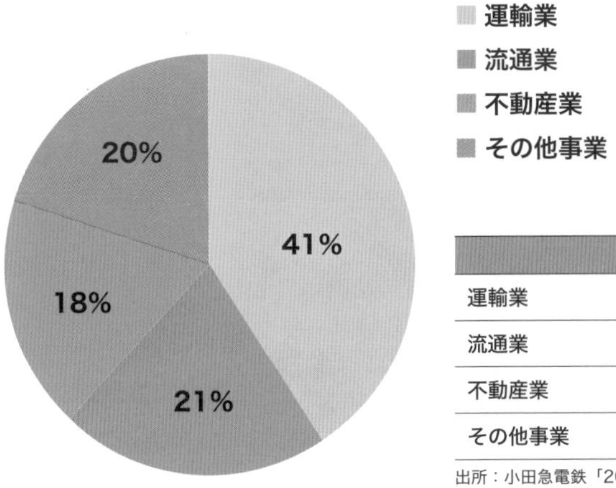

（単位：億円）

	営業収益	営業利益
運輸業	1,682	255
流通業	862	19
不動産業	723	172
その他事業	829	60

出所：小田急電鉄「2024年3月期決算説明資料」をもとに作成

路線別の営業収益

主要路線

<table>
<tr><th>路線名</th><th>区間</th><th>営業収益（百万円）</th></tr>
<tr><td>小田原線</td><td>新宿～小田原</td><td rowspan="2">89,583</td></tr>
<tr><td>江ノ島線</td><td>相模大野～片瀬江ノ島</td></tr>
<tr><td>多摩線</td><td>新百合ヶ丘～唐木田</td><td>2,403</td></tr>
</table>

出所：国土交通省「鉄道統計年報（2022年度）」をもとに作成

鉄道子会社

<table>
<tr><th colspan="2">社名・路線名</th><th>営業収益（百万円）</th></tr>
<tr><td colspan="2">江ノ島電鉄</td><td>2,379</td></tr>
<tr><td rowspan="2">箱根登山鉄道</td><td>鉄道線</td><td>1,693</td></tr>
<tr><td>鋼索線</td><td>191</td></tr>
</table>

出所：国土交通省「鉄道統計年報（2021年度）」をもとに作成

江ノ島付近を走る江ノ島電鉄

Chapter4
07

まちづくりと鉄道事業を分割

東急電鉄の決算分析と事業の方向性

東急電鉄は鉄軌道事業のみを担い、事業会社を分けました。もともと東急はまちづくりに強みを持ち、高所得者層からの支持を集めています。渋谷の再開発が、これからの東急を支える基盤になります。

“東急”と“東急電鉄”

目黒、自由が丘、中目黒、二子玉川など、東急電鉄の沿線にはハイクラスな街が並びます。2023年には東急新横浜線が開業し、新幹線へのアクセスが向上しました。抜群の住環境と利便性により、今もなお沿線人口は増加しています。

東急電鉄は、商号変更で2019年に東急へと変わり、さらに会社分割した東急電鉄が鉄軌道事業を承継しました。わかりづらいですが、現在の東急電鉄は鉄軌道事業だけを行う会社です。

しかし、東急電鉄を含む東急の連結決算では、不動産事業が交通事業を大きく上回り、2023年度（業績予想）は不動産事業が営業収益で1.36倍、営業利益で1.46倍にもなります。元来東急は、単なる鉄道事業者ではなく、まちづくりに優れた会社です。近年では、駅、商業施設やオフィス棟、タワーマンションが一体化した二子玉川のまちづくりが知られています。東急らしいまちづくりに、所得の高い層が集まります。

100年に一度の渋谷再開発

渋谷では、2013年に東急東横線のホームが地下に移り、東京メトロ副都心線との直通運転が始まりました。それを契機に、100年に一度といわれる再開発が行われています。

直通運転
複数の鉄道事業者缶で、相互的に相手の路線に電車を乗り入れること。利用者にとって乗り換えなしで移動できるという大きなメリットがある。

2012年には駅東側で渋谷ヒカリエが開業し、2018年には東横線の地上ホームがあったところに渋谷ストリームが開業し、2019年には駅中心部だったところに渋谷スクランブルスクエア東棟が開業しました。それ以外の新規開業のビルを含めて、渋谷の再開発は東急が中心です。渋谷の不動産が今後の東急を支える柱となり、東急沿線の人気を高めることになります。

東急のセグメント別営業収益（2023年度）

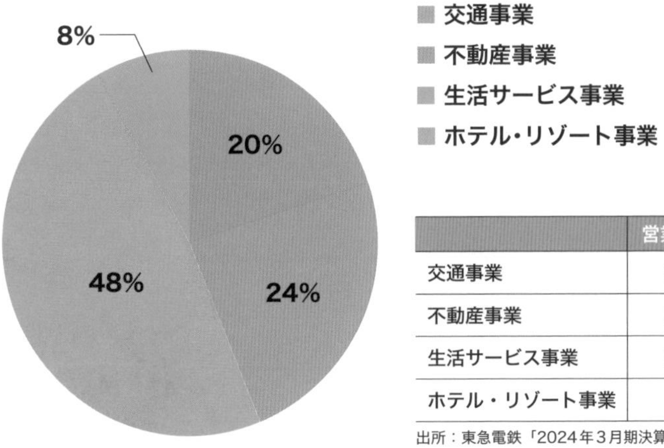

（単位：億円）

	営業収益	営業利益
交通事業	2,097	320
不動産事業	2,431	487
生活サービス事業	5,021	131
ホテル・リゾート事業	828	55

出所：東急電鉄「2024年３月期決算短信」をもとに作成

東急沿線の人口

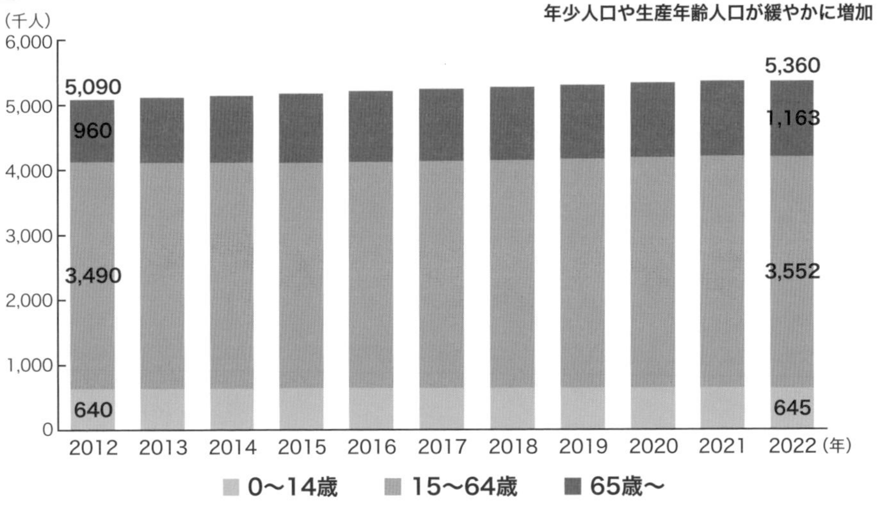

出所：東急「FACT BOOK 2023（補足資料）」をもとに作成

東急らしいまちづくりが支持され、2012年からの10年間に約27万人増加しました

Chapter4 08

品川駅再開発で大きな転機を迎える

京浜急行電鉄の決算分析と事業の方向性

京浜急行電鉄の強みは、成長が見込まれる品川、羽田、横浜をカバーしているという点にあります。とくにリニア中央新幹線の開業を控えた品川では再開発事業があり、京浜急行電鉄の不動産価値向上が期待されます。

不動産事業の拡大をめざす京浜急行電鉄

京浜急行電鉄の路線は三浦半島まで広がり、リニア中央新幹線の開業を控えた品川、需要が高い羽田空港、観光地でもあり、人口の集積地でもある横浜をカバーしています。路線は三浦半島まで広がりますが、成長が見込まれる、品川、羽田、横浜をカバーしているのが強みです。

一方で、不動産が乏しいのが弱点です。コロナ禍前の2018年度決算では、交通事業の営業利益が200億円を超えているのに対して、不動産事業の営業利益は84億円しかありませんでした。しかも、分譲マンションなどの不動産販売も行っているので、不動産賃貸業はその半分ほどです。

京浜急行電鉄は、不動産事業を強化し、ポートフォリオの変革を進める計画です。横浜では、自社路線の駅ビルではありませんが、横浜みなとみらい、横浜市旧市庁舎街区活用事業などの開発事業者に加わりました。今後は、本命の品川駅周辺開発事業が始まります。

横浜市旧市庁舎街区活用事業
横浜市の旧市庁舎行政棟（1959年竣工）を保存・活用して、ホテルや商業施設などを建設すること。横浜観光の新たな拠点となることをめざしている。

西武グループに囲まれた京急電鉄の玄関口

京浜急行電鉄の品川駅ホームは、高輪口（西口）に近いところにあります。高輪口は、旧宮家の邸宅がある高級住宅地でしたが、戦後は西武グループのプリンスホテルへと変わりました。

そのプリンスホテルに取り囲まれるように、京浜急行電鉄が運営する旧ホテルパシフィック東京がありました。この貴重な土地が、今後の京浜急行電鉄による品川駅周辺再開発事業の舞台になります。この計画にはトヨタ自動車が共同事業者として加わり、同社の進出が決まりました。

京浜急行電鉄のセグメント別営業収益（2023年度）

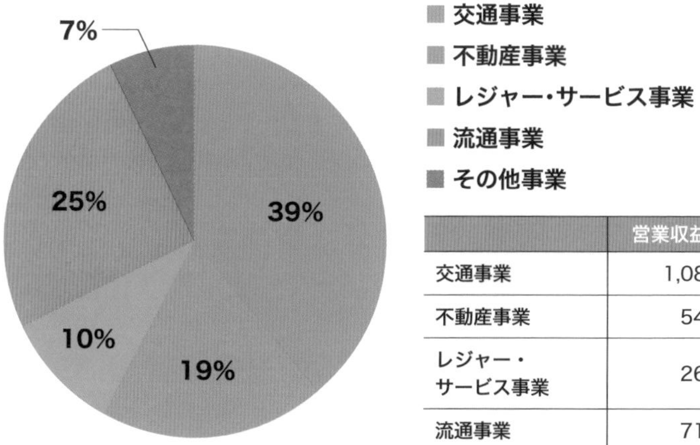

（単位：億円）

	営業収益	営業利益
交通事業	1,089	108
不動産事業	545	96
レジャー・サービス事業	266	45
流通事業	712	20
その他事業	192	15

出所：京浜急行電鉄「2024年３月期決算補短信」をもとに作成

路線別の営業収益

路線名	区間	営業キロ（㎞）	営業収益（百万円）
京急本線	泉岳寺～浦賀	56.7	48,454
横須賀線	堀之内～三崎口	13.4	2,197
空港線	京急蒲田～羽田空港第１・第２ターミナル	6.5	4,365
大師線	京急川崎～小島新田	4.5	1,617
逗子線	金沢八景～逗子・葉山	5.9	715

出所：国土交通省「鉄道統計年報（2022年度）」をもとに作成

MEMO

品川駅前の再開発

品川駅周辺は、国鉄の分割民営化により、貨物ヤードだった港南口側が巨大オフィス街へと生まれ変わりました。今後は、JR東海のリニア中央新幹線の開業も控えて、京浜急行電鉄側（高輪口）が再開発の舞台になります。

Chapter4
09

鉄道事業と広告収入が大きい

東京地下鉄の決算分析と事業の方向性

東京地下鉄と聞くとピンとこないかもしれませんが、これは東京メトロの正式名称です。政府と東京都がその株を保有する株式会社ですが、将来的には完全民営化が予定されています。

地下鉄が事業の大半を占める東京メトロ

誰もが知る東京メトロですが、その正式名称が東京地下鉄であることはあまり知られていません。東京地下鉄は政府が53.4%、東京都が46.6%の株を保有している株式会社であり、ほかの大手私鉄とは性質が異なります。

コロナ禍前の2018年度のセグメント別営業利益は、運輸が860億円、不動産が46億円、流通・広告が77億円で、地下鉄による運輸業が大半を占めています。

JR東日本とともに東京に鉄道網を広げており、広告収入が大きいところが共通します。広告はコストが安く利益率が高いため、鉄道事業者にとって重要な存在です。

一方、JR東日本は駅ビルによる不動産賃貸で大きな利益を得ますが、地下を走る東京地下鉄は不動産が多くないのが弱みです。

その中でも、東京地下鉄にとって貴重な不動産が渋谷にあります。銀座線は渋谷駅が終点ですが、その回送電車が渋谷マークシティのビルの中に引き上げます。珍しい光景ですが、渋谷マークシティの土地に東京地下鉄の持ち分があり、これが少なくない利益をもたらします。

注目の2つの延伸と完全民営化

2022年には有楽町線の延伸（豊洲駅～住吉駅）と南北線延伸（品川駅～白銀高輪駅）の鉄道事業許可が得られました。いずれも東京にとって重要な事業で、国や東京都の補助を受けます。

東京地下鉄は完全民営化することになっています。その効果が注目されますが、大株主の東京都は都営地下鉄も運営しており、先行きが見通しにくい状況が続いています。

東京地下鉄のセグメント別営業収益（2023年度）

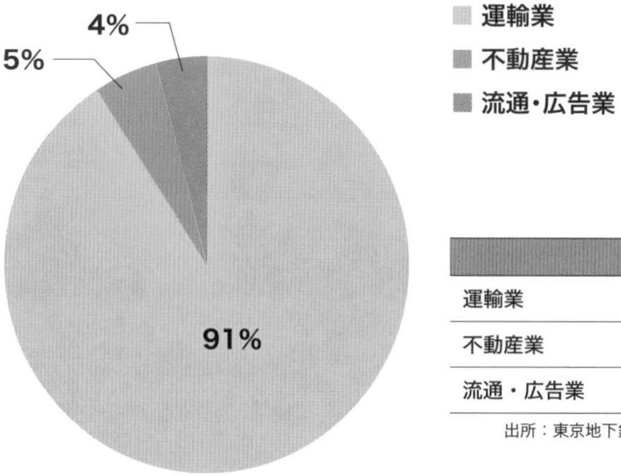

（単位：億円）

	営業収益	営業利益
運輸業	3,541	637
不動産業	134	45
流通・広告業	211	80

出所：東京地下鉄「2024年３月期決算」をもとに作成

他社と直通する主な路線

路線名	直通先会社名	路線名	区間
日比谷線	東武鉄道	伊勢崎線・日光線	北千住〜南栗橋・久喜間
東西線	JR東日本	中央・総武線（各駅停車）	中野〜三鷹間、西船橋〜津田沼間
	東葉高速鉄道	東葉高速線	西船橋〜東葉勝田台間
千代田線	JR東日本	常磐緩行線	綾瀬〜取手間
	小田急電鉄	小田原線・江ノ島線	代々木上原〜箱根湯本・片瀬江ノ島間
有楽町線	東武鉄道	東上線	和光市〜森林公園間
	西武鉄道	有楽町線・池袋線	小竹向原〜飯能間
半蔵門線	東急電鉄	田園都市線	渋谷〜中央林間間
	東武鉄道	伊勢崎線・日光線	押上〜久喜・南栗橋間
南北線	東急電鉄	目黒線・新横浜線	目黒〜西谷〜海老名・湘南台間
	相鉄	新横浜線・本線・いずみ野線	
	埼玉高速鉄道	埼玉高速鉄道線	赤羽岩淵〜浦和美園間
副都心線	東急電鉄	東横線	渋谷〜元町・中華街間
	横浜高速鉄道	みなとみらい線	
	東急電鉄	東横線・新横浜線	渋谷〜西谷〜湘南台・海老名間
	相鉄	新横浜線・本線・いずみ野線	

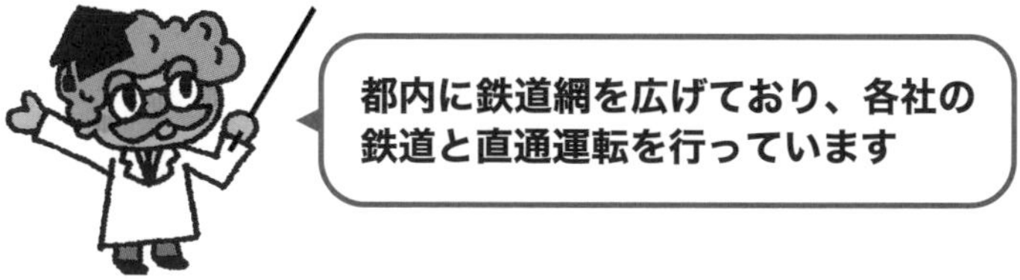

Chapter4
10

鉄道事業は小規模ながらも莫大な不動産を所有

相模鉄道の決算分析と事業の方向性

相鉄ホールディングスの鉄道事業はほかの鉄道会社よりも小規模ですが、不動産事業に大きな強みがあることが特徴です。念願の都心への乗り入れも果たし、今後はブランド力の向上次第で沿線の人気も上がっていくでしょう。

各路線で見かける相鉄の車両

最近、都内でも相模鉄道（相鉄）の車両を見かけるようになりました。それもそのはずで、相鉄線は、JR埼京線、都営三田線、東京メトロ南北線、副都心線、東武東上線などに直通運転するようになったのです。銀色の車体ばかりが走る都内で、相模鉄道の深みのあるブルーの車体が際立っています。

相模鉄道は、関東の大手私鉄の中で唯一、都内に路線を持っていない鉄道会社です。これまでの相模鉄道は、横浜を起点にしながらも、車両デザインは見劣り、知名度は低い状態でした。それが2017年の創立100年を機に、車両などのデザインをリニューアルして、2019年にJR直通線、2023年に東急直通線が開業し、美しい車両で都心への乗り入れを果たしました。

横浜駅西口に抱える莫大な不動産

相鉄ホールディングスの運輸業の営業利益は、2023年度の業績で36億円と、直通している東急の320億円とは桁違いに小さいです。それでも大手私鉄として扱われるのは、横浜駅西口に莫大な不動産を所有し、不動産業の営業利益が145億円にもなるからです。相鉄線の横浜駅は大きな駅ではありませんが、相鉄ジョイナスのビルはもちろん、横浜ベイシェラトンホテル＆タワーズも相鉄の所有物件で、横浜駅西口を取り囲んでいます。相模鉄道の直通線は横浜駅を通りません。それでも横浜駅西口の発展が続くことが、今後の相鉄にとってきわめて重要です。

相鉄線沿線の物件相場は、東急沿線よりも手が届きやすいというメリットがあります。相鉄のブランドが向上して、東急沿線に及ばずとも見劣りしなければ、「選ばれる沿線」になるでしょう。

相鉄ホールディングスのセグメント別営業収益（2023年度）

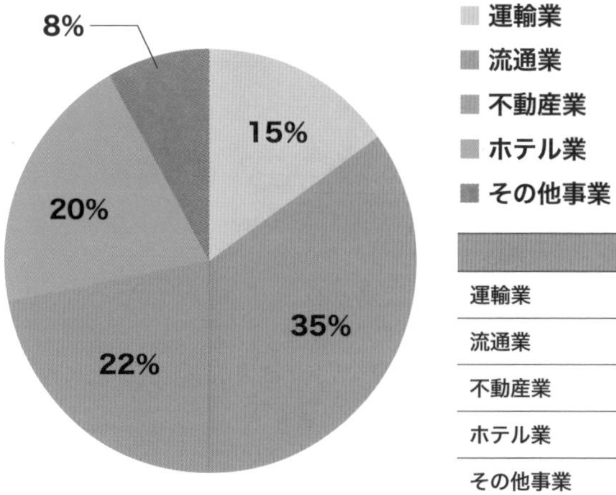

（単位：億円）

	営業収益	営業利益
運輸業	413	36
流通業	949	5
不動産業	600	156
ホテル業	542	78
その他事業	197	15

出所：相鉄ホールディングス「2024年3月期決算説明資料」をもとに作成

相鉄が所有する横浜駅西口の不動産

相鉄ジョイナス

多数の専門店や飲食店が入居するショッピングセンター。建物の2階部分は相鉄線ホームと直結している

横浜ベイシェラトンホテル＆タワーズ

相鉄ホテルが運営する高級宿泊施設。レストランではシェフの創作料理を楽しむことができる

相鉄が所有している不動産が横浜駅西口を取り囲んでいる

↓

相鉄の直通線は横浜駅を通らないが、
横浜駅西口の発展は相鉄の将来に大きく関わる

Chapter4

11

地域も事業も幅広く展開

名古屋鉄道の決算分析と事業の方向性

「名鉄」の通称で知られる名古屋鉄道。その路線は幅広いエリアをカバーしており、またグループ会社を通じてさまざまな事業を展開しているのが特徴です。今後は名古屋駅（名駅）の再開発に注目が集まります。

巨大な名鉄グループ

名古屋鉄道（名鉄）の鉄道路線は、名鉄名古屋駅を中心に岐阜、犬山、中部国際空港、豊橋など、幅広いエリアをカバーしています。近畿日本鉄道（近鉄）、東武鉄道に次ぐ営業キロを持っており、事業分野も幅広く展開しています。グループ会社を通じて、バス、タクシーのほかに、太平洋フェリーによる定期航路の運行、ドクターヘリ、報道ヘリなどの航空事業も行っています。

太平洋フェリー
名鉄グループ傘下の海運会社。３隻の大型カーフェリーで名古屋～～仙台～苫小牧の約1,330㎞を結んでいる。

鉄道ビジネスでは定番といえる百貨店（名鉄百貨店）、ホテル（名鉄イン）、旅行業（名鉄観光サービス）などのほかに、運送事業の名鉄運輸は、交通事業に匹敵するビジネス規模を誇ります。

名鉄がカバーする中京圏は、大都市圏のなかでも自動車の普及率が高く、観光客数が少ないのが特徴です。そのような環境下で幅広い事業を育て、巨大な企業グループに成長してきました。

中京圏全体を支える

観光客が少ないエリアとはいえ、名鉄は名古屋近郊の犬山で、明治時代の建築物などを集めた明治村、遊園地の日本モンキーパーク、野外民族博物館のリトルワールドを運営するなど、観光にも力を入れています。

今後注目されるのは、近鉄ホールディングスなど４社と共同で進められる名古屋駅再開発事業です。リニア開業を控えて、名鉄百貨店、名鉄レジャックなどを含むエリアで高さ180mの高層ビル３棟を建設する大規模な計画です。また現在２線しかない名鉄名古屋駅の４線拡張も計画されています。注目を集める大規模開発ですが、コロナ禍や資材費高騰などで、2024年現在は事業計画の見直しが進められています。

名古屋鉄道のセグメント別営業収益（2023年度）

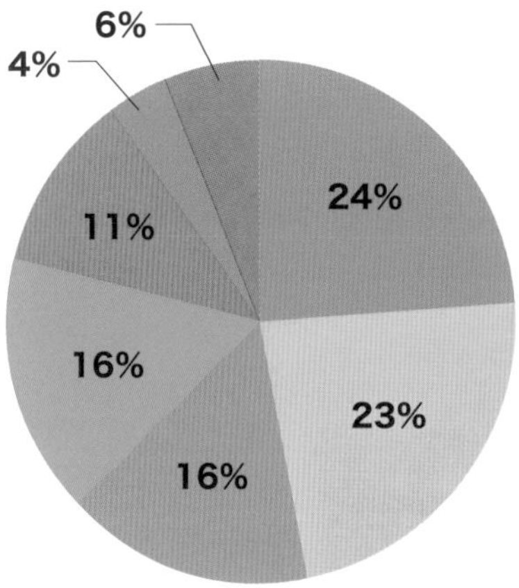

（単位：億円）

	営業収益	営業損益
交通事業	1,438	130
運送事業	1,378	18
不動産事業	966	160
レジャー・サービス事業	981	27
流通事業	638	▲27
航空関連サービス事業	262	11
その他事業	344	33

出所：名古屋鉄道「2024年3月期決算短信」をもとに作成

交通事業・運送事業の営業収益の推移

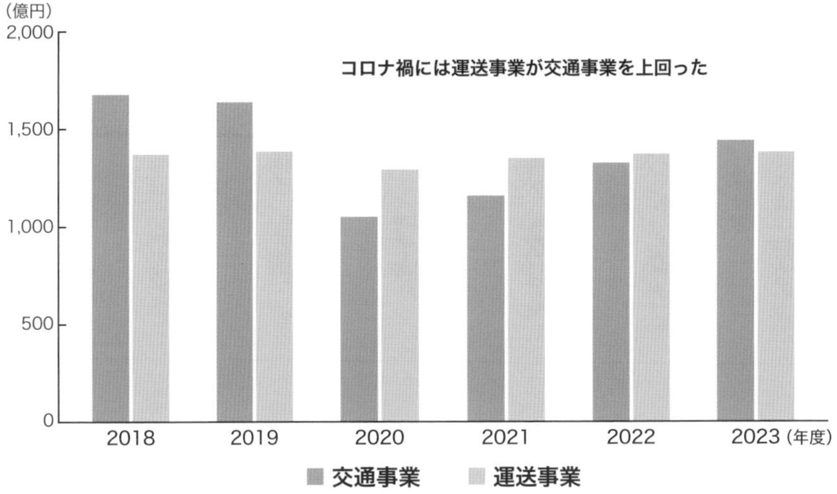

出所：名古屋鉄道「決算資料説明」をもとに作成

Chapter4
12

日本最大の大手私鉄

近畿日本鉄道の決算分析と事業の方向性

幅広い営業エリアをカバーし、景気変動に左右されやすい観光、レジャーが大きいのが特徴です。時代の変化に合わせて事業内容を変えつつ、沿線を支えてきました。

私鉄最長の営業キロを誇る

近畿日本鉄道（近鉄）は、大阪、奈良、京都、名古屋、伊勢志摩をつなぐ鉄道ネットワークを持ち、私鉄でいちばん長い営業キロを誇ります。そのネットワークを活かして、伊勢志摩へは観光特急「しまかぜ」を、難波〜名古屋では名阪特急「ひのとり」を運行し、観光需要を創出してきました。伊勢志摩では、志摩スペイン村、志摩観光ホテルなどを運営し、その観光需要は経営状況を大きく左右させます。

コロナ禍前の2018年度は、グループ全体の営業利益が678億円で、その約半分を運輸業が占めていました。あべのハルカスを所有する一方、不動産業の営業利益は約187億円とそれほど多くなく、グループ全体では鉄道への依存度が高いのが特徴です。

あべのハルカス
大阪市に位置する地上60階建ての超高層ビル。百貨店やホテルだけでなく、美術館や展望台も入居している。

巨大企業グループが断行してきたリストラ

近鉄は時代の変化とともに事業内容の見直しをはかってきました。バブル経済崩壊後の2000年代には、プロ野球球団からの撤退、あやめ池遊園地の閉園、NHKの連続テレビ小説「ブギウギ」で話題になったOSK日本歌劇団への支援打ち切りなど、レジャー部門の再編を行っています。

そして、2020年に始まった新型コロナウイルスは、再び近鉄に大打撃を与えます。鉄道、ホテル、レジャー、旅行などが事業の中心だったことが、より深刻な影響を及ぼしました。鉄道事業での早期退職制度の実施、不採算店舗の閉鎖、一部ホテルの撤退など、コスト構造改革・合理化を推進しました。一方で、国際物流（56ページ参照）を手がける近畿エクスプレスを子会社化して、消費者向けに偏っていた事業内容を大きく変えました。

近鉄グループホールディングスのセグメント別営業収益（2023年度）

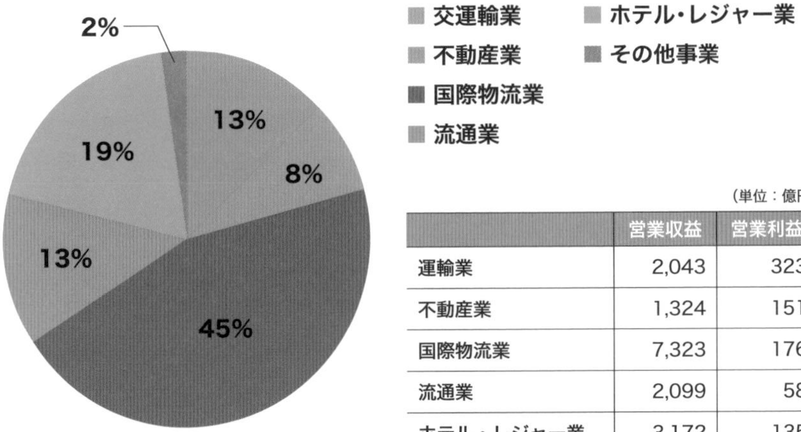

（単位：億円）

	営業収益	営業利益
運輸業	2,043	323
不動産業	1,324	151
国際物流業	7,323	176
流通業	2,099	58
ホテル・レジャー業	3,172	135
その他事業	326	36

出所：近鉄グループホールディングス「令和6年3月期決算短信」をもとに作成

近畿日本鉄道が運行する特急列車の例

特急列車名	区間	営業キロ（㎞）
ひのとり	大阪難波～近鉄名古屋	189.7
	大阪難波～近鉄奈良	32.8
アーバンライナー	大阪難波～近鉄名古屋	189.7
あをによし	大阪難波～近鉄奈良～京都	67.4
	京都～近鉄奈良	39.0
しまかぜ	大阪難波～賢島	176.9
	京都～賢島	195.2
	名古屋～賢島	144.8
青の交響曲	大阪阿部野橋～吉野	64.9

※色字は観光特急

出所：近鉄グループホールディングスホームページをもとに作成

観光特急しまかぜ

Chapter4
13

独自の事業を展開

南海電気鉄道の決算分析と事業の方向性

南海線と高野線という2系統があり比較的長い営業キロを持つ南海電気鉄道ですが、不動産が大きな利益を生んでいます。また、葬儀会館や人材紹介といったユニークな事業が特徴です。

ユニークな事業内容

なんば駅を起点とする南海電気鉄道（南海電鉄）には、和歌山方面の南海線、高野山方面の高野線の2系統があります。関西空港へのアクセスを担うため、新型コロナウイルスによるインバウンド減少は大きな痛手となりましたが、一方で、ホテルをほとんど運営していないことは、不幸中の幸いでした。

南海グループは、ボートレース住之江の施設所有や葬儀会館の運営（南海グリーフサポート）など、特徴的な事業にも参入しています。また、2014年の泉北高速鉄道子会社化で、鉄道路線のほか2つの流通センターを取得しました。2021年にはネパール人のIT人材紹介事業「Japal（ジャパール）」を立ち上げ、2022年には直営施設の「eスタジアムなんば Powered by NANKAI」をオープンしてeスポーツ事業に参入しました。

泉北高速鉄道
鉄道事業や物流事業を手がける鉄道会社。南海電鉄の子会社となる前は大阪府の第三セクターであった。

なんばの土地が生み出す価値

南海電鉄の強みは、なんばに所有する不動産です。かつて保有していた南海ホークスの本拠地である大阪球場の跡地はなんばパークスとして生まれ変わり、なんば駅に直結しています。

ほかにも南海ビル、なんばスカイオ、なんばCITY、スイスホテル南海大阪と、なんば駅周辺の不動産が大きな利益を生み出します。2023年度は空港線（定期外）はコロナ禍前の80%までしか回復しないと予測され、その結果、不動産業の営業利益が運輸業を大きく上回り、全体の約半分を占めました。

そして2031年度開業予定のなにわ筋線により、南海電鉄は大阪都心や新大阪と直結します。多くの投資が必要になりますが、なんばの発展に寄与することは間違いありません。

南海電気鉄道のセグメント別営業収益（2023年度）

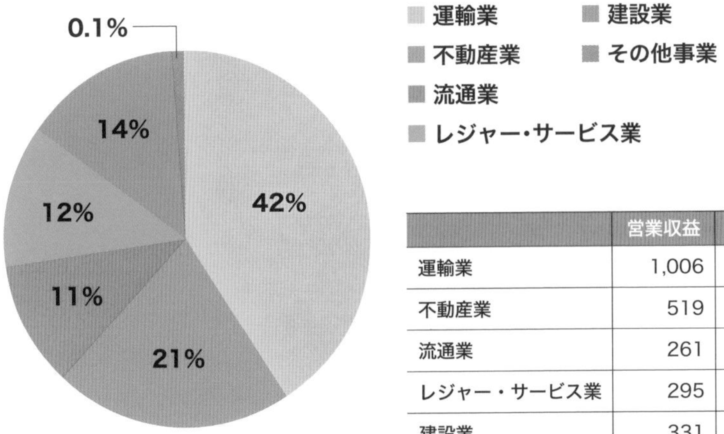

（単位：億円）

	営業収益	営業利益
運輸業	1,006	81
不動産業	519	147
流通業	261	26
レジャー・サービス業	295	34
建設業	331	18
その他事業	2	2

出所：南海電気鉄道「2023年度決算補足説明資料」をもとに作成

南海電鉄の所有する不動産の例

- なんばCITY
- なんばスカイオ
- フレイザーレジデンス南海大阪
- スイスホテル南海大阪
- 南海なんば第一ビル
- ボートレース住之江
- なんばパークス
- Zepp Namba（OSAKA）
- 大阪府食品流通センター
- キーノ和歌山　など

営業収益は運輸業の半分ほどですが、不動産業は高い営業利益率を示します

なんばスカイオ

2018年10月に開業した大型複合ビル。南海なんば駅の上に位置している

キーノ和歌山

南海和歌山市駅直結の複合施設。商業施設やオフィス、図書館などが入居している

Chapter4
14

観光地にも不動産事業を展開

京阪電気鉄道の決算分析と事業の方向性

阪急などと比較すると、比較的小さい印象がある京阪グループですが、各地でまちづくりを進めたディベロッパーです。京都に保有する不動産も多く、知名度を大きく上回る存在感があります。

運輸業を大きく上回る不動産業

京阪グループの運輸業は、大阪、京都、滋賀を運行エリアとし、淀屋橋〜三条、出町柳などを結ぶ京阪電車をはじめ、京福電気鉄道の嵐山本線、叡山電鉄、滋賀県の鋼索線（ケーブルカー）などがあります。

京阪電気鉄道は、運輸業だけでなく、くずはローズタウンでの不動産分譲など、まちづくりを積極的に進めてきました。また樟葉駅のKUZUHA MALL（くずはモール）や、京橋駅、天満橋駅に併設された大型商業施設を運営し、郊外部、都市部の両方で不動産で稼ぐしくみを作り上げてきました。

京阪ホールディングスは、不動産業の営業利益が175億円(2022年度)、バスを含めた運輸業がコロナ禍前で100億円規模と、売り上げ、利益とも不動産業が運輸業を大きく上回っているのがグループの特徴です。

知られざる京都駅前の一等地にある資産

京阪電車は、京都、滋賀の人気観光地を広くカバーしています。京阪本線は商業が盛んな河原町や、清水寺で有名な東山近辺を通っています。嵐山は京福電気鉄道の嵐山本線、平等院で有名な宇治では宇治線、比叡山周辺には京阪電鉄や京福電気鉄道のケーブルカーがあります。京都駅周辺に路線はありませんが、京都タワー、THE THOUSAND KYOTOおよび京都センチュリーホテルなどの施設を所有しています。

京都観光を含めて、レジャー・サービス業を広く手がけているのも京阪の特徴ですが、それがコロナ禍により大きな痛手を負いました。今後は、その回復を見極めことが重要になります。

京阪電気鉄道のセグメント別営業収益（2023年度）

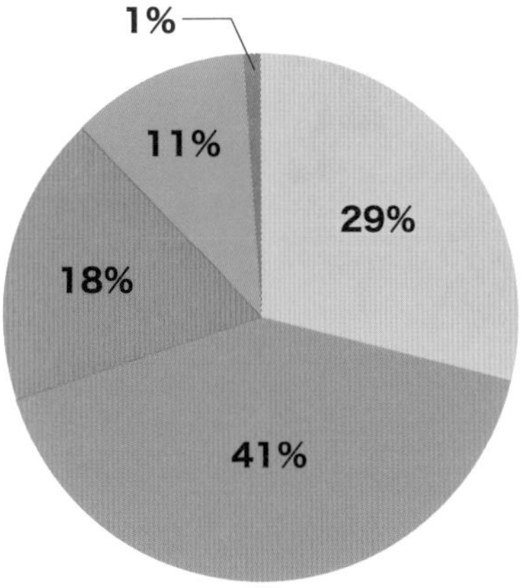

（単位：億円）

	営業収益	営業損益
運輸業	871	92
不動産業	1,239	202
流通業	528	28
レジャー・サービス業	342	32
その他事業	40	▲8

出所：京阪ホールディングス「2024年3月期決算補足資料」をもとに作成

路線別営業収益

会社名	路線名	区間	営業キロ（km）	営業収益（億円）
京阪電鉄	京阪本線・鴨東線	淀屋橋～出町柳	51.6	362
	中之島線	中之島～天満橋	3.0	
	交野線	枚方市～私市	6.9	
	宇治線	中書島～宇治	7.6	
	京津線	御陵～びわ湖浜大津	7.5	1.5
	石山坂本線	石山寺～坂本比叡山口	14.1	
	鋼索線	ケーブル八幡宮口～ケーブル八幡宮山上	0.4	0.5
比叡山鉄道	比叡山鉄道線	ケーブル坂本～ケーブル延暦寺	2.0	0.9
京福電気鉄道	嵐山本線	嵐山～四条大宮	7.2	8.8
	北野線	帷子ノ辻～北野白梅町	3.8	
	鋼索線	ケーブル八瀬駅～ケーブル比叡駅	1.3	0.9
叡山電鉄	叡山本線	出町柳～八瀬比叡山口	5.6	8.9
	鞍馬線	宝ケ池～鞍馬	8.8	

出所：国土交通省「鉄道統計年報（2021年度）」をもとに作成

大阪、京都、滋賀を広くカバーしています

Chapter4
15

阪急電鉄・阪神電気鉄道の決算分析と事業の方向性

阪急電鉄と阪神電気鉄道は2006年に経営統合され、現在は阪急阪神ホールディングスという会社の中核を担う存在となっています。豊富な不動産資産が特徴で、その中心である梅田で再開発が行われています。

大阪梅田の一等地にある資産

阪急電鉄と阪神電気鉄道は、大阪〜神戸間で長年ライバル関係にありましたが、投資ファンドが阪神電気鉄道に敵対的買収をしかけて、その結果、両社は2006年に経営統合しました。

敵対的買収
買収者が経営権の獲得を目的として、買収対象となる会社の経営陣や株主などの同意を得ずに買収を行うこと。「敵対的TOB」ともいう。

阪神電鉄が投資ファンドに狙われた理由は、その所有不動産にあります。梅田の西にあるハービスOSAKA、ハービスENT、そして阪神タイガースの本拠地である甲子園球場など、老舗である阪神電鉄は多くの優良不動産を所有しています。

現在でも、阪急阪神グループにとって不動産活用は最重要の経営課題です。梅田の一等地にある阪急うめだ本店と阪神百貨店を建て替え、低層階に百貨店、高層部にオフィスが入居する複合ビルにリニューアルさせました。

阪急大阪梅田駅周辺では、大阪新阪急ホテルと阪急ターミナルビルの建て替え、阪急三番街の全面改装などが計画されており、再開発は今後も続きます。

電鉄系ビジネスの元祖

阪急阪神グループは、プロ野球球団の阪神タイガースのほかに、宝塚歌劇を運営しています。連結対象ではありませんが、映画配給会社の東宝も阪急電鉄が母体の企業です。

現在、阪急阪神ホールディングスの連結対象に百貨店事業は含まれません。ただ、鉄道会社が駅の近くに百貨店を開業させるスタイルは、阪急電鉄が始めたものでした。

鉄道だけでなく、人々の生活、娯楽を支える電鉄系ビジネスは阪急電鉄が元祖で、その基本は現在にも受け継がれています。

阪急阪神ホールディングスのセグメント別営業収益（2023年度）

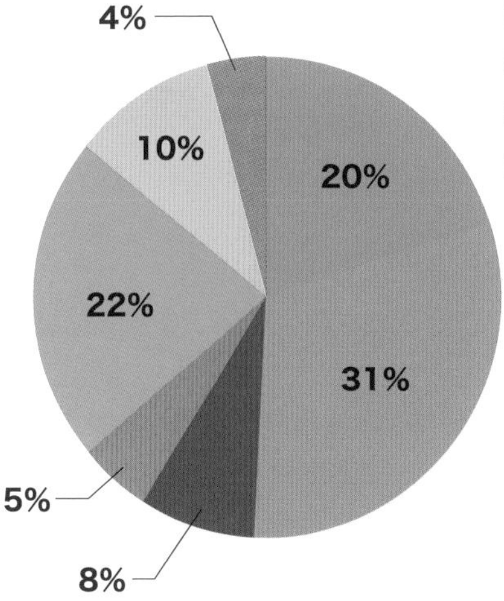

（単位：億円）

	営業収益	営業利益
都市交通事業	1,983	342
不動産事業※	3,087	498
エンタテインメント事業	807	141
情報・通信事業	507	61
旅行事業	2,164	50
国際輸送事業	1,003	2
その他事業	419	34

※不動産事業には賃貸事業、分譲事業、海外不動産事業、ホテル事業を含む

出所：阪急阪神ホールディングス「2023年度（2024年3月期）決算補足説明資料」をもとに作成

不動産事業の売上高の推移

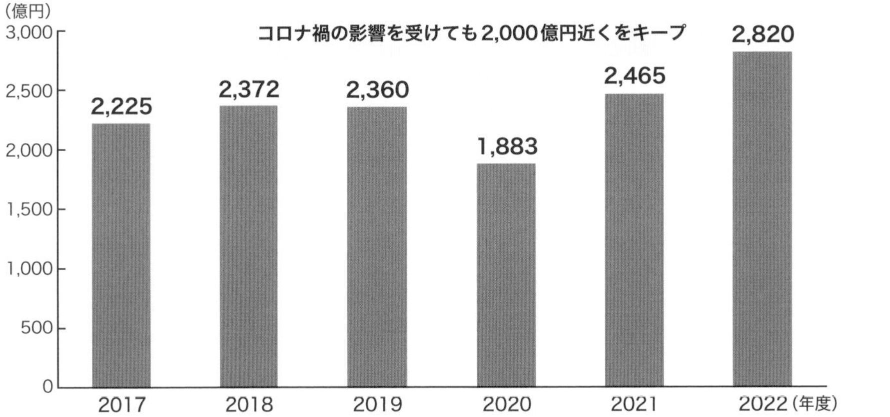

出所：阪急阪神ホールディングス「Fact Book 2023」をもとに作成

主に所有している不動産

- 大阪梅田ツインタワーズ・サウス
- 大阪梅田ツインタワーズ・ノース
- ハービスOSAKA
- ザ・リッツ・カールトン大阪
- ハービスENT
- 阪神甲子園球場　など

Chapter4
16

国際物流事業に強み

西日本鉄道の決算分析と事業の方向性

「西鉄」で知られる西日本鉄道ですが、鉄道事業の割合は少なく、バス事業や不動産事業、国際物流事業が柱になっています。事業ポートフォリオは時代に変化に合わせて見直されています。

鉄道以外の事業が圧倒的に大きい西鉄

西日本鉄道（西鉄）の鉄道路線は福岡（天神）から大宰府、久留米、柳川、大牟田などへ続き、営業キロは100㎞を超えますが、鉄道事業は全体の１割にも満たない規模です。

西鉄福岡（天神）駅のホームは駅ビルの２階にあり、３階は西鉄高速バスターミナルになっています。このバスターミナルから福岡空港や九州内外へ移動できる高速バス路線を多数運営しており、営業収益ではバス事業が鉄道事業を上回っています。

また天神駅の地下はショッピングモールとなっており、百貨店も隣接し、福岡市地下鉄も接続してアクセスが抜群です。この場所にソラリアプラザ、ソラリアステージも保有しており、それらの不動産賃貸で大きな利益を得ています。それ以外にも、福岡市内の中心部には「**西鉄ビル**」が点在し、不動産業による営業利益は、鉄道やバスの運輸業全体の利益を上回っています。

西鉄ビル
西鉄の子会社である西鉄ビルマネージメントが手がける建物。商業施設からオフィスビル、ホテルや公共施設など、施設の種類は多岐にわたる。

さらに国際物流事業の営業収益が大きいのが特徴です。これは戦後直後にパンアメリカン航空と代理店契約を結び、国際物流事業の草分けになったことに由来します。2022年度決算では国際物流が2,473億円で、国内物流の103億円を大きく上回ります。

不採算事業からの撤退

事業領域が広い西鉄は、事業の見直しを継続して行っています。九州外にも展開しているホテル事業は、ライバルとの競争激化、コロナ禍による急激な落ち込みによって事業の見直しが迫られ、蒲田、名古屋錦、心斎橋の西鉄インを売却しています。また赤字が続いていた1956年開園の遊園地「かしいかえん」は、惜しまれつつも2021年に閉園しています。

西日本鉄道のセグメント別営業収益（2023年度）

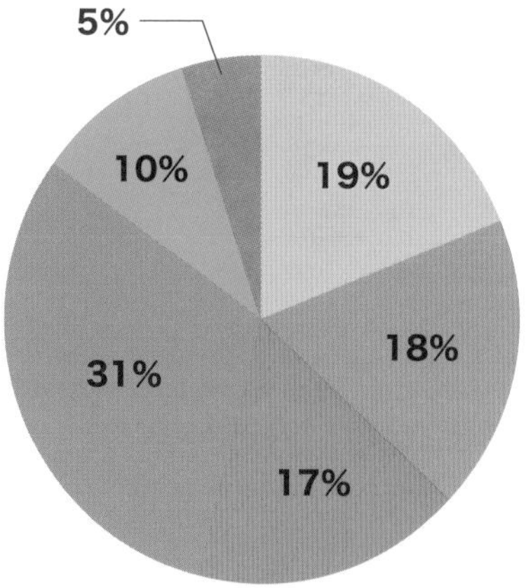

（単位：億円）

	営業収益	営業利益
運輸業	768	37
不動産業	748	111
流通業	708	9
物流業	1,282	45
レジャー・サービス業	413	46
その他事業	195	17

出所：西鉄グループ「2023年度（2023年4月～2024年3月）決算補足説明資料」をもとに作成

鉄道とバスの売上高の推移

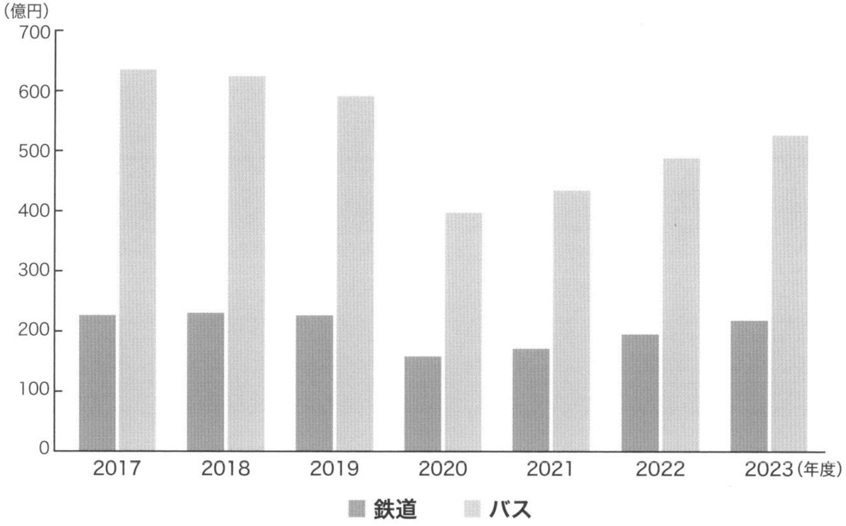

出所：西鉄グループ「決算説明資料」をもとに作成

高速バス路線を持っていることもあり、鉄道事業よりもバス事業のほうが大きい売り上げを上げています

COLUMN 4

多岐にわたる鉄道ビジネス

鉄道ビジネスの本質は時代を経ても変わらない

「鉄道ビジネス」は、鉄道だけでなく、まちづくり、百貨店運営、レジャー施設や観光地の開発などを一緒に行い、沿線住民の生活すべてを囲い込むものです。この草分けは阪急電鉄でした。

1910（明治43）年に、住宅ローンの先駆けとなる手法で建売住宅を販売し、それを鉄道敷設の資金にあてて、環境のよい郊外の開発を進めてきました。

人々の生活や鉄道ビジネスは時代とともに変化してきましたが、その本質は変わっていません。

たとえば、かつて鉄道ビジネスの花形であった百貨店は、専門店の台頭などによって撤退したり、建て替えられた高層複合ビルにホテルやオフィスと同居するなど、その形は変容を遂げました。

しかし、鉄道ビジネスにとって重要なポイントは、多くの人が利用するターミナル駅に土地を擁していることです。百貨店でなくても、時代に合わせてビジネスを変化させていけば、人の集まる土地は莫大な利益を生み出します。

レジャー関連事業も時代とともに変化しています。多くの鉄道会社が沿線に遊園地を運営していましたが、東京ディズニーリゾートなどのテーマパークに人気が集中し、多くは閉園を余儀なくされました。

コロナ禍によって再認識された急がれる事業内容の転換

新型コロナウイルスは、鉄道会社に大きな影響を及ぼしました。安定事業だった鉄道事業で、その利用者が大幅に減少したことは衝撃でした。

さらに痛手だったのは、多くの鉄道会社が手がける、ホテル、旅行業、レジャーが鉄道事業以上の大打撃を受けたことです。ちなみに不動産業は大きな打撃を受けず、ここでもその重要性が再認識されました。

新型コロナウイルスによって影響を受けた事業は、今後の沿線人口の減少に関連する事業でもあります。鉄道会社各社は、事業内容の見直しを急いでいます。

第5章

地域の交通を支える中小私鉄・公営鉄道

日本各地の鉄道事業は、JRや大手私鉄だけでなく、中小私鉄に支えられています。さらなる発展が見込まれる路線や観光に力を入れる路線がある一方で、長年の経常赤字から抜け出せない路線もあり、その経営状況は会社ごとにさまざまです。

Chapter5
01

中小私鉄の経営環境

すべての鉄道が大都市を走っているわけではありません。日本各地に、地方などの交通を支える中小私鉄の存在があります。都市鉄道から地域鉄道までその規模はさまざまですが、経常収支が黒字の会社も多数見られます。

各地で運行する私鉄

JR、大手・準大手私鉄、公営鉄道を除く事業者を「中小私鉄」といいます。中小私鉄は貨物鉄道、観光鉄道、第三種事業者を除き124社が存在し、首都圏や近畿圏の近郊または地方都市の「都市鉄道」が27社、地方の交通を担う「**地域鉄道**」が97社です(2024年3月時点)。地域鉄道はさらに、JR・大手私鉄のグループ会社19社、独立系事業者36社、国鉄・JR線を引き継いだ第三セクター鉄道42社に分類できます。

地域鉄道
厳密な定義はなく、国交省は地域鉄道を「新幹線、在来幹線、都市鉄道に該当する路線以外の鉄軌道路線」としている。

関連事業で黒字化を狙える

同じ「中小」でも規模はさまざまで、年間輸送量(2018年度)は最大が大阪メトロの約55億人キロ、最小は紀州鉄道の約30万人キロと大きな差がありますが、各社の事業環境の違いを示す指標が輸送密度です。

コロナ禍前の2018年度の数字になりますが、鉄道として経営が成り立つ目安とされる輸送密度8,000人を超える都市鉄道23社、地域鉄道10社のほとんどが黒字です。一方、国のローカル線に関する「**再構築協議会**」の優先設置対象となる輸送密度1,000人未満の31社のうち、鉄道事業が黒字なのは1社、経常収支が黒字なのは5社で、その多くが上下分離方式を導入した第二種鉄道事業者です。

再構築協議会
鉄道事業者または自治体からの要請にもとづき、国土交通大臣が組織する協議会。廃止または存続ありきの議論ではなく、地域交通の利便性・持続可能性の向上を目的に「鉄道輸送の維持・高度化」または「バスなどへの転換」の方策を協議し、決定した再構築事業に交付金を支給する。

中間の1,000人以上8,000人未満の計58社は、黒字が29社で、輸送密度が大きいほど鉄道事業収支は黒字化します。ただし輸送密度が1,000人以上2000人未満の事業者でも3割、4,000人以上8,000人未満は9割が経常黒字であり、鉄道が赤字でも関連事業の展開次第では経営が成立する可能性を示しています。

中小私鉄の数

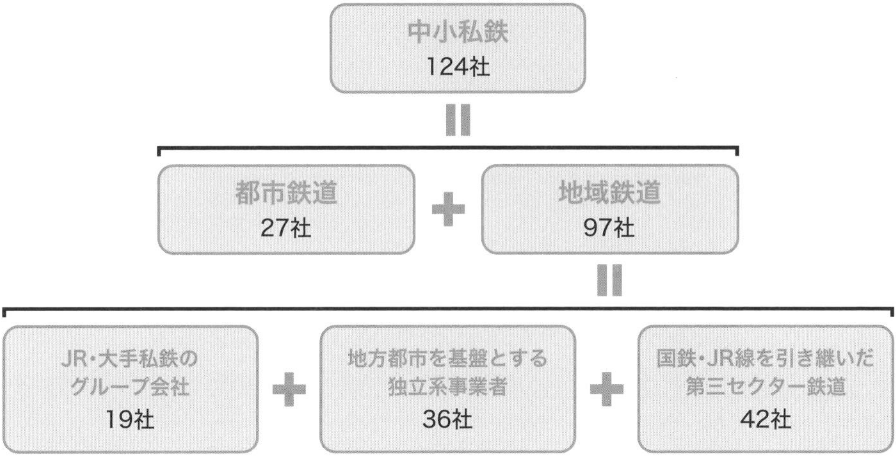

※2024年3月時点

中小私鉄の輸送密度と経営状況（2018年度）

輸送密度	事業者数※	経営状況
8,000人以上	33社	輸送密度が高いほど鉄道事業収支は黒字の傾向があり、鉄道事業で利益を上げている
4,000人以上8,000人未満	15社	鉄道事業が赤字の事業者も多いが、ほとんどが経常収支は黒字
2,000人以上4,000人未満	21社	鉄道事業はほぼ赤字だが、関連事業で黒字を達成している事業者もある
1,000人以上2,000人未満	22社	鉄道事業と経常収支の両方が赤字
1,000人未満	31社	鉄道存続が危惧される輸送量だが、上下分離して黒字化した事業者もある

※2018年度末時点で未開業の2社は除く

出所：国土交通省「鉄道統計年報［平成30年度］」をもとに作成

MEMO

東西メトロの分かれ道

中小私鉄の中で最大の年間輸送量を誇る大阪メトロ。経営規模は大手私鉄に匹敵しますが、日本民営鉄道協会に加入していないため、民営化後は「中小私鉄」と区分されています。対する東京メトロは前身の営団地下鉄時代から民鉄協に加入し、労働組合も私鉄総連に加盟していたことから、16番目の大手私鉄になりました。

首都圏の鉄道を支える

東日本の中小私鉄

東日本を走る中小私鉄も、会社によって規模はさまざまです。本書では、コロナ禍後も利益を上げているつくばエクスプレスと、長い歴史を持ち赤字からの再建をめざす秩父鉄道を見ていきましょう。

今後も発展が見込まれるつくばエクスプレス

東日本を走る中小私鉄でもっとも規模が大きいのは、「つくばエクスプレス」を運行する首都圏新都市鉄道です。同社は茨城県、東京都、千葉県など沿線自治体が中心となって設立した鉄道で、2005年に開業しました。**高速運転**と沿線開発と一体的な整備が成功し、コロナ禍を経てなお2022年度の輸送人員は1日あたり34.9万人、経常利益19.5億円を計上しています。

コロナ禍前の朝ラッシュ混雑率は171％と、首都圏でも有数の混雑が生じていたため、現在の6両編成を2030年代前半に8両化する輸送力増強計画が進んでいます。また秋葉原～東京間の延伸、さらに構想中の「**都心部・臨海地域地下鉄**」と相互直通運転を行う構想があり、さらなる発展が期待されています。

高速運転
つくばエクスプレスは高速運転が可能な規格を採用した完全立体交差路線で、通勤電車としては国内最速の130km／h運転を実現し、秋葉原～つくば間の58.3kmを最速45分で結んでいる。

都心部・臨海地域地下鉄
東京都が2022年に事業化を表明した臨海地域と都心を直結する地下鉄構想。東京、銀座から再開発が進む築地、勝どき、晴海、豊洲を経由して有明（東京ビックサイト付近）を結ぶ。2030年頃の着工、2040年頃の開業をめざしている。

長い歴史と再建の目標

関東でもっとも長い歴史を持つ中小私鉄は、1901年開業の秩父鉄道です。総延長75.4km（羽生～三峰口間および貨物専用線）は、国鉄・JR線から転換した第三セクター鉄道を除けば、富山地方鉄道に次いで2番目に長い中小私鉄です。

秩父・長瀞の観光開発と沿線の武甲山で採掘される石灰石の貨物輸送を中心に経営しており、2022年度は鉄道事業営業収入30.4億円のうち旅客が16.2億円、貨物が11.9億円です。

コロナ禍以降は継続的に営業赤字、経常赤字を計上していますが、蒸気機関車牽引の観光列車「SLパレオエクスプレス」の運行、東武鉄道・西武鉄道と共同で観光開発や、不動産事業の拡大、沿線まちづくりとの連携で経営再建をめざしています。

東北・関東地方の中小私鉄の例

東北地方

- 弘南鉄道
- 津軽鉄道
- 青い森鉄道
- 仙台空港鉄道
- 福島交通　など

関東地方

- ひたちなか海浜鉄道
- 上信電鉄
- 上毛電気鉄道
- 江ノ島電鉄
- 秩父鉄道　など

つくばエクスプレスの利用状況

年度	1日の輸送人員（人）	朝ラッシュピーク時間帯の混雑率（%）	ピーク時間帯運転本数（本）	
2005	150,700	107	16	開業
2006	195,300	139	16	
2007	234,200	149	17	
2008	257,600	158	20	営業黒字化
2009	270,300	152	20	単年度黒字化
2010	282,600	160	20	
2011	289,700	157	20	
2012	305,900	146	22	
2013	323,900	148	22	
2014	325,600	154	22	
2015	340,100	156	22	
2016	354,200	162	22	
2017	370,200	165	22	累積損失解消
2018	386,300	169	22	
2019	395,400	171	22	
2020	277,900	116	25	赤字転落
2021	305,800	123	25	
2022	349,000	138	24	黒字転換

出所：つくばエクスプレス「中期経営計画（2021～2023年度）」、国土交通省混雑率調査をもとに作成

今後は６両車両の８両化による輸送力増強計画、秋葉原～東京間の延伸など、さらなる発展が期待できます

Chapter5

03

鉄道の輸送力に高需要

中日本の中小私鉄

赤字が続いている鉄道や、過去に鉄道が廃止された地域がある西日本。一方で、鉄道ならではの輸送力が必要とされているのもまた事実です。地域を挙げて鉄道を守る取り組みが求められます。

赤字でも重要な交通網

中日本の中小私鉄「長野電鉄」「アルピコ交通」「富山地方鉄道」「北陸鉄道」は、地域輸送において重要な役割を持つ輸送密度2,000～3,000人の鉄道を運営し、加えて東京、名古屋、大阪まで200㎞程度の立地を活かした高速バス・貸切バスが鉄道を上回る収益と利益を生んでいるという特徴があります。

各社は高速バスの利益で鉄道や路線バスの赤字を補填してきましたが、コロナ禍でその収支は著しく悪化し、業績に大きな影響を及ぼしました。現在は回復傾向にあるとはいえ、人口減少が進む中、運輸業の先行きは不透明です。赤字でも鉄道の輸送力が必要な路線だからこそ、地域で支える取り組みが必要です。

自動車だけでは交通は回らない

福井県は1世帯あたりの自動車保有数が全国最多のクルマ社会ですが、行政は公共交通の維持・再生に積極的です。「えちぜん鉄道」の前身の「京福電気鉄道越前本線」は2000年、2001年の正面衝突事故で運行停止を命じられました。営業再開を断念し、行政と住民も廃止を考えていましたが、周辺道路の渋滞、代行バスの輸送力不足などが問題化します。鉄道の意義が再認識され、沿線自治体出資の新法人が京福から鉄道事業を継承しました。

2008年に経営破綻した「福井鉄道」も、えちぜん鉄道の教訓を活かし、**自治体主導で再建**されました。2016年に福井駅前乗り入れ、えちぜん鉄道との直通運転を開始し、両路線を軸にしたまちづくりが進んでいます。2024年3月には北陸新幹線開業に伴い北陸本線を転換した第三セクター「ハピラインふくい」が開業しましたが、将来的に三社の経営を統合する構想もあります。

自治体主導で再建
2007年に施行された地域公共交通活性化再生法にもとづき、「継続が困難又は困難となるおそれのある旅客鉄道」について自治体と鉄道事業者が共同で策定する「鉄道事業再構築実施計画」の全国初の認定事例となった。

北陸・信越・東海地方の中小私鉄の例

北陸地方	信越地方	東海地方
・富山地方鉄道 ・えちぜん鉄道 ・福井鉄道　など	・上田電鉄 ・長野電鉄　など	・静岡鉄道 ・遠州鉄道　など

北陸鉄道の運輸に関する営業収益

2018年度

（単位：千円）

	営業収益	営業損益
連結	13,575,842	242,213
単体	5,339,201	540,916
鉄道事業	554,638	▲106,621
乗合・貸切自動車事業	4,376,835	576,309
その他事業	407,728	71,228

出所：北陸鉄道有価証券報告書

鉄道が振るわずとも、バスでカバーしていた

2022年度

（単位：千円）

	営業収益	営業損益
連結	10,323,186	▲487,166
単体	4,227,540	387,469
鉄道事業	487,880	▲181,262
乗合・貸切自動車事業	3,418,630	422,248
その他事業	321,030	146,482

出所：北陸鉄道有価証券報告書

コロナ禍で鉄道は赤字拡大、バスの収益性は回復傾向にあるがグループ全体の体力が低下している

福井県内での鉄道需要

京福電気鉄道越前本線が事故を引き起こして運行停止に

→ 京福は営業再開を断念。行政と住民も廃止しても影響はないと考えていたが……

→ 周辺道路の大渋滞、通勤・通学利用者が代行バスに乗りきれないなど大混乱が生じる

→ 鉄道の意義が再認識された

↓

- 沿線自治体の出資で設立した「えちぜん鉄道」が京福から鉄道事業を継承
- 2008年に経営破綻した「福井鉄道」も、自治体主導で再建された

鉄道を軸としたまちづくりが進んでいます

Chapter5
04

西日本の中小私鉄

西日本を走る中小私鉄も、経営難で廃止が議論されることがありますが、地域の支えや需要で存続しています。観光面の強化、収支改善、助成拡大など、さまざまな取り組みが見られます。

ブームを巻き起こし輸送人員を大幅アップ

全長14.3kmの「和歌山電鐵」は、世にも珍しい「猫」が救った鉄道です。前身の「南海電鉄貴志川線」は2004年、年間5億円の赤字を理由に廃止届が出されましたが、存続運動の結果、事業の引き継ぎ先が公募され、**両備グループ**が手を挙げました。

両備グループ
岡山県を中心に鉄道(岡山電気軌道)、バス、タクシー、フェリーなどを経営する。

協議の結果、自治体が取得した鉄道用地の無償貸し付け、10年間8.2億円を上限とする運営補助を中心とした支援スキームが決定しました。「日本一こころ豊かなローカル線」をめざして2006年に再出発すると、貴志駅の「たま駅長」が大ブームを巻き起こし、輸送人員は10年間で20%以上も増加しました。

もともと輸送密度約3,000人という地域鉄道としては比較的大きい地域需要があったことに加え、猫駅長をモチーフにした駅舎や車両デザインで観光需要を獲得したことで、輸送人員増加と歳出削減の徹底で収支を大幅に改善しました。2016年度以降は運行補助金に頼らない経営に移行しています。

地域の基盤として存続が求められる

島根県で2路線計42.2kmを運営する「一畑電気鉄道」は、1914年開業の歴史ある私鉄です。**モータリゼーション**の進展による経営悪化後は国や自治体の支援で下支えされてきましたが、経営は好転せず、2002年から廃止も含めて議論した結果、「地域における社会基盤」として存続させることになりました。

モータリゼーション
自動車が生活必需品として社会に広く普及すること。「車社会化」ともいう。

再生にあたっては一畑電車がインフラを保有したまま、修繕・更新費用を沿線自治体が負担する「みなし上下分離」方式を導入しましたが、コロナ禍以前から赤字経営が常態化しており、設備更新の助成拡大など、事業存続のための支援を強化しています。

関西・中国・四国・九州地方の中小私鉄の例

関西地方
- 京福電気鉄道
- 和歌山電鐵
- 紀州鉄道　など

中国地方
- 岡山電気軌道
- 広島電鉄
- 一畑電車　など

四国地方
- 高松琴平電気鉄道
- とさでん交通
- 伊予鉄道　など

九州地方
- 島原鉄道
- 熊本電気鉄道
- 長崎電気軌道　など

和歌山電鐵の取り組み

猫をモチーフとした車両

猫をモチーフとした駅舎

たま駅長をあしらった駅構内のタイル

「たま駅長」をきっかけにブームが起き、観光客を集める

一畑電気鉄道の営業損益

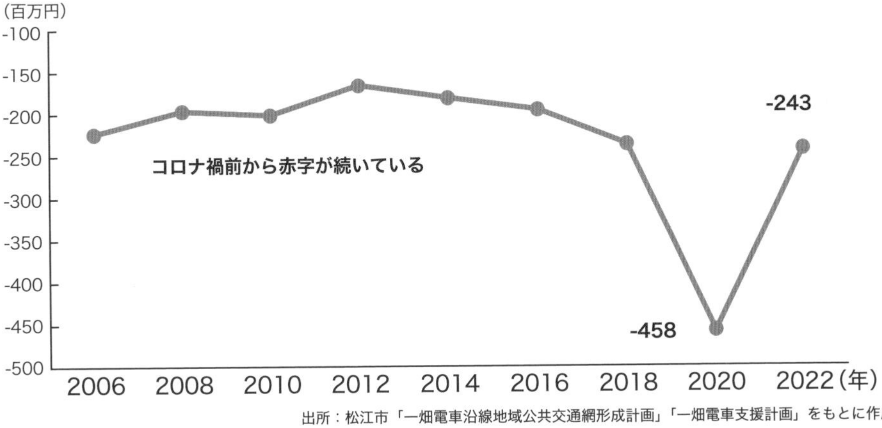

出所：松江市「一畑電車沿線地域公共交通網形成計画」「一畑電車支援計画」をもとに作成

Chapter5
05

国鉄転換型とJR転換型

第三セクター鉄道の経営環境

第三セクター鉄道は、国鉄もしくはJRを引き継いだ形で運行しています。前者は輸送密度が芳しくなくすでに廃止されている会社もある一方で、後者は比較的大きな輸送密度を維持しているのが特徴です。

厳しい経営が続く第三セクター鉄道

国鉄の**特定地方交通線**および建設凍結路線を引き継いだ「国鉄転換型事業者」と、整備新幹線の**並行在来線**を引き継いだ「JR転換型事業者」を、狭義の「第三セクター鉄道」と呼びます。

国鉄分割民営化前後に37社が設立された国鉄転換型事業者はすでに4社が廃止され、現存する33社中24社も輸送密度が1,000人未満（2018年度）という非常に厳しい環境に置かれています。24社のうち経常黒字なのは信楽高原鉄道、若桜鉄道の2社のみで、どちらも上下分離方式の第2種鉄道事業者（48ページ参照）です。ローカル鉄道再生の切り札として注目される上下分離ですが、見方を変えれば事業者の赤字を自治体に付け替えているだけであり、鉄道を軸としたまちづくりの推進など本質的な投資や支援がなければ単なる赤字補填で終わってしまいます。

特定地方交通線
特定地方交通線とは原則として輸送密度4,000人未満のバス輸送の方が効率的とされた路線。1981年から1987年まで83路線が指定され、45線がバス転換、38路線が第三セクターに引き継がれた。

並行在来線
新幹線開業まで在来線特急が走行していた路線を並行在来線と定義する。ただし経営分離する範囲はJRが決定するため、しなの鉄道や肥薩おれんじ鉄道のように輸送密度の小さい区間のみ分離された例がある。

地域輸送に特化した経営にシフトチェンジ

西九州新幹線における長崎本線武雄温泉～長崎間の在来線特急「かもめ」や、北陸新幹線における北陸本線敦賀～富山間の「サンダーバード」など、新幹線開業に伴う特急の廃止で利用者が大幅に減少する並行在来線の経営はJRに過度の負担になります。そこで地元の同意を得たうえでJRから経営分離して自治体に移管したのが、JR転換型の第三セクター鉄道です。

主要都市を結ぶ幹線だった並行在来線は、国鉄転換型路線とは異なり比較的輸送密度が大きいのが特徴です。一方でJR時代の長編成・高速運転の特急運行を前提とした設備の負担が大きいため、これらをスリム化して地域輸送に特化した経営に移行する必要があります。

第三セクター鉄道の設立パターン

国鉄転換型事業者として設立

厳しい経営状況

- 国鉄の特定地方交通線および建設凍結路線を引き継いだもの
- 国鉄分割民営化前後に37社が設立
- すでに4社が廃止
- 現存する33社中24社は輸送密度が1,000人未満（2018年度）

輸送密度1,000人未満の24社中、経常黒字なのは2社のみ

↓

どちらも上下分離方式の第2種鉄道事業者であり、
地元自治体の保有する線路を借りて運行している

↓

単なる赤字補填で終わらないよう、
鉄道を軸としたまちづくりの推進などが求められる

JR転換型事業者として設立

地域密着経営に転換

- 整備新幹線の並行在来線を引き継いだもの。地元の同意を得たうえで経営分離して自治体に移管した
- 比較的輸送密度が大きい
- JR時代の長編成・高速運転の特急運行を前提とした設備の負担が大きいため、スリム化して地域輸送に特化させる必要がある

北陸新幹線の並行在来線

IRいしかわ鉄道（旧北陸本線）

サンダーバード（在来線特急）

国鉄転換型が経常赤字の改善、JR転換型は設備のスリム化が課題となっています

Chapter5
06

第三セクターの優等生

比較的好業績を収める国鉄転換型第三セクターの例

第三セクター鉄道のうち国鉄転換型事業者は経営難を抱える場合が多いです（124ページ参照）が、経営が比較的安定している“優等生”の鉄道会社もあります。

安定的な資産で経営を固める

国鉄転換型第三セクター鉄道の、いわば優等生が「智頭急行」です。兵庫の上郡と鳥取県の智頭を結ぶ同線は、国鉄末期に建設途中で凍結となった智頭線を引き継いだものです。山間部の地域輸送では採算がとれないとされましたが、兵庫県は特急列車が直通する都市間輸送であれば黒字化が可能と判断しました。第三セクターが建設を引き継ぎ、1994年に開業しました。

2018年度の鉄道事業は営業黒字約1.3億円、経常利益は約1.6億円でしたが、コロナ禍を経て2022年度の鉄道事業は営業赤字約1.4億円、経常損失約9400万円でした。開業30年が経過して今後は大規模な設備更新が必要になりますが、**流動資産**が総資産の半分以上を占めていることからも経営の盤石さがうかがえます。

流動資産
会社が保有する資産のうち、短期間（およそ1年以内）で現金にできる資産のこと。たとえば、預金のほか、売掛金や有価証券などが該当する。

持続可能な事業のあり方が求められる

東の智頭急行といえるのが、工事凍結された北越北線を引き継いだ形で開業した「北越急行」です。ほくほく線の愛称で知られる同社は、越後湯沢駅で上越新幹線と接続し、東京と北陸を最短で結ぶ特急「はくたか」を1997年に運行開始。2015年に北陸新幹線が金沢駅まで開業すると、その役割を新幹線に譲りました。

北越急行は開業から大きな利益を上げましたが、将来的な北陸新幹線延伸・はくたか廃止は規定事項だったため、借入金を早期に返済し、2014年までに約130億円の金融資産を積み上げました。

利回り3%を超える運営益や売却益などで鉄道事業を30年以上維持する計画ですが、永続的なスキームではありません。コロナ禍の赤字拡大に加え、老朽設備の大規模修繕が拡大する中、持続可能な事業のあり方を構築する必要に迫られています。

第三セクター鉄道のコロナ禍前後の営業損益

（単位：千円）

	2018年度	2022年度
IRいしかわ鉄道	407,130	73,417
愛知環状鉄道	229,572	▲636,091
しなの鉄道	154,515	▲155,922
青い森鉄道	134,415	9,293
智頭急行	131,905	▲138,332
信楽高原鐵道	7,428	▲5,657

出所：各社決算資料をもとに作成

コロナ禍前は鉄道事業が営業黒字だった第三セクター鉄道もあります

北越急行の歴史と課題

1997年	東京から北陸方面を短時間で結ぶ特急「はくたか」を主体とする路線として開業
2002年	国内最速160㎞／h運転を開始
2015年	北陸新幹線金沢開業まで特急「はくたか」を運行

開業から大きな利益を上げた

特急運行時に積み上げた金融資産で、今後30年以上鉄道事業を維持する計画だが、コロナ禍の赤字拡大や老朽設備の大規模修繕などの懸念点がある

持続可能な事業のあり方を構築する必要があります

Chapter5
07

貨物輸送と関わる第三セクターの例

新幹線の延伸によって並行在来線の経営が成り立たなくなり、第三セクターへの転換を断念するケースもあります。これは旅客の輸送だけでなく貨物の輸送にも大きな影響を及ぼします。

路線廃止と貨物鉄道としての存続

並行在来線が第三セクターに転換されずに廃止となった事例は、2024年4月現在、**信越本線横川〜軽井沢間**のみとなっていますが、新幹線が輸送密度の極端に小さい地方に延伸していくにつれ、路線の存続が議論されるようになりました。

北海道新幹線札幌延伸時に並行在来線となる函館本線小樽〜長万部〜函館新北斗間はほとんどの区間が輸送密度500人未満の予想で、経営が成り立たないとされています。地元は小樽〜長万部間の鉄道の存続を断念しており、バス転換される見込みです。

より問題なのは貨物列車の重要幹線である函館新北斗〜長万部間です。ここを廃止すると青函トンネルを介した本州北海道間の鉄道貨物輸送が成立しなくなり、北海道全域からJR貨物が撤退する事態になりかねないため、貨物専用線化が議論されています。

信越本線横川〜軽井沢間
急勾配の碓氷峠を越えるため、補助用の機関車を連結するなど特殊な運行をしていた。特急列車の運行が主だったため新幹線開業で役割を終えた。

貨物輸送を下支えする第三セクターへの交付制度

貨物に左右されるのは北海道だけではありません。貨物列車が通過する第三セクター鉄道は、重量のある機関車と長編成の貨車を想定した**高規格線路**や、電化設備などを維持する必要があります。しかし現行制度ではJR貨物の負担額はアボイダブルコスト（48ページ参照）にとどまるため、オーバースペックな設備の維持コストは第三セクター鉄道自身が負担しなければなりません。それでは経営が成り立たないので、本来必要な費用との差額を国が交付する「貨物調整金」という制度があります。たとえば新潟県の「えちごトキめき鉄道」は、営業収益約35億円（2022年度）のうち、貨物調整金を含めた線路使用料収入が約22億円に達します。

高規格線路
高架化もしくは地下化されていて、かつ最高時速160㎞での高速運転が可能な路線のこと。新幹線のほか、北越急行やつくばエクスプレスなどが該当する。「1級線」ともいう。

函館本線における並行在来線の存続

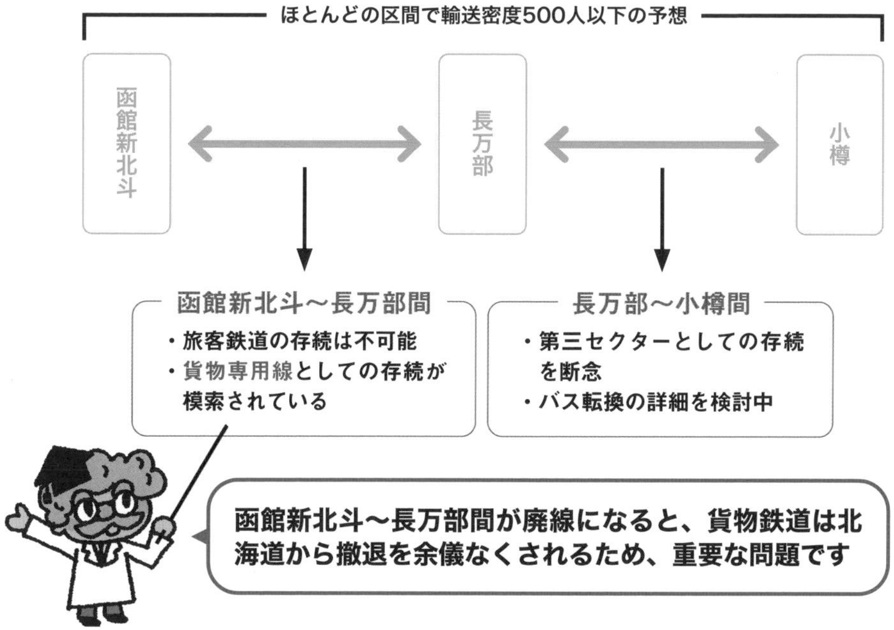

貨物調整金のしくみ

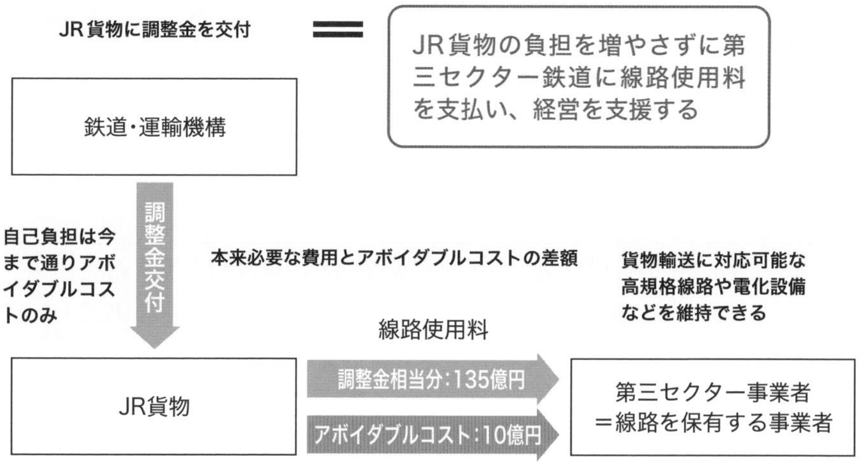

貨物調整金の対象事業者

道南いさりび鉄道／青い森鉄道／IGRいわて銀河鉄道／しなの鉄道／えちごトキめき鉄道／あいの風とやま鉄道／IRいしかわ鉄道／肥薩おれんじ鉄道／ハピラインふくい

出所：国道交通省「貨物調整金について」、JR貨物「2022年度有価証券報告書」をもとに作成

Chapter5
08

公営鉄道の経営環境

都市鉄道は公営で整備されていることが多く、東京では都が地下鉄、路面電車、新交通システムを運営しています。公営鉄道は資金調達の面で有利に動くことができますが、サービスに関して不得手な一面もあります。

公営鉄道は新線建設の費用を調達しやすい

鉄道を公営にすべきか民営にすべきかは鉄道の歴史で常に議論されてきたテーマですが、こと都市鉄道については多くの路線が公営形態で整備されてきました。

新線建設は初期投資が多額で、投下資本の回収にきわめて長時間を要します。民営鉄道は社債や借入で資金を調達するため、利息が高過ぎると事業が成り立ちませんが、国や自治体が運営する公営鉄道は、信用力を背景に多額の資金を長期にわたって調達可能で、短期的な利益に左右されず、長期的な計画にもとづいた整備が可能です。

代表例が都営地下鉄です。もともと採算性が低い路線を抱えていた上、1兆3,000億円を投じた大江戸線が重荷となり、累積欠損は最大5,000億円近くに達しました。しかし、大江戸線利用者の増加と減価償却が進んだことで2006年度に初めて黒字化、2018年度には約370億円の純利益を挙げ、累積欠損を2,000億円近くまで削減しました。開業当初の赤字から「失敗」と呼ばれた大江戸線が、20年かけて収益源に変わっていったことは、長期的投資の評価がいかに難しいかを物語っています。

サービス向上の面では民間鉄道に軍配が上がる

一方で、公営には不得手な分野もあります。営利企業である民営鉄道は収益とコストを追求しますが、そのようなインセンティブに乏しい公営鉄道は建設費や経費が割高になり、サービス向上が遅れてしまうのです。また、上に挙げた大江戸線は収益源に転じたよい事例でしたが、成功しなかった場合、いつまでも黒字化しない事業を推進してしまう可能性もあります。

公営鉄道と民営鉄道の経営面での比較

新線建設の初期投資

公営鉄道

信用力を背景に多額の資金を長期にわたって調達でき、短期的な利益に左右されず、長期的な計画にもとづいた整備が可能

民営鉄道

投資資本の回収に時間がかかるため、社債や借入で資金を調達するため利息が高過ぎると事業が成り立たない

例 都営大江戸線（公営鉄道）の推移

1991～2000年
1兆3,000億円を投じて開業するも赤字が続く

↓

2006年
利用客増加、減価償却費、利息の減少で、初めての黒字化

↓

2018年
約370億円の純利益を挙げ、都営地下鉄の収入源となる

20年かけて採算性向上

サービスの向上

公営鉄道

インセンティブがなく、建設費や経費が割高になり、サービス向上が遅れる。いつまでも黒字化しない事業を推進してしまう可能性もある

民営鉄道

収益とコストを追求する営利企業であり、利益を上げる、つまり利用者を増やすことも考えるため、結果としてサービスも向上する

Chapter5
09

公営鉄道の展開と都市部の抱える問題

前節では、公営鉄道の例として都営地下鉄を取り上げました。大都市圏である東京以外にも新神戸や京都といった各地の都市部があり、ここでも公営鉄道が展開されています。

運賃の値下げなどで復興をめざす

六甲山地を貫いて新神戸と谷上を結ぶ中小私鉄「**北神急行電鉄**」を買収したのが神戸市営地下鉄です。北神急行は700億円を超える建設費によって高額な運賃が設定されたため、利用は低迷し、市北部地域の人口減少の一因ともされました。

北神急行電鉄
神戸電鉄沿線は1970年代以降ニュータウン開発が進み、鉄道の利用者も増加。そこで神戸電鉄をショートカットした新線として、神戸電鉄が出資して北神急行電鉄が設立された。

そこで神戸市は2020年6月に資産を譲受し、市営地下鉄に編入した上で、谷上～三宮間の運賃を550円から280円に大幅減額し、北部地域の振興と人口減少の抑制を図りました。

一方、都市の交通におけるコスト負担の難しさを考えさせられる事柄は、京都市交通局です。バブル期に着工した地下鉄東西線の事業費が倍以上に増加、利用者は想定を下回ったことで累積債務が膨らみ、2009年に**経営健全化団体**に転落しました。

経営健全化団体
地方公共団体の財政の健全化に関する法律（財政健全化法）にもとづき、公営企業の事業規模に対する資金不足比率が20%以上となった場合は経営健全化団体に指定される。

その後はインバウンド需要の後押しもあり、経営健全化団体から脱却しました。コロナ禍で再び転落する場面もありましたが、観光需要の回復で健全化の道筋は見えてきたようです。

バスと鉄道それぞれを生かす

一方で日本を代表する観光都市・京都ではさまざまな**観光公害**が発生しています。交通関係では、旅行者で混雑する路線バスに地元住民が乗り切れないなどの問題があります。

観光公害
訪問客の著しい増加などによって地域住民の生活や自然環境、景観などに大きな負の影響をもたらしたり、観光客の満足度を著しく低下させるような状況。「オーバーツーリズム」ともいう。

しかし、バスの増発は運転手の確保が困難で、収益性からも負担が大きいため、市はバス１日券の販売を終了し、地下鉄利用に誘導しています。面的に展開するバスに対し、地下鉄がカバーできる範囲は限られるため、バスと鉄道の両者の長所を組み合わせることで、利便性と収益性、持続可能性を考慮した総合的な交通ネットワークの構築が求められています。

北神急行電鉄の公営化の経緯

人口減少の一因ともいわれた

700億円以上の建設費を回収するために
高額な運賃が設定され、利用が低迷

2020年6月：神戸市が譲り受けることで市営地下鉄に編入

谷上～三宮間の運賃を550円から280円に大幅減額し、
北部地域の振興と人口減少の抑制を図る

運賃減額は、短期的な利益に左右されなくてよい
公営ならではの施策といえます

京都市交通局の課題

事業費の大幅な増加と想定以下の利用者で累積債務が膨らむ

2009年：経営健全化団体に指定される

観光需要もあり収支を改善し、経営健全化団体から脱却

地元住民が乗り切れないほど路線バスが
混雑するという観光公害が生じている

市は地下鉄利用を誘導しているが地下鉄がカバーできる範囲は
限られるため、バスと鉄道それぞれの長所を組み合わせた対応が必要

利便性、収益性、持続可能性を考慮することが重要です

保有する線路を貸し付けるという経営

Chapter5
10

列車を運行しない鉄道会社

すべての鉄道会社で列車の運行が行われているわけではありません。中には、線路や駅舎などの施設を保有してそれを他社に貸し出すことで利益を上げている会社もあります。

第3種鉄道事業者のはじまり

所有する線路などの施設、車両を用いて列車を運行する一般的な鉄道に対し、自ら列車を運行せず、保有する施設を他事業者に貸し付けるのが「第3種鉄道事業者」です（48ページ参照）。この区分は1987年施行の鉄道事業法で初めて登場した概念ですが、日本では1968年開業の「神戸高速鉄道」がその嚆矢《こうし》とされます。

神戸高速鉄道は阪急電鉄、阪神電鉄、山陽電鉄、神戸電鉄の接続と、路面電車からの切り替えを目的に、神戸市が40％、私鉄4社が40％出資して1958年に設立されました。当時の**地方鉄道法**は自ら営業しない鉄道事業者を想定していなかったため、施設整備に加え保守業務や駅業務を神戸高速社員が行い、各社の列車が乗務員ごと乗り入れる運行形態をとりました。細かい部分は異なるものの、これが「**関西高速鉄道**」のような都市鉄道の整備を目的とした第三セクター第3種事業者へとつながっています。

地方鉄道法
地方公共団体などが敷設・運営する地方鉄道について規定した法律。1919年に施行され、1987年に鉄道事業法が施行されるまで根拠法として役割を担っていた。

関西高速鉄道
1997年に開業した「JR東西線」を整備した、大阪府と大阪市、JR西日本が出資する第3種鉄道事業者。2031年度開業に向けて事業中の「なにわ筋線」の整備も担っている。

経営分離された路線を引き継ぐ

都市鉄道整備のために新設される第3種事業者がある一方、JR・大手私鉄から経営分離されたローカル線を引き受けた第3種事業者もあります。並行在来線関係では第三セクター青い森鉄道の設備を保有する青森県、JR長崎本線（江北～諫早間）の施設を保有する一般社団法人佐賀・長崎鉄道管理センターがその例です。大手私鉄では南海電鉄貴志川線、近鉄内部線・八王子線、近鉄伊賀線、近鉄養老線が上下分離の上、経営移管しています。

ただし、南海が貴志川線を転換した和歌山電鐵の経営に関与していないのに対し、近鉄から分離した4路線は「公設民営」方式で引き続き近鉄グループが運行しているという違いがあります。

神戸高速鉄道の歴史

1958年	神戸高速鉄道設立
1968年	開業 ➡阪急電鉄、阪神電鉄、山陽電鉄、神戸電鉄が乗り入れ
1987年	鉄道事業法施行 ➡「第３種鉄道事業者」の区分が登場
1988年	第３種鉄道事業者としての営業を開始

施設整備・保守業務・駅業務を神戸高速社員が担当

乗り入れている４社が駅業務委託の手続きを行う

もともと駅業務は神戸高速鉄道に委託されていたため、営業形態に実質的な変化はありませんでした

JR長崎本線における並行在来線の存続

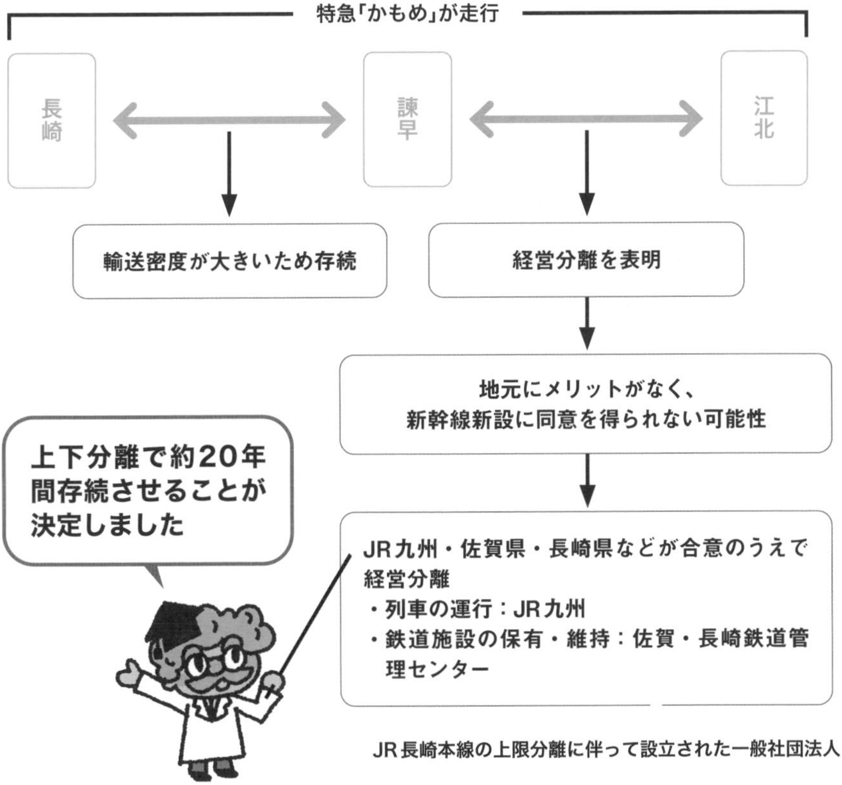

COLUMN 5

自動車で稼ぐ鉄道会社

路線廃止を経て 鉄道の売上高は低迷

JR・大手私鉄に次ぐ規模を誇る中小私鉄グループが静岡県の遠州鉄道と静岡鉄道です。2022年度の連結売上高は浜松市を拠点とする“遠鉄”が1,865億円、静岡市を拠点とする“静鉄”が1,545億円です。大手私鉄でもっとも規模が小さい南海電鉄は2,212億円ですから、「大」中小私鉄というべきでしょうか。

両社は事業エリアと売上高のみならず、その経営の実態も鏡写しのような関係です。人口70万人以上の政令指定都市の輸送需要は大きく、どちらも地域鉄道ではトップクラスとなる輸送密度1万人キロ以上の鉄道と、これに接続するバス網を運行しています。

しかし連結売上高に占める運輸セグメントの割合は遠鉄が6%、静鉄が8%程度、鉄道に限れば1%にも満たないのです。かつては遠鉄が4路線50km以上、静鉄が5路線100km以上の路線網を有していましたがモータリゼーションの隆盛で順次廃止された経緯があります。では今、何が収益源かといえば「流通」と「自動車販売業」です。

今後注目される 自動車とのつながり

百貨店やスーパーを兼業する鉄道事業者は珍しくありませんが、目を引くのがライバルであるはずの自動車販売です。

連結売上高に占める自動車販売セグメントの比率は遠鉄が40%、静鉄が46%で、営業利益で見ても稼ぎ頭です。自動車販売業の参入は両社とも50年前で、意外にも不動産や流通事業より長い歴史を持ちます。遠鉄グループは静岡トヨタとネッツトヨタ浜松の2社、静鉄グループは静岡トヨペット、トヨタカローラ東海、ネッツトヨタスルガの3社を経営し、ともに静岡県内に合計60店舗以上を展開しています。

今後は鉄道、バス、カーシェアリングなどを組み合わせたMaaSの推進が注目される中、自動車との強いつながりを持つ両社が強みを生かせるのかにも注目です。

第6章

鉄道会社グループの組織構造

鉄道会社にあるのは、鉄道を運行するための組織だけではありません。細かな体制は会社ごとに異なりますが、会社全体の運営、そして手広く展開する関連事業を運営するために、さまざまな事業部門や組織を有していることが多いです。

Chapter6 01

企業組織としての鉄道会社の構造

鉄道会社は、鉄道の運行業務を行う組織だけではなく、企業全体の運営を行う組織、関連事業を担うための組織を持っており、単に鉄道を走らせるための企業組織ではなく、一種の総合ビジネス事業体となっています。

中央集権型の組織

鉄道会社は、本社が中心となっており、鉄道事業そのものを担う部署の存在感は実のところあまり大きくありません。本社に「経営戦略本部」や各事業の本部があり、その中に「鉄道事業本部」があるという形が一般的で、沿線開発などの本部がある鉄道会社もあります。また、総務部門や経理部門、人事部門などは本社で一括して担当していることが多いです。

営む事業によって各事業部門があり、その事業の中で業務内容が分かれ仕事をしているという形態になります。

複数の事業部門を持っている鉄道会社ですが、総合職で採用された従業員はその事業部門の間を異動することも多く、そうした中でキャリアを積み重ねていきます。

総合職
企業においてさまざまな仕事に取り組む職のこと。一般職よりも業務の幅が広い。異動や転勤を経ることが多く、昇進のチャンスも多い。

本社と支社

営業エリアが広い鉄道会社では、本社と現場だけではなく、その間に「支社」などといった部署があります。こういった部署の役割は、地域を統括することです。鉄道事業にあたる部署を中心とした本社と連携しながら、地域での実務的な事業を推進していきます。

つまり、駅などの多くの人が目にふれる鉄道会社の姿は、実は「支社」、あるいは鉄道事業部の中の営業部門にあたるということになります。

私たちが日々目にしている鉄道の姿は、巨大システムである鉄道会社のごく一部にすぎないのです。

企業における組織の形態

事業部制組織　地域や製品ごとに分け、それぞれを事業部として独立させる

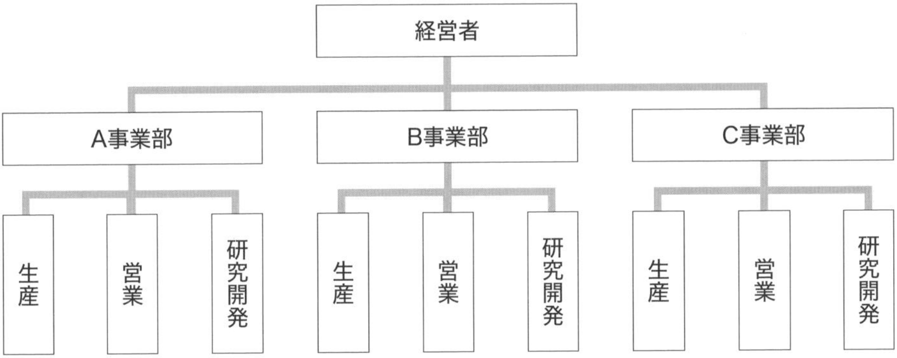

機能別組織　職務の機能ごとに部門を分割して管理する

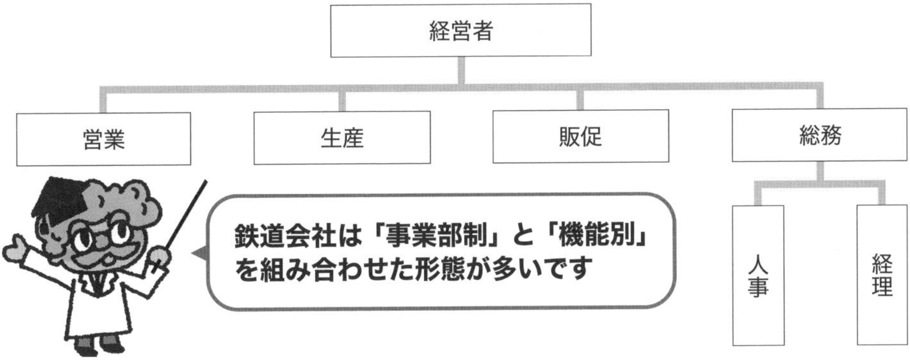

JR東日本の支社

関東	首都圏本部	
	横浜支社	
	八王子支社	
	大宮支社	
	高崎支社	
	水戸支社	
	千葉支社	
東北	東北本部	山形支店
		福島支店
	盛岡支社	青森支店
	秋田支社	
信越	長野支社	
	新潟支社	

出所：JR東日本ホームページ

JR各社の組織体制

JRの組織体制は、本社を中心として、その中に複数の事業部門があり、現場は支社が担当しているという形になっています。鉄道の現場を担うのは地方支社です。なお、JR東海では例外的な体制が見られます。

多彩な事業を分権的に行うJR東日本

JR東日本では、本社に複数の「本部」が設けられています。経営戦略を立てる部署、マーケティングを担う部署、鉄道事業を扱う部署、人材を扱う部署、総務・法務の部署など、業務はさまざまです。また、鉄道事業を担う以外にも、企業の将来戦略をどうするか、また大規模開発をどう進めるのかといったことに関わる部署もあります。

実際に現場を担うのは「新幹線統括本部」といった「統括本部」や、「首都圏本部」「八王子支社」「大宮支社」などの地方支社です。支社が鉄道の現場をまとめ、業務の遂行の中心となっています。支社の下に駅が属しています。

集権的なJR東海

一方で、JR東海はきわめて集権的な企業体制を取っています。社長の下に「総合企画本部」「中央新幹線推進本部」「営業本部」などが置かれ、「法務部」「総務部」「財務部」「人事部」などの間接部門も並んでいます。

間接部門
売り上げに直接は結び付かない業務を担っている部門。「バックオフィス」と呼ぶ場合もある。

では、鉄道事業はどこが行うのかというと、新幹線を担当するのは「新幹線鉄道事業本部」、在来線を担当するのは「東海鉄道事業本部」です。それぞれに「車両部」「施設部」「電気部」があります。新幹線部門では関西支社、在来線部門では静岡支社やほか支店がありますが、現場を担う部署は規模こそ大きいものの数は少ないです。JR東海は集権型の鉄道組織といえます。

このように、JRの組織体制は各社さまざまですが、いずれも鉄道事業を中心とした組織形態となっているといえます。

JRにおける組織図の例

JR東日本

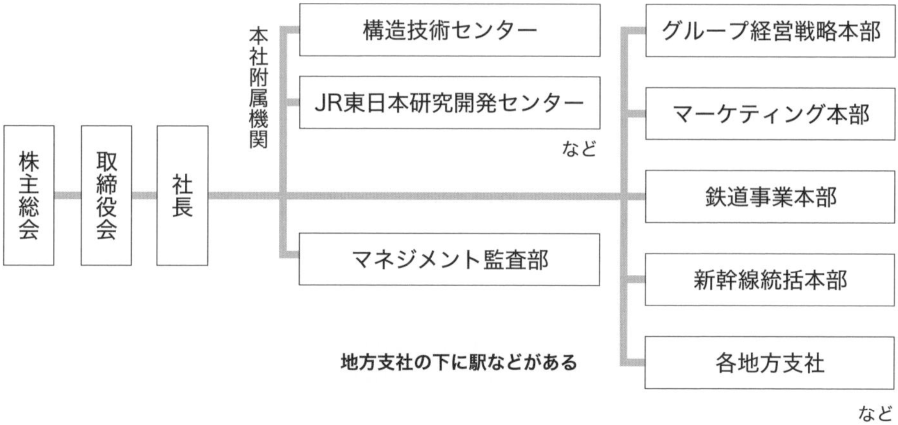

出所：JR東日本ホームページより一部抜粋

JR東海

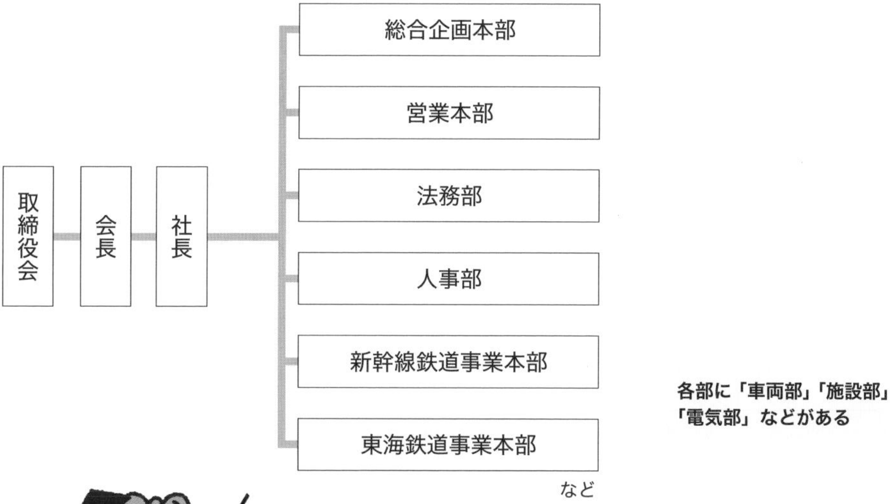

出所：JR東海ホームページより一部抜粋

Chapter6
03

大手私鉄の組織体制

大手私鉄の組織体制は、鉄道事業を中心としながらも、さまざまな事業を組み合わせて成立しているものといえます。その営業形態には、1つの会社がいろいろな事業を担う形や、事業ごとに分社化する形などがあります。

1つの会社でひとまとまりの京王電鉄

京王電鉄では、本社に「経営統括本部」があり、また「鉄道事業本部」と「開発事業本部」があります。企業グループ全体の経営戦略を担当する「経営統括本部」や、鉄道事業以外の不動産開発を担う「開発事業本部」といった部門の存在感が、かなり大きいのです。

しかも、開発事業の企画自体を担当するのですから、非鉄道部門に力を入れるという意志が明確に見えます。

その中で、どう沿線を作っていくかについての部署も存在し、沿線開発に力を入れていることがわかります。

複数企業をたばねた東急

京王電鉄のように1つの会社で何でもやるという形を取る場合もありますが、一方で事業ごとに分社化して本社は企業グループ全体を統括するのに力を入れるというパターンの鉄道会社も多くあります。その例として挙げられるのは、東急です。

東急グループは、現在では「東急」という名前の本社が全体を束ねています。鉄道事業を行うのはこの東急ではなく、「東急電鉄」です。このように東急本社はグループ各社の事業を統括する役割を持ち、各事業自体は、子会社が担います。

東急の子会社である東急電鉄には、鉄道事業に関する各部署が設けられています。東急電鉄は現業系の部署が中心になっている会社です。東急グループ自体の経営戦略や広報を担う部署は東急にあり、子会社とも深く関わっています。

また、東急グループのほか、京阪ホールディングスや阪急阪神ホールディングスなども同じような形態です。

私鉄における組織図の例

京王電鉄

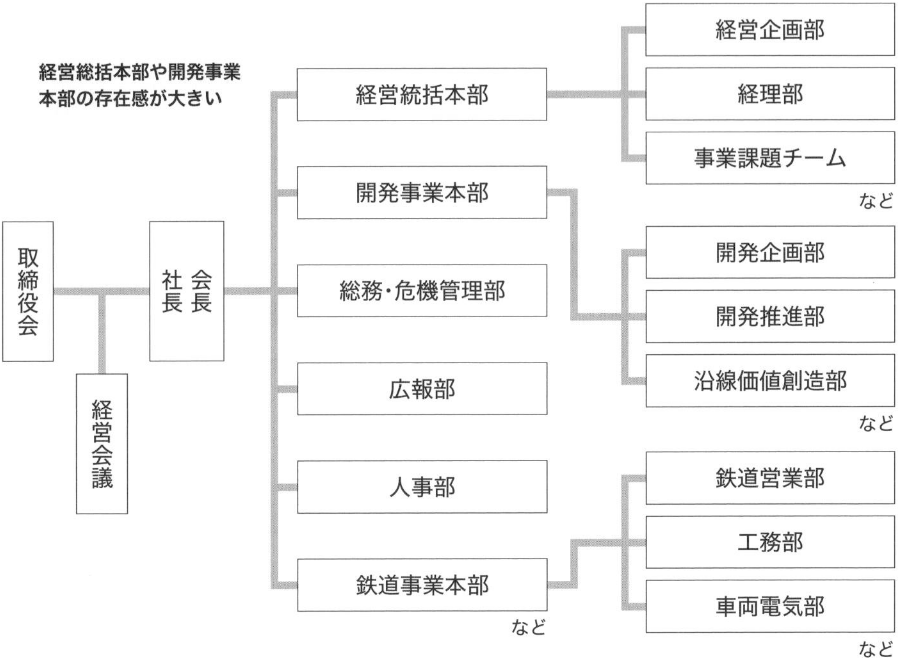

出所：京王電鉄ホームページより一部抜粋

東急電鉄

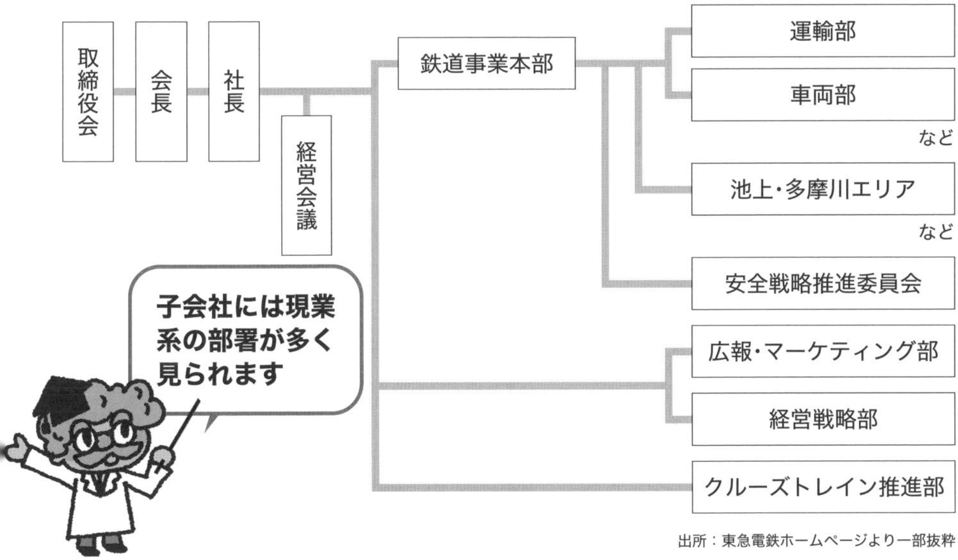

出所：東急電鉄ホームページより一部抜粋

Chapter6
04

中小私鉄の組織体制

中小私鉄も、大手私鉄と同じようにさまざまな事業を展開しています。一方で、鉄道事業にほぼ専念する事業者もあります。ここでは、山梨県の富士急行、青森県の津軽鉄道を例に見ていきましょう。

複数事業を展開するゆえに本社機能だけの富士急行

山梨県に本社を構える富士急行という鉄道会社グループは、以前より事業ごとに会社の分社化を進めてきました。そのなかで山梨県内の鉄道事業は、子会社の富士山麓電気鉄道という会社が担っています。

事業ごとの分社化によって、富士急行本体にあるのは管理系の部署がほとんどです。現業系の部署は各事業会社に配置されています。つまり、複数の子会社を束ねているのが富士急行という会社の実態であるといえます。

なお、傘下の運輸事業会社として岳南鉄道や、複数のバス・タクシー子会社がありますが、営業利益がいちばん大きいのは富士急ハイランドを擁するレジャー・サービス事業となっています。

鉄道事業を中心とした津軽鉄道

青森県の津軽鉄道（津軽中里～津軽五所川原）は、冬期（12月1日～3月31日）に運行している**ストーブ列車**が有名で、沿線に太宰治の生家「斜陽館」などの観光地があることで知られています。津軽鉄道は、以前はバスやタクシー、観光関連の事業を行っていましたが、現在は鉄道事業と物品販売が主な事業です。社員数も鉄道会社としては少なく、29名です（2024年3月時点）。

ストーブ列車
車内に暖房用のだるまストーブが設置された、津軽鉄道の観光列車。冬季限定で運行する。

鉄道事業が主で、かつ規模が小さい鉄道会社は、本社機能と運輸部門や工務部門、営業部門などの鉄道運行部門だけで構成されていることが多いです。また、小規模な鉄道会社では社長自らが前に出て広報役を買って出ることもあります。

富士急行における組織図

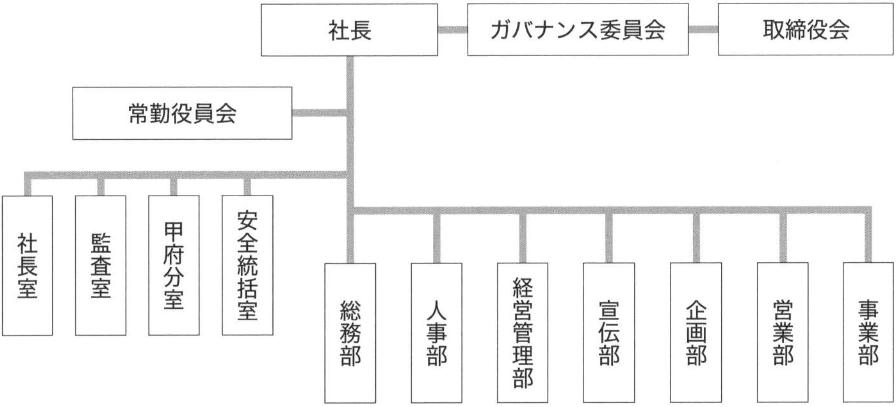

出所：富士急行ホームページより一部抜粋

分社化しているため、現場に関わる組織はほとんどない状態になっています

富士急行のグループ会社の例

運輸事業

富士山麓電気鉄道
山梨県で鉄道事業を行う

富士急バス
山梨県で貸切バス、高速バス、乗合バス事業を行う

石川タクシー富士
富士市でタクシー事業を行う

レジャー・サービス事業

富士急ハイランド
「富士急ハイランド」や「富士急雲上閣」を運営

ホテル富士急
「富士宮富士急ホテル」や「富士山ステーションホテル」を運営

富士急トラベル
旅行業や広告代理業、保険代理業を行う

不動産事業

富士急リゾートアメニティ
別荘地の管理、不動産売買、仲介などを行う

その他事業

富士急建設
土木・建築・造園工事の設計、工事監理を行う

グループ会社は約40社！

さまざまな部署が連携して運行を守る

運輸に関する部署

運輸に関する部署はいわば鉄道の中心部であり、ほとんどの鉄道会社に運転指令室という部署があります。この部署を中心として、現場の運転士や車掌と連携しながら鉄道の運行が行われています。

指令室を中心に鉄道網を管理

緻密な運行をする現代の鉄道では、一定のエリアを走る列車は、エリア内を管轄する指令室を中心にコントロールしています。

中でもとくに「輸送指令」の部署が重要です。この部署は、列車はダイヤ通りに運転されているかどうか、遅延が発生したらどのようにしてダイヤを立て直すのかなどを中心とした業務を行っています。

その際に連携しなくてはいけないのは、「運用指令」の部署です。運用指令では、車両や乗務員の動きを把握しておき、ダイヤ乱れのときには即時に対応できるようにしています。

有名な指令室としては、JR東日本の「東京総合指令室」があります。ここではJR東日本の東京圏の運行を一括管理し、また相互乗り入れなどを行う他社とも連携して日々の安定運行の確保に力を尽くしています。

相互乗り入れ
経営主体が異なる交通機関どうしが同一の路線を運行すること。「乗り入れ」は直通運転を指す。

現場は運転区が担当

指令室が中心になるとはいえ、運転士や車掌がいないと電車の運行はできません。運転区が各地に設けられており、運転士や車掌はそこに所属しています。運転区を統括するのは運転区長と助役です。

全体の運行状況をコントロールする指令室と、現場で対応する運転士や車掌がやりとりをしながら、安全かつ正常に運行していくのが現代の鉄道の特徴です。運転区に所属してダイヤの整理やいざというときの対応などいろいろな経験を積んでいき、人によっては指令室の担当としてステップアップしていく形となります。

運転区
一般に、運転士だけが所属する乗務員区のこと。ただし、JR東日本では運転士と車掌が所属する乗務員区のことを指すなど、定義は各社で異なる。運転所と呼ぶ場合もある。

指令室の業務

運転や営業に関する指令

輸送指令
列車の動きをコントロールする。ダイヤ乱れが生じた際に臨時列車の設定、運休、発車・到着順変更などを行う

運用指令
鉄道の運転ダイヤに合わせて車両や乗務員を割り当てる。ダイヤ乱れの際は車両や乗務員を再調整を行う

旅客指令
振替輸送や乗り継ぎの調整を行う。ダイヤ乱れが生じた際、駅窓口の係員に運行状況を伝達する役割も担っている

技術に関する指令

電力指令
電車や駅構内への電力供給を管理する。架線への通電の管理も行っており、そのため架線の張り替え工事などの管理も担う

信号通信指令
信号機や踏切などの電波や通信回線に関する機械の管理を行う。機械が故障した際にはその復旧の手配も担当する

施設指令
線路やトンネルといった鉄道に関する施設を保守する。自然災害などの際には線路の点検に関する指揮を執る

JR東日本の運輸区の役職

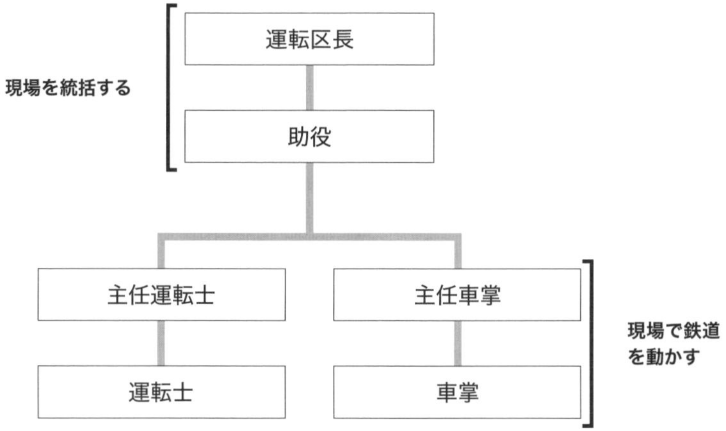

参照：『鉄道の百科事典』（丸善出版）

鉄道の正確性や安全性を保守

設備に関する部署

鉄道が正確に、安定して日々の運行を行うためには、車両や各設備をいたわることが必要です。設備に関する部署は、そのための保全や車両導入の計画、保線、電力などをどうするかを検討します。

車両・施設・電気に分かれる設備部門

鉄道の設備部門は、車両と施設、電化区間なら電気の部門があります。設備を保全する部門がどの部署にもあり、車両ならばどんな車両を導入するかを決める計画部門、施設部門ならば土木や建築、保線などの部門があります。また、電気部門には、電力をどうするかといったことに関する部門もあります。

また、それぞれの部門には現場を担う地域部門があり、そこが日々の鉄道運行を維持していくために尽力しています。

計画と実行に分かれる

鉄道の設備部門では、「どんな新しい設備を導入するか」「どのように設備を改善していくか」に関する部門と、「どのように現状の設備を維持していくか」に関する部門に分かれています。現状の改善と維持、どちらも考える必要があるのです。

どんな車両を導入するか、新しい駅をどう作るか、線路の改良工事をどう実施するか、時間帯や季節に合わせた電力をどう確保するか、といった課題を検討し、実行に移すために働いている人たちがいます。また、鉄道を走らせるために車両を修繕し、保線作業をし、架線がすり減っていないかどうかをチェックする人たちもいます。

車両部門・施設部門・電気部門とも、計画を立てる人と、現場の人たちがそれぞれやりとりする中で、安全でよりよい鉄道運行を行うべく、設備を維持管理し、よりよいものに改善していこうとしています。これらは駅の利用者から注目されることは少ない部分かもしれませんが、鉄道が正確・安定・安全に運行するために重要な存在です。

JR東日本のメンテナンス系統の役職

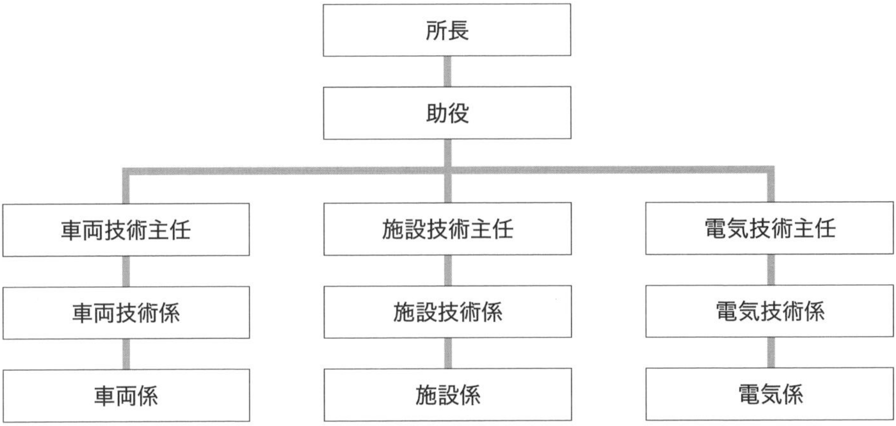

参照：『鉄道の百科事典』（丸善出版）

設備に関する業務の例

- 車両の導入を検討する
- 新駅の建設について検討する
- 時間帯や季節に合わせて電力を確保する
- 線路の改良工事を実施する
- 車両を修繕する
- 保線作業を行う
- 架線のチェックを行う　など

東急電鉄の設備部門

車両部

- 車両総合事務所
- 車両保全課
- 車両計画課

電気部

- プロジェクト推進課
- 設備保全課
- 電気計画課

工務部

- 工事事務所
- 設備プロジェクト課
- 用地課
- 施設課
- 土木課
- 保線課
- 施設保全課

出所：東急電鉄ホームページ

Chapter6
07

駅・サービス周辺に関する部署

駅は、鉄道そのものの諸部門でもっとも一般の利用者に接する部門です。駅長を中心にピラミッド型の構造になっています。ただし、「駅長」が各駅に必ずいるとは限りません。

駅長は複数の駅をたばねる

無人駅
駅員が常駐しない駅のこと。インターホンがあり（ない場合もある）、有事の際には別の駅の係員を呼ぶことができる。

委託駅
切符の販売や窓口対応などの駅業務を、鉄道事業者以外の会社に委託している駅のこと。

無人駅を除けばどの駅にも「駅長」がいる、と思う人も多いかもしれません。しかし、実際は有人駅であっても主要駅ではない駅については駅長を配置していない体制になっています。その場合、駅長がいる駅を「管理駅」、駅長がいない駅を「被管理駅」といいます。被管理駅の場合、助役がその駅のトップであることもあります。

また、鉄道会社の正規社員が駅業務を行う駅のことは「直営駅」といいます。直営駅は、委託駅や無人駅などを管理している場合も多いです。

複数の仕事がある駅

鉄道に関することはかなりの程度で集中管理できているとはいえ、現場に人がいないと対応できないこともあるのも事実です。駅には人手が必要なさまざまな業務が存在します。

まず、一般の鉄道利用者がもっともよく接するのは、駅の窓口の担当者でしょう。自動改札やチケットレスサービスが普及したといえども、まだまだ窓口を必要とするケースは多いです。駅を利用する際、「みどりの窓口」や私鉄などの定期券窓口に列ができている場面を目にすることも少なくないでしょう。

また、乗客の案内のために有人の改札を残していることも多いです。この場合、交通系ICカード関連のトラブルなどに対応するのが主な仕事となります。

そして、駅のホームに立つ、あるいはモニターを確認してホームが危険な状態ではないかを確認する係員の存在も大きいです。混雑時の輸送の安定を図るうえで重要な役割を果たしています。

JR東日本の駅系統の役職

主要駅以外は駅長は常駐せず、駅によっては助役がトップを務める場合もあります

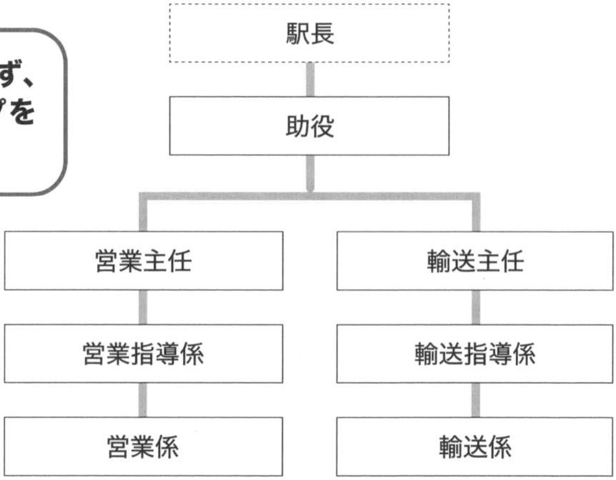

参照：『鉄道の百科事典』（丸善出版）

駅での業務の例

窓口対応

定期券や指定券の販売や、切符の変更・払い戻しなどを行う

改札での対応

交通系ICカード関連のトラブルなどに対応する

ホームの確認

ホームに危険がないかを確認し、混雑時の輸送の安定を図る

駅（現場）での対応が必要になる場面も多く、さまざまな仕事があります

会社ごとにスタンスが異なる

技術開発に関する部署

現場の声を聴きながら、本社が中心となって技術開発が進められます。技術開発に関する部署が本社にあるのか外部にあるのか、それは会社によって異なります。

「技術本部」を設けるJR東海

鉄道会社における技術開発は、現場の意見を取り入れながら、本社の関係部署が中心になり、車両メーカーなどの協力会社とともに進められます。

JR東海における技術開発では、主要事業である新幹線だけでなく、在来線の車両開発も進められ、優れた成果を挙げています。本社に総合技術本部という部署があり、車両開発のほか、保線や電気、メンテナンス関連の省力化などにも力を入れています。本社内に位置付けられる部署ですが、具体的な技術開発は研究施設で行われます。車両性能の向上や安全で安定した輸送の確保など、鉄道の技術開発に関することを会社全体で推進するための部署といえます。

またJR東海の中央新幹線推進本部では、リニア中央新幹線に関する技術開発も行われており、リニア中央新幹線実現のために日々技術の向上を目指しています。

附属機関にするも未来を考えるJR東日本

JR東日本では、技術開発を「JR東日本研究開発センター」という附属機関で行っています。この組織では、現場ですぐに役立つ技術を開発するというより、近未来を見据えてJR東日本に役立つ技術を開発していくというスタンスで技術開発を行っています。IoTやビッグデータ、AIなどを活用し、「モビリティ革命」を実現しようというのがこの組織の考えです。

新しい技術を使い、未来の鉄道ビジネスをいかに向上させるかが、この組織の使命だと考えられます。

IoT
「Internet of Things（モノのインターネット）」の略称。パソコンやスマートフォン、さらには家電や自動車など、周囲にあるあらゆるモノがインターネットにつながるしくみや技術のこと。

JR東海における研究開発のサイクル

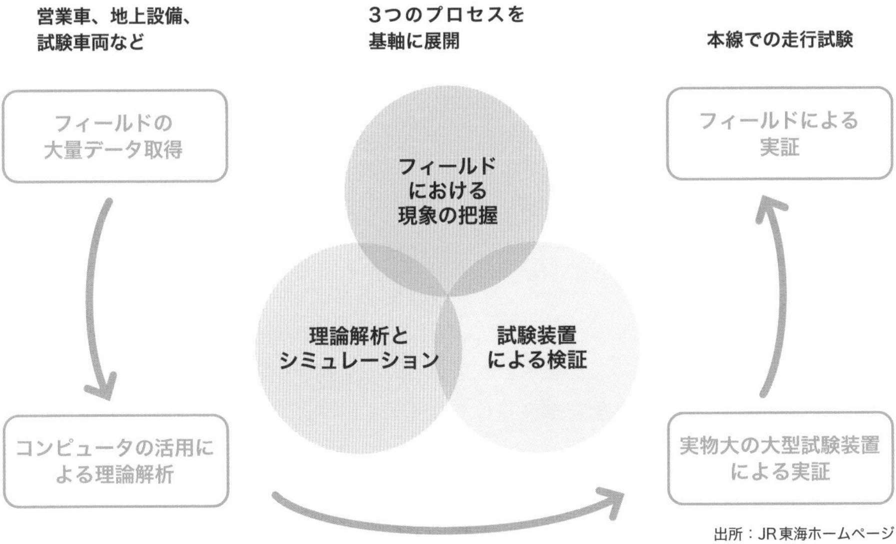

出所：JR東海ホームページ

**安全的かつ安定的な輸送につながる
技術開発を行っています**

JR東日本研究開発センターの研究テーマ

危険の予測・リスクの最小化

・「安全・安定輸送のレベルアップ」を最重点に据えて、関係設備の強化や研究開発の推進を実施する
・ITSやロボット、ヒューマンファクターなどの技術を組み合わせた「究極の安全」の実現をめざす

利用者への価値の提供

・リアルタイムな情報を提供する
・ニーズに合わせたサポートや情報提供によって「Now(今だけ), Here(ここだけ), Me(私だけ)」の価値の提供をめざす

将来を見据えた仕事のしくみ作り

・生産年齢人口の減少を見据えて、効率的なメンテナンスを実現・実用化する
・自動運転技術やAIによる業務支援などを推進する

鉄道エネルギーマネジメントの確立

・自社のエネルギーネットワークと再生可能エネルギー、省エネ・蓄エネ技術を組み合わせることで、鉄道事業におけるエネルギー使用量を抑える

Chapter6
09

駅から近い立地を有効活用

流通・サービスなどに関する部署・子会社

鉄道会社は、鉄道だけではなくその周辺も事業領域にしています。とくに私鉄は周辺事業に強みを持つ会社も多く、百貨店やスーパーマーケットなどを展開しています。近年はJRもこの分野に力を入れるようになりました。

百貨店やスーパー、飲食を展開している私鉄

多くの私鉄では、グループ内で百貨店やスーパーマーケットを展開しています。たとえば京王電鉄では、新宿と聖蹟桜ヶ丘に京王百貨店を構えるほか、沿線の各地に京王ストアがあります。

また東急グループの東急ストアのように、東急電鉄のエリア外にも店舗を構え、幅広い地域で営業を展開しているケースもあります。

このように、百貨店やスーパーを“鉄道沿線での生活に欠かせないもの”として、私鉄各社は重視しています。

また、飲食にも力を入れているのが私鉄の特徴です。カフェやそば、カレーといった飲食チェーン店を鉄道会社系列が設けて、駅構内に店舗を構えるケースも多いです（206ページ参照）。

エキナカと駅ビルに力を入れるJR東日本

JR東日本は、鉄道事業だけではなく、エキナカでの物販や、駅ビルなどの商業施設に力を入れています。

駅弁や駅売店は子会社が担っており、その他の駅売店もJR東日本の系列会社が経営しています。また、エキナカでは多種多様な飲食店が展開されています。この中には、エキナカにしかない飲食チェーンも多数あります。

ルミネやアトレといった駅ビル事業も、JR東日本の重要な経営の柱です。これらは駅から近いという立地を生かしたビジネスとなっています。JR東日本はこれらのビルに、スーパーやファッションショップ、雑貨店、書店などをテナントとして入居させています。

鉄道会社グループが運営する商業施設・飲食店の例

京王百貨店

- 京王百貨店(京王グループ)が運営する百貨店
- 新宿と聖蹟桜ヶ丘に店舗がある
- 沿線の各地には「京王ストア」を構える

しぶそば

- 東急グルメフロント(東急グループ)が運営する立ち食いそば屋
- 東急線沿線を中心としてエキナカや駅チカに展開する

とくに私鉄は飲食店に力を入れています

JR東日本の駅ビル

ルミネ

- 新宿、有楽町、北千住などに展開
- 大型の駅に設置されていることが多い
- 20～30代の女性をメインターゲットとしている

アトレ

- 恵比寿、目黒、秋葉原などに展開
- ルミネと比較すると小規模の駅に多く見られる
- 地域密着型で、店舗の特色も地域によって異なる

いずれもスーパーやファッションショップ、雑貨店、書店などのテナントが入居している駅ビルで、交通利便性を強みにしている

Chapter6

10

ホテル事業に注目が集まる

不動産・ホテルに関する部署・子会社

鉄道会社、とくに私鉄は以前から不動産を鉄道に並ぶ経営の柱としてきました。住宅地の分譲だけではなく、オフィスビルの開発や、さらにはまちづくりまで手がけています。

不動産開発は私鉄の王道

宅地の開発にあわせて鉄道路線を敷く、というのは沿線ビジネスの王道です。このモデルを開発したのは、阪急グループの創業者・小林一三です。

小林は阪急のもととなる箕面有馬電気軌道を創業する際に、沿線の土地開発を同時に行いました。また、店舗などの整備も行います。

そして、このモデルを関東に持ち込んだのが東急の実質的創業者・五島慶太です。五島も鉄道事業と同時に沿線開発を行い、また乗客確保のために学校の誘致も行いました。

東急は戦後になって多摩田園都市の開発を行い、地域づくりをまるごと担うことで優れた住宅地となりました。近年では渋谷の再開発に力を入れ、新しく建設された高層ビルにはIT系の企業が多く入居しています。

JR東日本でも、近年は品川周辺の再開発を実施し、職住近接のエリアを作ろうとしています。

沿線の内外にホテルを作る鉄道会社

近年、私鉄系のビジネスホテルが沿線外に開業するケースが増えています。とりわけ相鉄系、京王系、西鉄系が顕著です。また、JR九州が東京にホテルを建てるといったこともあります。また、エリア内にシティホテルやビジネスホテルを展開するという事業も、JRを中心に積極的に行われています。

このように、鉄道業界ではホテル事業の展開に期待が寄せられています。

シティホテル
市街地にある大型ホテルのこと。飲食店や宴会場が併設されてる点、スパやエステといったサービスが充実している点が特徴。

ビジネスホテル
主にビジネストリップ（出張）のために利用されるホテル。交通の便がよい立地で、宿泊料金も比較的安価であることが多い。

小林一三が確立した鉄道ビジネスモデル

鉄道を開発
↓
沿線の土地を安く購入
↓
駅に商業施設を開発
↓
沿線の土地を分譲し、家を販売
↓
都市開発の成功

鉄道会社のホテル事業

相鉄ホテルズ	・相鉄ホテルマネジメント（相鉄グループ）が運営 ・5つのブランドを展開し、全国各地に80以上の施設を構える ・ICTを活用した先進的なサービスを提供する
京王プラザホテル	・京王プラザホテル（京王グループ）が運営 ・新宿を中心に八王子にも施設を構える ・新宿には規模の異なる33の宴会場を備える
西鉄ホテル	・西鉄ホテルズ（西鉄グループ）が運営 ・九州を中心に全国に展開している ・国内だけでなく韓国、タイ、台湾にも施設を構える

MEMO

ホテル事業が提供する「2つの価値」

ホテルを運営する鉄道会社は少なくありません。JR東日本もその1つであり、ホテル事業を直営展開するメリットとして「時間価値」と「体験価値」を挙げています。駅から近い、もしくは直結しているため利便性が高く、また運営力でも高い顧客満足度を有するとして、こういった点などをホテル事業を展開する際の強みとしています。

Chapter6 11

SuicaとPASMOが台頭

ICカード乗車券事業などに関する部署・子会社

鉄道各社では現在、チケットレスを推進しています。その中で、交通系ICカードに関する事業は、大きな位置を占めています。また、そのための企業も設けられています。

Suica事業は経営の第三の柱

JR東日本では、交通系ICカードSuicaを鉄道事業、生活サービス事業に並ぶ、第三の経営の柱として位置付けています。Suica関連業務はマーケティング本部で進められ、JR東日本の企業戦略と連携させながら、重要な役割を担っています。

また、Suicaはクレジットカード事業とも関連しており、とりわけ関連が深いものとしては**ビューカード**という子会社が挙げられます。ビューカードは、鉄道系カード会社で唯一国際ブランドと直接ネットワークを結んでいます。2024年5月からは親会社のJR東日本とともに駅のATM網を活用した金融サービス「**JRE BANK**」を開始しています。

ビューカード
JR東日本グループの会社。同名のクレジットカードはSuica一体型で、Suicaへのチャージや駅ビルでの買い物でポイントを貯めることができるというメリットがある。

JRE BANK
楽天銀行のプラットフォームを利用した銀行代理業。銀行代理業とは、銀行法の許可を受けた法人や個人が、銀行からの委託によって預金の受け入れや融資、為替などの銀行業務にあたること。

PASMO協議会と株式会社PASMO

ただ、その他の私鉄などが、JR東日本のように自前で交通系ICカードとクレジットカードを持てる規模にはありません。

そこで交通系ICカードについては、共通のプラットフォーム団体を設立して運用するのが一般的です。たとえば首都圏の私鉄などで利用されるPASMOは、意思決定機関としてPASMO協議会があり、その運用業務を株式会社パスモに付託する形態をとっています。

そのほかにも、関西の「スルッとKANSAI協議会」のように、各地域の私鉄・地下鉄は共通の交通系ICカードを作るための企業や団体を設けています。

一方で、旅客輸送を担うJRはJR四国を除き、それぞれが独自の交通系ICカードを発行しています。JR北海道の「Kitaca（キタカ）」や、JR西日本の「ICOCA（イコカ）」がその例です。

交通系ICカードの例

	読み方	発行	使用可能エリア
Suica	スイカ	JR東日本	首都圏
PASMO	パスモ	パスモ	首都圏
Kitaca	キタカ	JR北海道	札幌圏
ICOCA	イコカ	JR西日本	JR西日本、JR四国
manaca	マナカ	エムアイシー・名古屋交通開発機構	名鉄、名古屋市営地下鉄など
PiTaPa	ピタパ	スルッとKANSAI	関西の私鉄・地下鉄
TOICA	トイカ	JR東海	東海エリア
SUGOCA	スゴカ	JR九州	九州全域
はやかけん	—	福岡市地下鉄	福岡市地下鉄

→ 全国で相互利用が可能

ほかにも札幌市交通局の「SAPICA（サピカ）」、富山地方鉄道の「ecomyca（えこまいか）」など、独自のICカードを発行する地方鉄道もあります

ICカードのモバイル化

ICカードをスマートフォンに登録すると「モバイルSuica」や「モバイルPASMO」を利用することができる

出所：PASMOホームページ

MEMO

半導体不足によってICカードの発行中止が発生

2023年6月から無記名のSuica・PASMOの発行が一時中止され、さらにその2カ月後の8月からは記名式のSuica・PASMOも発行中止期間に入りました。これは、ICカードに使用する半導体不足の影響によるものです。半導体は今後も慢性的に不足するという見方もあります。一方、モバイルSuicaやモバイルPASMOはスマートフォンのFeliCa機能を使用するため、今後SuicaやPASMOを新規に利用する際にはより重宝されるでしょう。

Chapter6
12

鉄道運行に関わるグループ会社

鉄道会社では、関連事業だけではなく、鉄道事業に関係することも分社化しています。これらの会社に業務委託することでコストを削減できるだけではなく、業務に専念できるような形になります。

メンテナンス作業の子会社化

鉄道各社では、保線や設備関連、その他の業務を子会社に委託し、実務を担わせています。鉄道各社の有価証券報告書を見ると、「連結子会社」や「持分法適用関連会社」としてこれらの会社名が並んでいます。

たとえばJR東日本では、グループ内に土木および軌道工事を担う「ユニオン建設」、電気・通信関連を担う「日本電設工業」、土木・建築・軌道工事を行う「東鉄工業」などといった会社があります。

軌道工事
線路の保守・メンテナンスのために実施する工事のこと。レールや枕木の交換、レール下の敷石の補修などの業務がある。

鉄道営業関連も子会社化

また、鉄道サービスに関する業務についても、子会社を設立し、実務を担わせています。

鉄道サービスを行う子会社として、車内販売を行う会社や、新幹線や特急の折り返しの際に行われる車内清掃の業務を担う会社などがあり、こういった会社は各地に作られています。

さらには、駅での鉄道業務に関することも、子会社化が進んでいます。たとえば鉄道会社が駅の業務などを専門に委託する会社を作り、駅の改札や窓口の職員はそれらの会社の人たちが担っているというケースも多く見受けられます。

なお、鉄道会社によっては、一定の経験年数を経た子会社社員を運転士や車掌などの乗務員に登用する際に、親会社である鉄道会社に転籍させるといった人事制度を採用しているケースもあります。

ユニオン建設における組織図

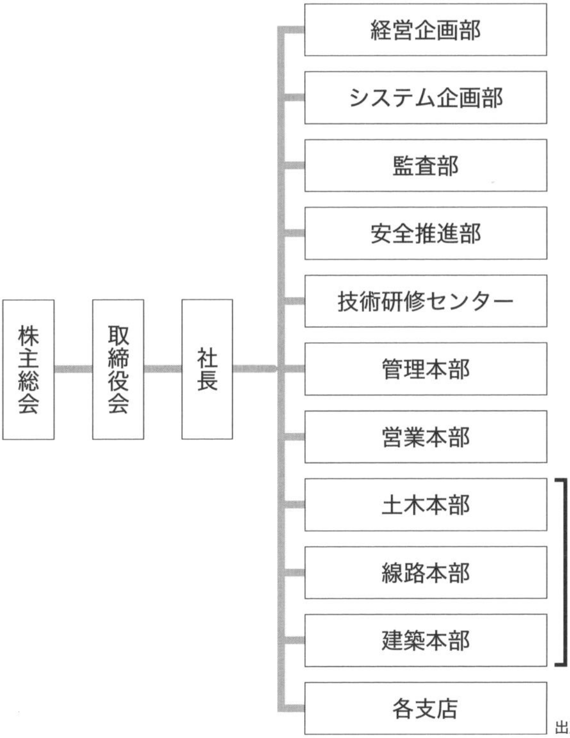

JR東日本の保線や設備関連などの業務委託を受け、メンテナンスに関する実務を担っている

出所：ユニオン建設ホームページより一部抜粋

東武鉄道のサービス業務

東武ステーションサービス

・駅業務や駅構内の営業、広告、駐車場管理など、駅に関する事業を担う
・駅を有効活用し、サービスと収益の向上を図る

東武商事

・日光・鬼怒川エリアの駅構内でご当地商品を販売する
・日光・鬼怒川エリアを走る「SL大樹」などで車内販売を行う

COLUMN 6

複合ビジネス化する鉄道グループ

阪急・東急が作ったビジネスモデル

鉄道会社は、鉄道だけではなく複合ビジネスを行う組織になっています。あくまで鉄道を主としつつも、その他の事業を系列内で多角的に展開し、沿線の人たちから利益を得るという形になっています。

鉄道を中心とした複合ビジネスというビジネスモデルの祖は阪急グループの創始者・小林一三であり、それを関東に持ち込んだのは東急の実質的創業者・五島慶太です（156ページ参照）。鉄道を作り、宅地開発をし、商業施設を設けるというビジネスモデルは、私鉄に始まるものです。

関東や関西の多くの私鉄沿線では、その鉄道グループが提供するサービスによって、快適な住環境となる傾向がありました。

一方、国鉄でも駅ビルに商業施設などを導入していましたが、主たる仕事は鉄道を安全かつ正確に運行することという考え方で、その他のビジネスへの展開に積極的ではありませんでした。なお、私鉄の方が幅広くビジネスを展開していましたが、私鉄にとっても主たる仕事は安全で正確な運行であることはいうまでもありません。

かつては鉄道運行に多くの人が必要であり、国鉄はそのための人員を内部で抱えていたのです。

JRになってからビジネス展開を充実

1987年4月に国鉄がJR各社になり、分割民営化されました。そこで、利益を生むことを求められるようになりました。

JR初期に手がけたビジネスには、失敗したものも多いです。しかし、これらの経験を糧にして、さまざまなビジネスを展開しています。

その証明となるのがJR系列の多くの会社です。駅ビル事業や広告代理店業、飲食業、ホテル業、クレジットカード業など、JR関連には多くの子会社があります。

これらの複合ビジネスをまとめつつ、鉄道を運行するというのが、現在のJRであるといえるでしょう。

第7章

鉄道業界の社員・協力企業

鉄道が走るためには、さまざまな社員や企業の力が必要です。現場で電車を操縦する人、ホームを整備する人、指令室で働く人、設備を保守する人、列車を製造する人など、たくさんの仕事によって鉄道が成り立っています。

Chapter7 01

安全な運行と利用者の利便性を守る

列車運行に関わる人・会社

「鉄道会社の人」としてもっともイメージしやすいのは、列車運行に関わる人たちでしょう。運転士や車掌といった、ふだん電車を利用する際にも目にする機会の多い人たちです。

列車は“人が動かす”のが基本

鉄道において、運転士は列車の操縦、車掌は発進・停止の信号確認や乗客への案内・誘導といった業務を担当します。いずれも列車に乗務しており、鉄道の運行において重要な存在です。

新交通システムを除く鉄道は、運転士が運転台に座って列車を操縦します。このように、近年では自動運転の研究も進められています。そのためGoA2.5（225ページ参照）以上であれば運転士が乗務する必要はありませんが、目視運転を行うGoA0などでは運転台に人がいる必要があり、その場合、運転士は鉄道運行に欠かせない存在となります。

運転士は、路線の状況や鉄道の利用状況を見ながらダイヤに合うように運転し、何かあったら対応しなくてはなりません。

運転士は列車の要であり、国が認めた基準に合致しないと免許を取得できない仕事です。

車掌の仕事は鉄道事業に大きく寄与する

> **ワンマン運転**
> 車掌が乗車せずに、運転士や車掌が1人で列車やバスを運行する方法。

地方では、以前から**ワンマン運転**が進められてきました。ワンマン運転の場合は運転士が停車時に運賃収受などの確認を行い、車掌としての役割も果たしています。こういった路線は利用が少なく、また定期客が中心であることが特徴です。

一方、ホームドアの完備などで環境が整った近年では、都市部でもワンマン運転が見られるようになりました。それでも、多くの路線には車掌が乗務しています。ドアの開閉などの際の安全管理や、乗客への対応、列車によっては自由席特急券の販売など、安全や営業の観点において大切な存在であるためです。

列車を動かす仕事

運転士

列車の操縦を行う。新交通システムでも、運転台にいる場合がある

車掌

列車の発進・停止の信号確認を行う。乗客への案内・誘導も担当する

ワンマン列車の場合の運転士・車掌の仕事

運転士の仕事

ワンマン列車では一部車掌としての役割も果たす

・列車の操縦
・停車時に運賃収受などの確認

車掌の仕事

列車には乗務しない

・ホームの安全確認
・ホームなどでの乗客への対応

西新井駅〜大師前駅を結ぶ大師線（東武鉄道）。約1㎞で、2003年からワンマン運転を行う

MEMO

鉄道を運転するために

鉄道の運転士になるには、「動力車操縦者運転免許」という免許が必要です。年に2回、各養成所や地方運輸局で実施され、鉄道会社に就職したあとに取得をめざすことになります。試験は、身体検査、適性検査、筆記試験、実技試験の4科目です。この免許は、列車の種類によって全12タイプに分けられています。その中で、普通列車や特急列車、モノレールなどを運転できる「甲種電気車運転免許」を持っている人がもっとも多いとされています。

Chapter7
02

運行システムに関わる人・会社

信号などで管理されながら、鉄道は運行しています。この管理を集中的に行う指令室には、過去に運転士や車掌として経験を積んだ人たちが勤務しており、事故などのトラブルが発生した際に活躍します。

シンプルなシステムから集中管理へ

鉄道は線路の上を走っており、自動車のようには自由な動きが取れない乗り物です。単線の鉄道では、正面衝突を起こしてはいけません。複線の鉄道でも、追突させてはなりません。事故を防ぐためには列車の管理が必要なため、信号で1区間に1列車というしくみが作られました。

以前は、信号の管理は駅で行われていました。しかし現在では、司令室で集中的に管理するようになっています。

その最たる例が、JR東日本の東京総合指令室です。ここでは、首都圏全体の在来線輸送を管理し、相互乗り入れの地下鉄などとも連携し、また各私鉄ともやりとりをしながら、鉄道の運行状況を見ています。指令室は、事故や列車の遅延といった各種トラブルが生じた際に、非常に忙しくなります。

なお、こういった場所で働くのは、原則として運転士や車掌などを経験し、鉄道の走っている現場の状況を熟知している人たちです。自身が現場にいたときの経験を生かして、的確に状況を整理しています。

単線
上下列車が1つの線路を共用して走る区間のこと。線路の整備や用地の確保といったコストを削減でき、運行本数の少ない路線で利用される。

複線
上下列車がそれぞれの線路で走る区間のこと。

新幹線は当初から集中管理

新幹線は、登場した当初から列車集中制御装置（CTC）が導入されています。

東海道新幹線と山陽新幹線、九州新幹線の一部では、東京と大阪に運転指令所があり、ふだんは東京で列車運行を指揮し、何かあった際のバックアップで大阪が使用されるようになっています。JR東海・JR西日本・JR九州で働く人たちが同じ指令所に詰め、仕事をしています。

CTC
「Centralized Traffic Control」の略称。特定の駅に設けた列車制御所または運転指令所が、各駅で行っていた列車発着を指示する信号、ポイント切り換え、列車位置表示などの業務をまとめ、列車運行を集中管理・制御するシステムのこと。

JR東日本東京総合指令室の仕事

- 事故や遅延などが生じた際に列車や駅に指示を出す
- 相互乗り入れの地下鉄などと連携する
- 私鉄とやりとりを行う　など

首都圏全体の在来線輸送を管理しています

事故発生時の指令室の動きの例

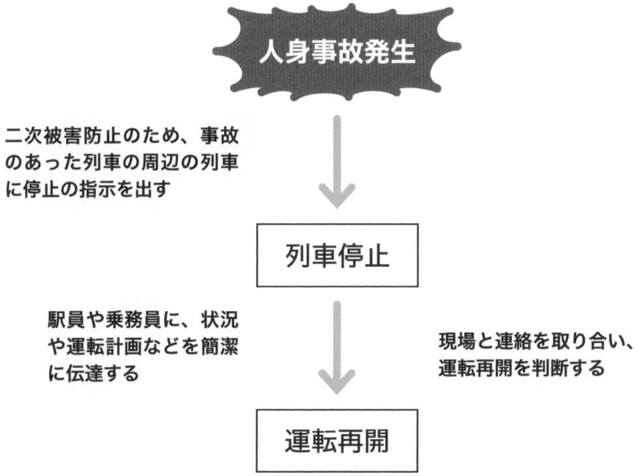

短時間で運転再開できるかどうか、指令室にかかっています

MEMO

秘密に包まれた指令室

JR東日本東京総合指令室は、取材などが許可されることはきわめて稀です。加えて所在地も公表されておらず「都内某所」となっています。さらに、JR東日本の社員でさえ、限られた人しか入ることができません。この指令室はいわば首都圏の列車運行の心臓ともいえる場所。そのため、高いセキュリティで守られているのです。

Chapter7
03

ホームの安全を守る

駅で列車運行に関わる人・会社

駅構内の信号やポイント切り替えが駅で行われることは少なくなりました。しかし、ホーム上の整理や落下物への対応のような駅の安全を見守る仕事は、駅員にしかできないことです。

駅員と協力会社

駅で列車運行の安全に関わるのは、まずは駅員です。多くの仕事を受け持ち、その中でホームの安全確保などといったことも行っています。

ラッシュ時にはホームに立ち、乗客の整理や、ホーム上の安全確認などを行います。

大きな駅ではふだんからホームに駅員がおり、安全のために見守りを実施しています。また、ホーム上の落下物への対応も駅員が行います。

また、利用者が少ない場合でも、急カーブ上にあるといったような事故のリスクが高い駅には、常に駅員がホームにおり、監視用のボックスなどが備えられていることも多いです。

ほかにも、鉄道会社ではなくその子会社に所属している駅員もいます（182ページ参照）。なお、駅の安全確保のために警備などをする協力会社もあり、こちらで働いている人もいます。

ラッシュ時にはアルバイト駅員もいる

以前よりは少なくなりましたが、ラッシュ時などの対応のために、ホームの混雑を整理するアルバイトの駅員というのもいます。

大都市圏の駅は、**朝のラッシュ時**に多くの人が利用します。そういった場合、駅員がホームに常駐する必要はない一方で、ラッシュ時だけホームにいる乗客を整理するための人員が必要なのです。そのために鉄道会社は、大学生などのアルバイトを雇っています。なお、鉄道会社の職員にはこのアルバイトを経験したことがある人も少なくありません。

朝のラッシュ時
会社や学校が始まる前の、電車の利用者が多くなる時間帯。駅により異なるが、一般的に、通勤・通学ラッシュの時間帯は7時30分～9時頃とされている。

ホーム上での駅員の仕事

- 安全確認
- 乗客の整理
- 落下物の対応　など

駅の安全確保のために警備員を配置する場合もあります

ホームに駅員が常駐するケース

・利用者が多く、大きい駅
・急カーブ上にあるなどの理由で事故のリスクが高い駅

駅員の常駐する監視用のボックスが設けられていることもある

特定の時間のみ見守りが必要なケース

・大都市圏の駅の、朝のラッシュ時

駅員が常駐の必要はないが混雑整理が必要

↓

大学生などのアルバイトが混雑整理を行う

アルバイトを経験した大学生などが、鉄道会社に就職することも多い

MEMO

ホーム上の危険を利用者が駅員に知らせるシステム

駅にはさまざまな事故のリスクがありますが、すべての駅のホームに駅員が常駐しているわけではありません。駅員が近くにいないときに危険が生じたら、利用者は「非常停止ボタン」を使って列車の乗務員にホーム上で危険が起きていることを知らせることができます。また、「駅係員よびだしインターホン」などが設置されている場合、利用者が駅員と通話・呼び出しが可能です。

非常停止ボタン

Chapter7
04

駅サービスに関わる人・会社

駅員は運行関連の仕事をしながら、駅でのサービスのための仕事をしています。このあたりもかなり自動化されましたが、まだまだ人がやらないとどうにもならないことも多いです。

縮小されるも人はいる駅の窓口

駅員の仕事として、前節でホームの安全保守を紹介しました。ほかに、サービスのための仕事もあります。主要な駅には、特急券売り場や定期券売り場、JRの駅であれば「みどりの窓口」など、切符を売るための窓口があります。窓口では特急券や長距離乗車券、定期券などを販売しており、駅員が対応しています。

自動化が進む現代では、窓口の役割はたいてい券売機に置き換えられています。しかし、窓口でしか買えない切符を買い求めたり、また券売機の操作に不慣れな人が窓口での購入を求めたり、ということで窓口には列ができていることも多いです。とくに、JR東日本の「みどりの窓口」は、多くの人が並んでいることで知られています。

話せる指定席券売機
受話器が付いており、コールセンターのオペレーターと会話をしながら切符を購入できる券売機のこと。

窓口のかわりに**話せる指定席券売機**を設けているケースもあります。コールセンターのオペレーターが行うのは駅の窓口と同じような対応であるため、一種の窓口業務ととらえることができます。つまり、駅員はオペレーターに窓口業務を任せることができるということです。

青春18きっぷ
全国のJRの快速・普通列車の普通車自由席、BRT（バス高速輸送システム）、JR西日本宮島フェリーに1日自由に乗車・乗船できる切符（174ページ参照）。利用の際は窓口で日付印を押す必要がある。年齢を問わず利用可能。

自動改札でも有人の箇所はある

現代では多くの地域で自動改札が普及していますが、有人の改札は残っています。「**青春18きっぷ**」などのように改札で日付を入れてもらう必要がある切符や、精算機で対応できない切符や整理券の対応、交通系ICカードの不具合への対応、車いすなどを使用している人への対応など、人でなければならないことは多くあるためです。ただ、有人改札がある駅でも、改札によっては人が常駐していないこともあります。

有人の窓口・改札で行われる業務

- 窓口でしか買えない切符の販売
- 特急券や定期券などの販売
- 「青春18きっぷ」などの切符に日付を入れる
- 交通系ICカードの不具合への対応
- 車いす利用者への対応　など

話せる指定席券売機でできること

指定席購入
座席表を見て好きな座席のチケットを購入することができる

定期券の購入
使用開始の14日前から定期券を購入することができる

割引切符の購入
「大人の休日倶楽部」に加入している場合、会員専用の割引切符を購入することができる

呼び出し
受話器もしくはマイクとスピーカーを使ってオペレーターを呼び出し、遠隔で案内・発券してもらうことができる

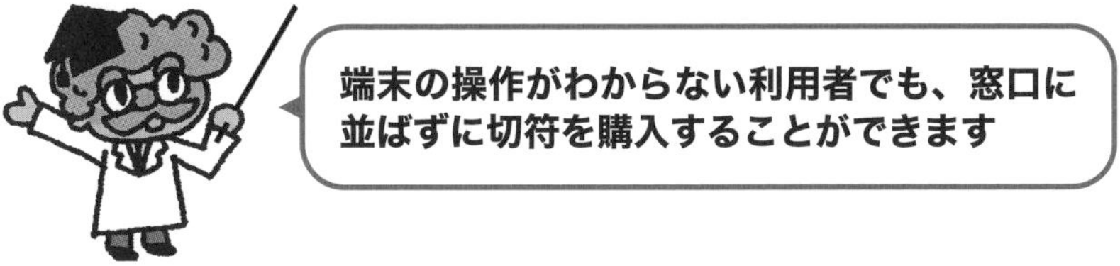

MEMO

受話器を探そう

画面の左側に受話器が付いている券売機が、「話せる指定席券売機」の大きな特徴です。一般的な指定席券売機の近くに設置されているので、利用の際は受話器の有無で見分けましょう。なお、「話せる指定席券売機」はJR東日本における名称で、JR西日本では「みどりの券売機プラス」と呼ばれます。

Chapter7
05

保全・設備に関わる人・会社

鉄道を走らせるには、車両や線路、電気（電車ならば）に関するメンテナンスを日々行う必要があります。駅利用者からは見ていないところにも、鉄道の安全で正確な運転のために仕事をする人がいます。

複数に分かれるメンテナンス部門

鉄道施設のメンテナンス部門は、「保線」「電気」「土木」「信号通信」という4つの系統に分かれています。それぞれを別々に管理している鉄道会社もあれば、1つの機関にまとめている鉄道会社もあります。

「保線」は、線路の状態を適切に保つための部署です。「電気」は、電車が走るために必要な設備を維持するための部署です。架線から変電所まで、鉄道の電気に関する仕事を行っています。「土木」は、トンネルや橋りょうといった構造物を担当します。「信号通信」は、安全に欠かせない信号や、列車内と指令所などを結ぶ通信設備のメンテナンスを行います。

ほかに、車両のメンテナンスを行う部門もあり、**車両基地**ではメンテナンス専門の場所が設けられています。また大がかりな車両工事となると、鉄道各社にある車両工場に持ち込まれ、そこで作業が行われます。

車両基地
使用しない車両を留意するための場所。「車庫」と呼ばれることもある。

鉄道会社と協力会社

メンテナンス部門では、鉄道会社本体だけではなく、協力会社も仕事をします。鉄道会社の子会社や、またメンテナンスを専門に請け負う会社が、協力会社として鉄道の維持・管理に関係する仕事をしています。

とりわけ近年は、協力会社に施設メンテナンスを依頼する傾向が強まっています。正しいメンテナンスのためには、鉄道会社と協力会社の緊密な連携が必要です。

部門別の仕事

保線

線路の状態を適切に保つ

電気

電車が走るために必要な設備を維持する

土木

トンネルや橋りょうといった構造物を維持する

信号通信

信号や通信設備のメンテナンスを行う

メンテナンス部門の1日のスケジュール

8：00	出勤・作業前ミーティング
8：30	現場に出発
9：00	徒歩での軌道巡回（不具合箇所の確認）
11：30	帰区・区内での報告
12：00	昼休憩
13：00	補修工具などの準備をして出発
13：30	軌道補修（砕石の突き固め・ボルト交換）
16：00	帰区・工具の片付け・作業後ミーティング
16：40	退社

出所：京成電鉄ホームページ

Chapter7 06

営業などに関わる人・会社

鉄道会社にとって、列車も「商品」です。商品を売るためには「営業」をしなくてはなりません。鉄道で「稼ぐ」ことを考えている人も、鉄道会社にはいるのです。

鉄道会社における営業

会社によって名称は異なりますが、鉄道会社にも「営業本部」など、営業に関する部署が存在します。鉄道会社における営業部署では、どんな列車を走らせるか、どんなサービスをするか、あるいはどんな割引サービスを行うか、ということを考え、実行に移しています。

また、新幹線などの車内サービスや観光列車の企画を考えたり、ダイヤ改正の際にはどのような列車を運行すればよいのかなど、ビジネスの側面から鉄道に関わっています。

観光キャンペーンの企画などもこの営業部門が担当しています。たとえば、JRグループによる「**デスティネーションキャンペーン**」では、地元自治体と協力体制をとり、鉄道を利用した観光振興などの施策を行っています。

デスティネーションキャンペーン
JRの旅客6社と指定された自治体などが共同で展開する観光キャンペーン。デスティネーション（Destination：目的地）とキャンペーン（Campaign：宣伝戦）の合成語で、「DC」「デスキャン」と呼ばれることもある。

各種割引サービスなども営業部門の管轄です。近年ではチケットレス化が進んでいますが、新幹線や特急のチケットレスサービスの設計も行っています。

国鉄時代から続く営業部の功績

各種企画切符の中でもで有名なものは「青春18きっぷ」でしょう。これは国鉄時代から続くもので、普通列車のみ乗り放題という形式が何十年にもわたって続いています。

青春18きっぷの企画には、のちにJR東海の社長を務めた須田寛氏が携わりました。須田氏は、鉄道の各種サービスの開発に力を注いてきた人物であり、国鉄時代から営業部門に長く関わっていました。過去に編み出された「営業」の手法が、現代に引き継がれているのです。

デスティネーションキャンペーンの例

京都

テーマ：「京の冬の旅」
開催期間：2023年1～3月
企画：非公開文化財の特別公開、歴史ある食の儀式「生間流式庖丁」の解説・鑑賞、「香盛」体験など

出所：京都市観光協会

福岡・大分

テーマ：「至福」「大吉」
開催期間：2024年4～6月
企画：期間限定のお得なフリー切符「福岡・大分ごほうびきっぷ」の販売、限定ビンゴラリーの開催など

出所：福岡・大分デスティネーションキャンペーン実行委員会

観光に関する企画も、営業部が行っています

MEMO

青春18きっぷの由来

青春18きっぷは、当初は青少年の長距離旅行をうながす目的で発売されたといいます。そのため、青少年や学生をイメージした「青春」と、その象徴的な年齢かつ「末広がりの8」にも通じる「18」を組み合わせた名称である、と須田寛氏によって説明されています。

Chapter7
07

低コストを叶えるしくみを形成

車両製造などに関わる人・会社

日本の鉄道での車両製造は、鉄道会社と車両メーカーの緊密なやりとりのうえで行われます。そのため、鉄道会社ごとにさまざまな車両が走っているという状態になっています。

鉄道会社の「車両部」と車両メーカー

鉄道会社には、社全体として車両を統括する「車両部」などの名称の部門があり、そこがどんな車両を導入したいかを考え、車両メーカーに発注を行います。

主な車両メーカーには、**総合車両製作所**、日本車輌製造、近畿車輛、川崎車両、日立製作所といった会社があります。この中には鉄道会社の資本が入っているところもあります。

総合車両製作所
JR東日本の完全子会社である鉄道車両メーカー。東急電鉄子会社であった東急車輛の事業譲渡を受け設立された。

車両メーカーは、鉄道会社に指示されたように車両を製造します。鉄道会社ごとに指示が異なるため、半ばオーダーメイドのような状態です。外国では車両メーカーは「規格品を作って売るだけ」の会社も多いですが、日本の車両メーカーは鉄道会社と緊密に関係を結びます。なお、大手の鉄道会社から発注を受けた際には、多くの編成を納入することになります。

メーカーの規格化が進む

一方、近年は車両メーカーが車両規格を独自に持ち、低コストで鉄道会社に提供することができるしくみができるようになりました。ドア数や車体長などをあらかじめ決めておき、車外や車内の意匠を鉄道会社の要望に沿ってアレンジすることで車両が作られます。その代表例が、総合車両製作所の「sustina（サスティナ）」であり、いわばパターンオーダーのように車両を作れるという状況になっています。

また、**気動車**では同じような規格の車両が作られ第三セクターなどに普及しており、似た車両が鉄道各社で見られます。

気動車
「内燃動車」の通称。内燃機関や蒸気機関といった熱機関を搭載して、自力で走行する車両のこと。

鉄道車両の製造工程

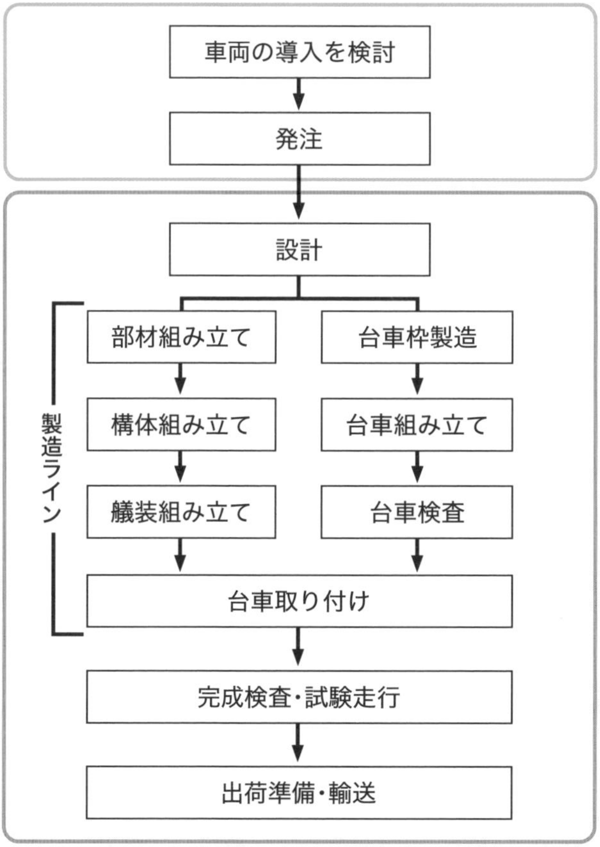

出所：日本車輌製造ホームページをもとに作成

「sutina」の例

東急電鉄	5050系5576号車
	2020系
	6020系
京王電鉄	5000系
JR東日本	E235系
	EV-E301系
静岡鉄道	A3000形

出所：総合車両製作所ホームページをもとに作成

Chapter7
08

駅や鉄道施設の建設に関わる人・会社

駅や鉄道施設の建設は、鉄道会社と建設会社の連携によって進められます。新線の建設では、鉄道ならではの精密さが要求され、また、改築などでは鉄道の運行の妨げになってはいけないのです。

鉄道会社には工事を統括する部署がある

会社ごとに名称は異なりますが、鉄道会社には「建設工事部」のような部署があります。主に大学で建築や土木を専攻した人が所属しており、この部門で働き続けることが多いです。

駅施設や線路などの工事の計画を立てる際は、こういった部署の人たちが関わります。たとえば駅の改築を行う際、鉄道運行の妨げにならないように建築を進める方法を考え、工事計画を立案します。新宿駅のように、利用者の多い駅の各地で大規模な工事が行われる場合、とくにこの計画が大切です。

加えて、工事を統括する役割も持ちます。工事は鉄道会社だけでできるわけではありません。関連会社をはじめとした多くの企業が関わっており、その中には、一般の建設・土木の会社もあります。

新線建設などを中心とする鉄道・運輸機構

「独立行政法人鉄道建設・運輸施設整備支援機構」という組織があります。通称「鉄道・運輸機構」と呼ばれ、整備新幹線を建設する際に一元的に工事を支えることが主な業務です。また、都市部の新線建設や、被災時の復旧に努める「**鉄道災害調査隊**」にも力を入れています。電気などに関する技術を有した人材もいます。

鉄道・運輸機構が多くの会社（一般の建設・土木その他の会社）と協力し、整備新幹線などの大規模プロジェクトをなしとげます。この組織があるために、長期的な視野にもとづく建設・土木工事が可能になっているのです。

鉄道災害調査隊
鉄道が被災した際に現地へ派遣され、助言や支援を行う組織。被災したローカル線は廃線となる場合もあるため、早急な対応によって復旧をめざす。

新宿駅で行われる工事の例

工事内容	概要
東西自由通路の整備	改札内通路を拡幅し、東口と西口を結ぶ
改札の移設	東口・西口の改札を自由通路に面する位置に変更
改札の改称	上記の移設に伴い「東口改札」を「東改札」、「西口改札」を「西改札」などに改札の名称を変更
エレベーターの増設	利用者増加を見込んで、地下改札内コンコースからホームへの24人乗りエレベーターを整備
東口駅前広場の整備	利用者増加を見込んで、歩行者空間を拡張。新たなランドマークとして、ルミネと共同で駅前広場にパブリックアートを用いた「賑わい空間」を創出

出所：JR東日本「新宿駅東西自由通路の供用開始および東口駅前広場の歩行者空間整備等について」

鉄道災害調査隊の実績

実施年月	派遣先	被災原因	調査後の活動
2023年6月	大井川鐵道大井川本線	令和4年台風15号とこれに伴う豪雨	復旧工事計画などの助言
2023年9月	いすみ鉄道	令和5年9月の台風13号とこれに伴う豪雨	復旧対策工などの提案
2023年9月	小湊鉄道	令和5年9月の台風13号とこれに伴う豪雨	復旧対策工などの提案
2023年10月	くま川鉄道	令和2年7月豪雨	復旧対策工などの提案
2024年1月	のと鉄道	令和6年能登半島地震	「調査報告」を現地で実施

出所：独立行政法人鉄道建設・運輸施設整備支援機構ホームページをもとに作成

COLUMN 7

企業間のネットワークと「鉄道業界」

ダイヤ改正が同じ日の理由とは？

企業間の結び付きと聞くと、資本関係という“縦のつながり”を思い浮かべるかもしれませんが、同業他社との結び付きという“横のつながり”も存在し、鉄道業界を形成するうえで重要な役割を果たしています。

その代表例が、毎年3月に行われるJRのダイヤ改正です。JR旅客6社と貨物は、路線接続や線路共用などの関係で、ダイヤ改正の日程を合わせる必要があります。国鉄民営化以降、JR各社は別々の会社として経営されていますが、ダイヤ改正をはじめとして足並みを揃える必要があることも多々あるのです。

そしてJR各社だけでなく、JRと相互乗り入れしている地下鉄、地下鉄と相互乗り入れしている私鉄、またJRから乗り入れがあるローカル私鉄や第三セクターなど、現在では相互乗り入れは当たり前のようにあるため、ダイヤ改正の日時を一致させる必要があります。

鉄道の運行だけ取り上げても、業界内の連携――つまり“横のつながり”が見て取れます。

企業間の連携と分業で鉄道業界は作られている

列車の運行についても、鉄道を走らせる会社、車両を製造する会社、線路のメンテナンスを行う会社と、多くの会社が関わっています。また駅で働く人についても、鉄道会社だけでなく、子会社や関連会社など多くの会社が関わっています。

通常、異なる会社が関わる場合は連携がうまくいかないことがありますが、鉄道業界は安全かつ正確な運行を行うという使命に対して真摯に取り組んでいます。

新線建設などのプロジェクトにおいても、高い技術力を持った建設会社・土木会社が、鉄道会社や協力会社と緻密な連携を取りながら、安全かつ正確に作業を進めています。

路線を建設し、列車を運行させるには、あるゆる企業間で連携を取りながら進められているのです。このことからも「鉄道業界」は鉄道会社だけではないことがわかります。

第8章

鉄道会社の採用・待遇・キャリアパス

鉄道会社では、新卒採用や中途採用が行われています。その中で運転に関する業務への就職を希望する場合、必ず適性検査が実施されることが特徴の１つといえるでしょう。入社後は、部門の中でキャリアアップしていったり、異動や転職が行われたりします。

Chapter8
01

鉄道会社の採用事情

鉄道業界は人気が高く、志望する学生や転職希望者は多数います。人気の業界ですが、鉄道会社に入るチャンスは意外とあります。職種によっては、人手不足のため採用されやすいこともあります。

新卒中心だが中途採用も少なくない

鉄道会社、とくに大手における総合職採用は、大卒かつ新卒が中心となります。高卒や専門学校卒を対象とする現業部門の採用でも、JR東海のように新卒または第二新卒のみ応募可能な会社もあります。このように、多くの大手鉄道会社は新卒採用を中心に人事計画を立てています。

しかし近年、その状況は変わってきました。原因は、人手不足です。とくに駅員や乗務員などの現業部門を中心に人員が足りない傾向があり、中途採用でこれらの職種を補うケースがあります。この場合、鉄道業界未経験者でも応募可能なことが多いです。

中小の私鉄や第三セクターでは、人手不足が常態化し、頻繁に募集をかけている会社もあります。JRや大手私鉄でも、一部を除いて中途採用を盛んに実施しています。最初は子会社での採用となるケースもありますが、勤務年数や乗務員登用の段階で本社正社員になることができ、その場合は待遇も向上します。

大事なのは適性検査

とりわけ運転に関わる現業部門の採用においては、**適性検査**に通らないことには採用されません。というのも、運転士になるには、国家試験（186ページ参照）のほか、国が指定する適性検査に合格する必要があるためです。乗務員の適性がない人がこの職に就くのは、難しいです。

反対に、総合職で鉄道以外の不動産や商業施設の運営をもっぱらとする仕事をするならば、適性などは大きな問題にはなりません。通常の会社員と同じような採用基準になります。

適性検査
筆記テストやWebテストなどで受験者の能力や性格を判定し、採用の際の判断材料にするもの。とりわけ鉄道においては「運転適性検査」が実施され、運転に関するさまざまな作業に対する適性が検査される。

JRの人員構成

JR東日本

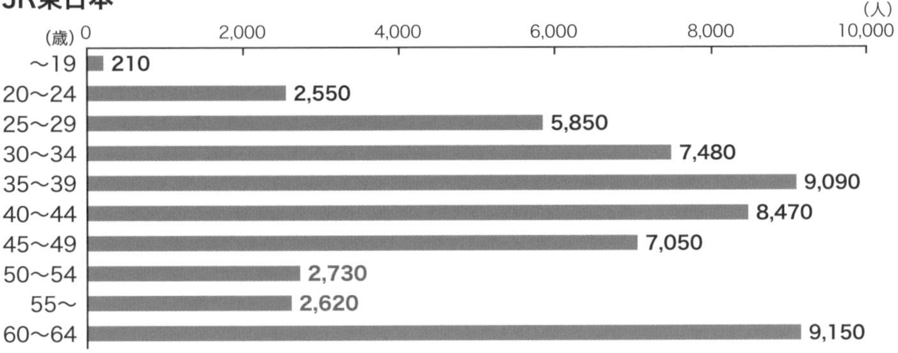

※60～64歳は定年再雇用者（エルダー社員）

出所：JR東日本「2023 FACT SHEETS」をもとに作成

JR西日本

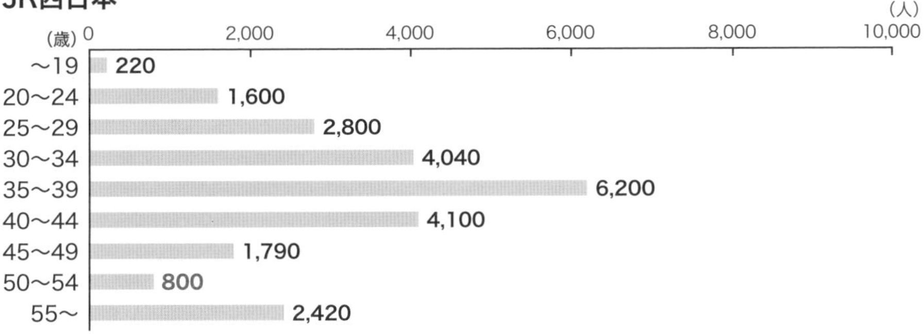

※1の位を四捨五入している

出所：JR西日本「データで見るJR西日本2023」をもとに作成

特定の年齢層が欠けており、人手を補うために中途採用が実施されることも多いです

MEMO

能力面と行動面の特徴を検査

鉄道業界の採用試験では、「内田クレペリン検査」がよく使用されます。これは日本で開発された心理検査で、「人が作業（行動）するときの能力」と「その能力を発揮するときの特徴」を測ることができるものです。なお、鉄道業界のほか、官公庁や医療法人、社会福祉法人などでも広く取り入れられています。

運転に関わる場合は適性検査が必須

鉄道会社の新卒採用ルート

一口に「鉄道会社に新卒で入る」といっても、どのような経路で入るかによって大きく異なります。大卒、専門学校卒、高卒によって異なり、また大卒でも文系・理系で違いがあります。

自由応募中心の大卒・専門学校卒採用

大学新卒で鉄道会社に入る場合、いわゆる「就活」と同じ方法で採用されます。総合職ではまず書類を出し（近年ではWebエントリーも多い）、筆記試験や面接などを経て内定となります。この際に、大卒総合職も乗務員を経験することになる鉄道会社では、運転適性検査（182ページ参照）を行います。

理系の場合は、大学で学んだことにより職種が決められることが多いです。とくに機械工学や土木工学、電気工学などを専攻した人は、それに関連する採用枠を受けることになります。

一方、文系の場合は、事務職や運輸職などといった仕事をすることになり、一般的な大卒文系が企業から求められるものが必要になります。

専門学校卒の場合も自由応募ですが、この場合は総合職ではなく、現業職として採用されます。また近年では、大学新卒者を対象に現業職の募集をしている鉄道会社も多いです。

運転に関わる職種では、大卒・専門学校卒を問わず、運転適性検査が必須です。

Webエントリー
企業が用意したWebページから必要事項を入力して、手書きのエントリーシートのかわりとして提出するもの。同じフォーマットで記載されているため、企業は選考を効率化することができる。

現業職
現場作業に従事する職種。鉄道会社では、運転士や車掌、駅員などが該当する。

学校経由応募が中心の高卒採用

高校新卒の人が鉄道会社に入るには、学校経由で求人に応募します。多くの鉄道会社では、就職を進路のメインとする高校に求人を出します。

中には岩倉高校や昭和鉄道高校のように鉄道業界に多くの卒業生を送り込んでいる高校もあります。学生は学校を経由して鉄道会社に応募し、採用されて鉄道業界で働きます。この場合、就職先は現業職です。

JR東海の職種・系統

職種＼系統	事務	運輸	車両・機械	施設	電気・システム
総合職	文	理	理	理	理
プロフェッショナル職		文・理	理	理	理
アソシエイト職	文・理（系統なし）				

就職希望者は10の採用区分からいずれか1つを選んで応募する

※「文」は文系、「理」は理系

※「車両・機械」「施設」「電気・システム」系統においては、同じ系統である場合に限り総合職とプロフェッショナル職の併願が可能

出所：JR東海ホームページをもとに作成

昭和鉄道高校の就職実績

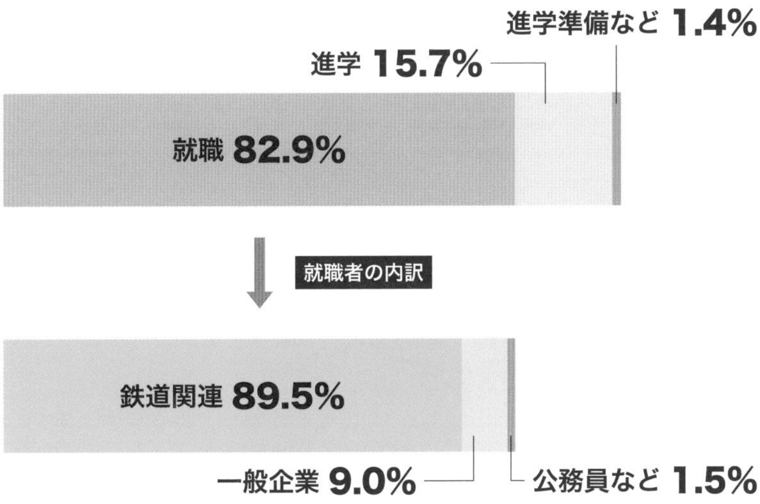

就職者の約9割が鉄道業界に就職

出所：昭和鉄道高等学校ホームページ

進路実績のある鉄道企業

- JR各社
- 西武鉄道
- 東京地下鉄（東京メトロ）
- 東急電鉄
- 東武ステーションサービス
- 東武エンジニアリング
- 小田急電鉄
- 京王電鉄　など

部門の中でキャリアアップ

現業系のキャリアパス

現業系の職種で鉄道会社に入った人は、現業の部門で仕事をしていくことになります。しかも、現業職では部門ごとの採用のため、その部門の中でキャリアを重ねていくケースは多いです。

運輸系は駅から始まる

鉄道業界を志す人の中には、運転士をめざす人も多いでしょう。しかし、鉄道会社に採用されてすぐに運転士の資格を取得させてもらえるようになるということはありません。

まずは新人研修を受けたのち、駅に配属されます。そこでしばらく働いたうえで、乗務員に登用されるかどうかが決まります。試験があることも多いです。また、運転士以外でも、駅の営業部門で経験を積んでいく人もいます。

しかも、一気に運転士になれる、というケースは少ないです。まずは車掌から、ということになります。その後、運転士登用の試験を受けます。試験を受けたら、座学と実技の研修を受けたうえで、国家試験を受けます。合格したら、国家資格である「動力車操縦者運転免許」(165ページ参照)が公布されて、運転士になれます。

運転士になったあとのキャリアはさまざまです。運転士としてキャリアを積み重ねて**指導運転士**になる人や、運転区などの管理部門で働く人もいます。指令室(166ページ参照)に就く人も、そして再び駅に戻って助役、さらには駅長になる人もいます。大きな駅の駅長は、たいていは現業職採用で入社した人です。

指導運転士
列車の運転に関する技術や規則などを教え、後進の育成を行う運転士のこと。

技術系は分野ごとで昇進していく

技術系は、それぞれの分野に配属されたのちに、その分野でのエキスパートをめざします。まずは一係員として仕事をします。その後主任、副長などを経て、やがては小さい部門の「長」となっていきます。さらに、電気や車両、保線を担う「区」の区長となり、最後はそれらを統括する所長になります。

運輸系のキャリアパス例

駅員

↓ 約2年　駅員として約２年の経験がないと、車掌試験の受験資格を得られない

車掌試験

↓

学科・技能講習

↓ 約4カ月

最終試験

↓

車掌

↓ 約2年　車掌として約２年の経験がないと、運転士試験の受験資格を得られない

運転士試験

↓

学科講習

↓ 約4カ月

技能講習

↓ 約5カ月

国家試験

↓

運転士　「動力車操縦者運転免許証」が交付される

↓

指導運転士　／　**指令室**　／　**助役・駅長**　など

出所：京王電鉄ホームページをもとに作成

総合職のキャリアパス

総合職で鉄道会社に入った人は、現場の仕事をすることもありますが、オフィスワークが中心になっていきます。鉄道とは異なる分野の仕事をすることも多いです。

最初は現場の仕事をする

総合職で採用された人も、現業職の人と同様に新人研修を受けます。そののち、現場の仕事を経験するために、駅などに入る人もいます。そのような人は、車掌や運転士の免許を取得することもあります。

ただ、総合職がそのような仕事に従事する期間は長くはありません。たいていは本社や支社でのオフィスワークに異動になったり、技術部門での指導的立場に就くことになります。

とくに文系総合職の場合は、企画部門や営業部門、総務・経理などのバックオフィス部門、人事・労務部門などの仕事に従事することが多く、それらの仕事はほかの一般的な大企業と同様の業務となります。

一方、理系総合職では、車両の開発や工事計画の策定など、鉄道に関する全体的なプランに関わっていくようになります。

文系総合職も理系総合職も、本社の中のさまざまな部門や、本社と支社を異動することを続け、管理職になり、最後は役員をめざします。鉄道会社の役員のほとんどは、総合職出身者です。

鉄道以外の仕事もある

本書でも何度も触れていますが、現在の鉄道ビジネスは不動産・まちづくり、飲食、流通などの事業が複合的に組み合わさって進められています。

関連事業でのビジネスを企画し、その事業に関わる社員が働きやすいように管理していくのも、鉄道会社で採用された総合職の仕事です。場合によっては、子会社に出向することもあります。

総合職のキャリアパス

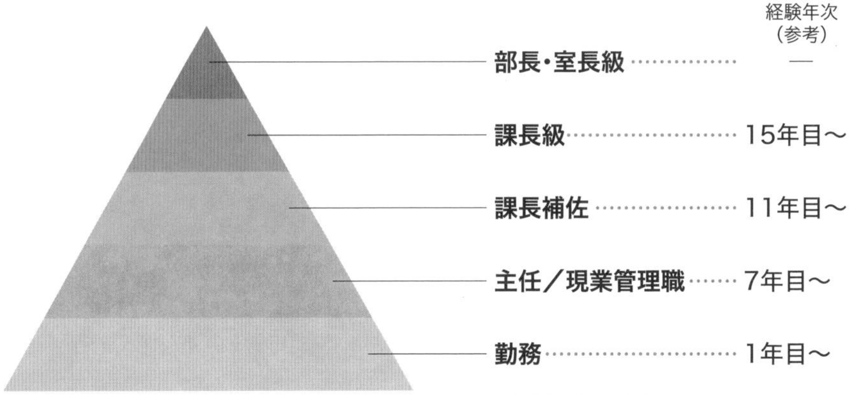

現場での経験を積むために駅員として働く場合もある

出所：西武鉄道ホームページをもとに作成

総合職のキャリア形成

本社内の部署を異動する例

入社
↓
運輸営業部門
↓
一般管理部門
↓
経営企画部門
⋮
役員

本社と支社を異動する例

入社
↓
都市・生活創造部門
↓
支社へ出向
↓
都市・生活創造部門
⋮
役員

出所：東京地下鉄ホームページをもとに作成

Chapter8
05

キャリアを活かして同業他社へ

鉄道会社からの転職事情・グループ会社への異動事情

鉄道会社で働くのは多くの人があこがれることではありますが、一方で転職していく人もいます。同業他社への転職だけでなく、グループ会社に異動するケースもあります。

転職は同業他社が中心

鉄道会社は景気に左右されにくい点、また会社によっては不動産事業や流通事業を展開している点から、比較的安定した企業ともいえます。

そのため、鉄道会社で働く人、とくに現場で働く人は、そのキャリアを活かして別の鉄道会社に転職するということも少なくありません。とりわけ動力車操縦者運転免許（165ページ参照）保有者、つまり運転士の資格がある人がそういった行動を取ることは多いです。

一方で、他業界に転職して、鉄道会社で身につけたスキルを活かすというキャリアを選ぶ人もいます。

また、鉄道会社に就職した動機として、「鉄道が好き」よりも「安定を求めて」という人もいます。そのような人が転職する際に同エリアに同業他社がない場合、公務員などの職業が選択されることが多いです。こういった転職は、比較的若いうちに行われます。

グループ内異動は総合職や高年齢層中心

鉄道会社に勤めている人は、グループ会社に出向するケースも多く見られます。この場合は、総合職が中心です。グループ会社で手がけるプロジェクトに本社の立場から関与したり、また管理職経験を積ませたりするため、こういった異動が頻繁に行われます。本社とグループ会社を行き来しながら、出世の階段を上っていくのです（188ページ参照）。

また、高年齢層である程度の管理職を務めた人は、現業職でも**天下り**的な意味でグループ会社の役員になるケースもあります。

天下り
民間企業においては、親子関係にあるグループ企業間などで、親会社の従業員が子会社へ出向して管理職に就くこと。リストラの一環として行われることもある。

転職・異動の例

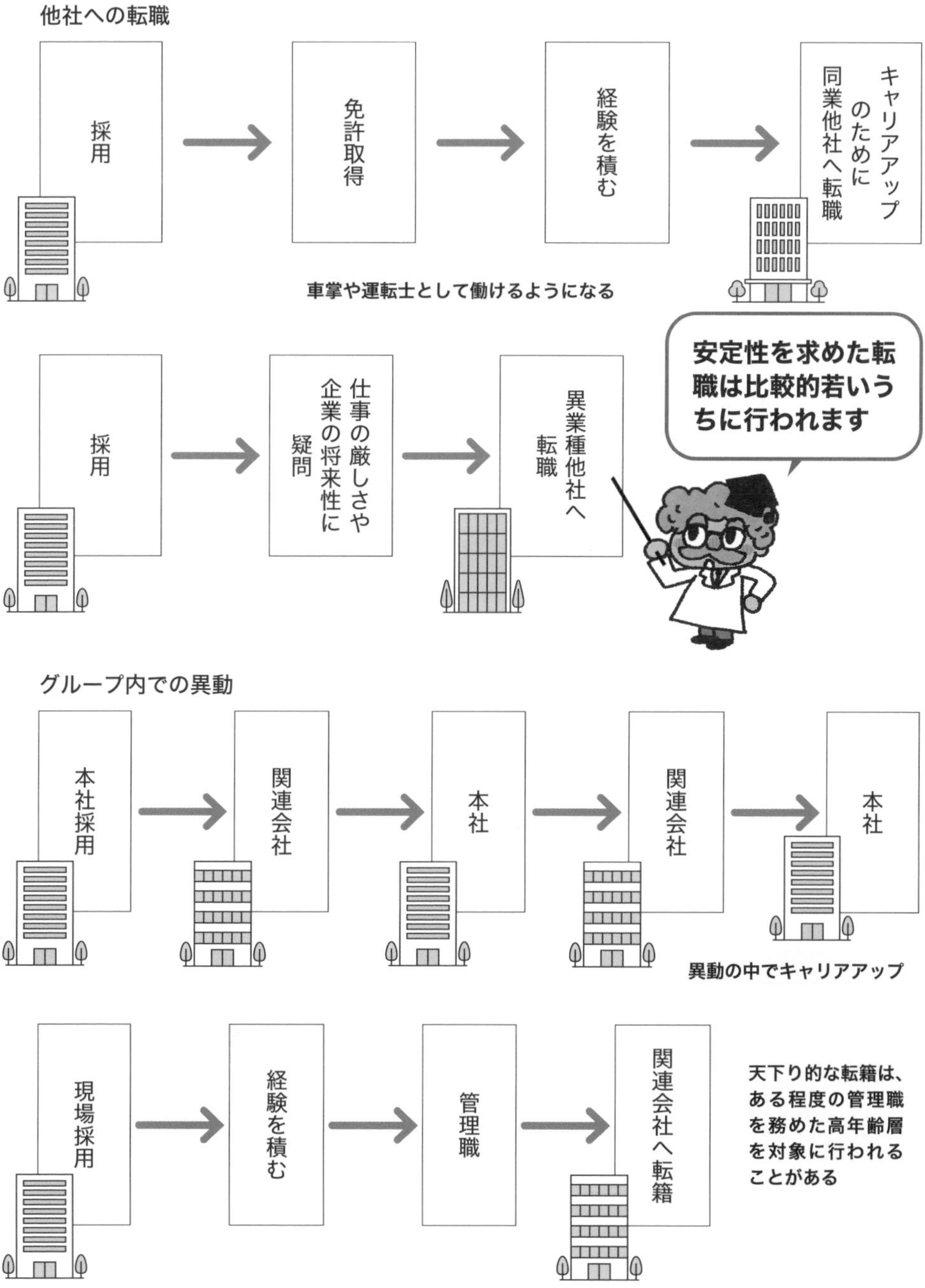
他社への転職
採用
免許取得
経験を積む
キャリアアップのために同業他社へ転職
車掌や運転士として働けるようになる
採用
仕事の厳しさや企業の将来性に疑問
異業種他社へ転職
安定性を求めた転職は比較的若いうちに行われます
グループ内での異動
本社採用
関連会社
本社
関連会社
本社
異動の中でキャリアアップ
現場採用
経験を積む
管理職
関連会社へ転籍
天下り的な転籍は、ある程度の管理職を務めた高年齢層を対象に行われることがある

COLUMN 8

鉄道ファンは鉄道会社に入れない？

鉄道会社にも鉄道ファンはいる

「鉄道ファンは鉄道会社に入れない」といった話を耳にしたことがある人もいるでしょう。それは、果たして本当なのでしょうか。

実際に鉄道会社に勤めている人を見てみると、総合職・現業職を問わず、鉄道ファンの人はそれなりにいます。とりわけ現業職の中には、鉄道に対して深い愛情を持っている人も多いです。

とくに最近では、現業職でも大卒者を採用し始め、しかも社会人経験者を現業職として採用するようになりました。そんな中で、「鉄道が好き」という人が、多く見られるようになりました。

ＪＲ発足の頃から就職氷河期（1993～2005年頃）にかけては、鉄道会社に入るのも難しく、また世の中全体が不況だったため、採用は厳選されていく中で鉄道ファンははじかれていきました。とくに文系大卒総合職はそうです。

しかし理系総合職や現業職では、「鉄道が好き」ということを隠さなくても入れる状況でした。不況もあってか、現業職に鉄道好きが押し寄せたのです。

ファン相手のビジネスが求められる時代に

時代は変わりました。鉄道も、ファンを無視してはビジネスが展開できなくなっています。ファンの心をつかむことが鉄道ビジネスの発展には重要であり、包み隠さずにいえば「そろばんをはじける鉄道ファン」が必要になっているのが現状です。

もちろん、「鉄道ファン」にもさまざまな人がいます。問題行動を起こすようなタイプでは鉄道会社としても困ってしまいますが、そうではなく社会常識があり、性格もよくビジネスセンスのあるような人は、総合職ではむしろ歓迎という状況になってきました。

別の角度から見ると、現業職では人手不足が続き、乗務員などは鉄道への強い思いがないと、厳しさゆえに仕事が続かないという側面もあります。

第9章

鉄道会社が展開する非鉄道事業

不動産や飲食店など、鉄道事業以外にもさまざまな事業を展開する鉄道事業者ですが、さらに利益を上げるための取り組みも行っています。その一環である駅前の再開発にも、土地の価値を高める目的があります。

Chapter9 01

土地の価値をさらに高める

大規模ターミナル駅の開発

鉄道会社の強みとして、「都市や地域の中心部に大きな駅を持っている」という立地条件のよさがあります。その地の利を活かし、駅の開発に力を入れています。

ターミナル駅は最高の立地

ビジネス、とくに商業や不動産のビジネスにとってもっとも重要なのは、その建物の「立地」です。どこにあるかによって、人の集まりは大きく変わり、そしてそれによって売り上げや利益も大きく異なっていきます。当然、都市部にあるほうが人が集まりやすく、有利といえます。

その意味では、大都市の中心部に土地を持っている鉄道会社は、“リッチ”になれる可能性が大いにあるといえるでしょう。

JR・私鉄を問わず、大都市のターミナル駅では大規模な開発が行われています。以前は商業施設が中心でしたが、現在ではオフィスも含めた**複合施設**にしようとすることが多いです。

複合施設
小売店や飲食店、映画館、オフィスなどの複数の商業施設を備えた大型施設のこと。広い敷地に多くの店舗を集約させるため、集客に適している。

商業施設から複合施設へ

駅とその周辺は利便性の高い場所ゆえに、不動産としての価値も高いです。鉄道事業者はその価値をさらに向上させるために、複合施設を建設します。

東急グループでは、JR東日本や東京メトロ、渋谷区、東京都と協力し、渋谷駅周辺の大規模開発を進めています（36ページ参照）。東急百貨店東横店を取り壊し、その跡地に商業施設とオフィスビルを一体化した複合施設を建設する計画です。下層階は商業施設、上層階はオフィスフロアになる予定です。

JR東日本でも、新宿エリアでは複合施設を設けています。また小田急電鉄や京王電鉄でも、既存の百貨店を建て替え、大規模な不動産開発を行う計画も進めています。

ターミナル駅は、鉄道事業者にとって稼ぎ頭ともいえる存在なのです。

首都圏・関西圏で着工中（着工予定）の再開発

再開発駅前	主な事業者／住所	建設・整備予定の主な施設や建物
渋谷駅前	東急 東京都渋谷区	西口駅前広場、西口タクシープール、自由通路など
新宿駅西口地区	小田急電鉄、東京メトロ、東急不動産 東京都新宿区・渋谷区	高層ビル、駅施設、商業施設など
新宿駅西南口地区	京王電鉄、JR東日本 東京都新宿区・渋谷区	店舗、宿泊施設、駐車場、事務所など
品川駅街区地区	京急電鉄、JR東日本 東京都港区	事務所、店舗、駅施設、駐車場など
池袋駅西口地区	東武鉄道、三菱地所レジデンス 東京都豊島区	高層ビルなど
枚方市駅周辺	京阪電鉄 大阪府枚方市岡東町	住宅、店舗、事務所、ホテル、駐車場など
なんばエリア	南海電鉄 大阪府大阪市中央区・浪速区	道路空間を含む全体整備など

再開発は、駅とその周辺の“不動産としての価値”の向上にもつながります

池袋駅西口

再開発前の池袋駅西口

- 工事期間は2027～2043年度予定
- 複数の超高層複合ビルを建設予定
- 駅前の交通も整備して、分散したバス乗り場や歩行者が渡りにくい西口五差路交差点などの課題解消をめざす

なんば広場

工事中のなんば広場

- 2023年11月オープン
- 国際集客力のある「大阪のおもてなし玄関口」にふさわしい、居場所のよい広場に再編
- ベンチ・照明灯などを設置して滞留空間を形成した

Chapter9
02

駅から近い物件に注力

マンションや一戸建て販売で進む沿線開発

鉄道事業者による沿線開発は古くから行われていますが、近年は土地がなく、大規模な住宅地などは造成できません。そのためマンションや戸建住宅を販売しており、とりわけ駅から近いマンションは人気を博しています。

私鉄の歴史は沿線開発の歴史

私鉄各社は、沿線に多くの人が暮らすことで、鉄道の利用者も増えると考えています。そのために、マンションや戸建住宅の販売を進めています。

鉄道延伸と沿線開発の一体化を積極的に進めてきた会社の筆頭が、関東では東急グループ、関西では阪急グループです。線路を敷いて乗客を乗せるだけではなく、住宅地もいっしょに開発し、そこに暮らしてもらうというビジネスモデルを作りました（156ページ参照）。この方法は都市圏を営業範囲とする私鉄の多くで取り入れられており、住宅開発や販売が重要なビジネスの1つとして定着しています。

長年の開発で大規模な宅地造成に適した土地も少なくなったため、近年はあまり行われず、駅近のマンション建設や小規模の戸建販売などに力を入れています。

駅近くのマンションが人気に

近年は駅近マンションの人気がさらに高まっています。マンション購入層は**資産価値**向上に対する意識が強く、条件が良い物件にはとくに人気が集中する傾向があります。

とくに鉄道会社が参画している駅近くのマンション販売については、駅構内の大きな看板や電車内の中吊り広告によって、立地のよさと物件の快適さが強くアピールされています。また過去に鉄道会社が開発した駅近の住宅地を再開発して、マンションの建設が進められる場合もあります。

また系列の不動産会社による戸建住宅のブランドも展開され、例として京王不動産の「LUXTAGE」があります。

資産価値
不動産の評価額や取り引き価格のこと。マンションや一戸建てなどの「建物の価値」と、その建物の立つ「土地の価値」という2つの要素で決定する。

鉄道会社グループが販売するマンションの例

ブランド名	マンション名	総戸数（戸）	最寄り駅
東急不動産「BRANZ（ブランズ）」	ドレッセあざみ野グランコート	32	東急田園都市線 あざみ野駅
	THE TOYOMI TOWER MARINE&SKY	2,046	都営大江戸線 勝どき駅
	ブランズ川越新富町	44	西武新宿線 本川越駅
	ブランズシティ千葉ニュータウン中央	401	北総鉄道北総線 千葉ニュータウン中央駅
	ブランズ西荻南三丁目	35	JR中央・総武線 西荻窪駅
	ブランズ住吉長井公園通	56	南海高野線 沢ノ町駅
	ブランズ東灘青木	50	阪神本線 青木駅
	ブランズ伏見桃山	114	京阪本線 伏見桃山駅
	メガシティテラス	553	名古屋市営地下鉄名城線 茶屋ヶ坂駅
	ブランズタワー札幌大通公園	178	札幌市営地下鉄東西線 西11丁目駅
東武鉄道「Solaie（ソライエ）」	ソライエ新柏プレミスト	114	東武アーバンパークライン 新柏駅
	ヴィークステージ船橋薬園台ソライエ	247	新京成線 薬園台駅
	ソライエテラス	796	東武スカイツリーライン 獨協大学前〈草加松原〉駅
	ソライエシティ ザ・パーク／ザ・ガーデン	472	
	ソライエ若葉ステーションヴィラ	92	東武東上線 若葉駅
	ソライエ新鎌ケ谷	136	東武アーバンパークライン、新京成線、北総線、成田スカイアクセス線 新鎌ケ谷駅
	プレミスト船橋塚田	571	東武アーバンパークライン 塚田駅
	ソライエグラン流山おおたかの森	406	つくばエクスプレス、東武アーバンパークライン 流山おおたかの森駅
	ソライエ成増	111	東武東上線 成増駅

近年はとくに駅から近いマンションが人気です

Chapter9
03

鉄道事業者ならではの強み

沿線をより魅力的にする集客施設の運営

駅の近くには商業施設やマンションだけでなく、遊園地や野球場といった集客施設もよく展開されます。また、鉄道自体の地下化・高架化に際して集客施設を作ることもあります。

調布駅地下化で誕生した巨大施設とその効果

高架化
橋梁を作り、地上の線路を上方に移設すること。踏切がなくなる、線路による市街地の分断が解消される、高架下などの土地を効率的に利用できるなどのメリットがある。

鉄道各社では、駅を地下化・高架化した際に、そこで生まれたスペースで集客施設を作ることも多いです。近年は商業施設だけではなく、映画館といった文化施設を設けることもあります。

京王電鉄の調布駅に、「トリエ京王調布」という巨大施設があります。A館は高級スーパーやファッションショップ・書店など、B館は家電量販店と、商業施設がメインになっていますが、C館は「イオンシネマ シアタス調布」が中心となっています。

調布駅がある東京都調布市では、映画のスタジオが多くありながら、映画館のない状況が続いていました。この街に映画館がほしい、ということは多くの市民が考えていたことだったのです。京王電鉄の調布駅が地下化する際に、地上を利用して商業施設などを建てることになり、そこに映画館を作ることになりました。

この映画館は、新しい映画だけではなく、過去の名作の上映などにも力を入れています。一種の「名画座」としての役割も果たしており、いつも多くの人がやってきて映画を鑑賞しています。こういった施設があることで、沿線はよりいっそう魅力的になると考えられるでしょう。

集客施設もやはり沿線に建設

西武鉄道が属する西武グループは、レジャー事業を得意としている会社です（86ページ参照）。このグループが運営する集客施設として「西武園ゆうえんち」や「ベルーナドーム」などが挙げられ、どちらも西武線沿線にあります。沿線外でもスキー場の経営などを行っていますが、やはり鉄道事業と結び付きやすいのは沿線の事業なのです。

地下化・高架化による空間の活用例

京王電鉄：トリエ京王調布

- 場所：京王電鉄 調布駅の地上部分
- 開業：2017年
- 「調布らしいちょっとステキな生活」をコンセプトとする商業施設。3つの建物から構成され、路上には地上駅時代をモチーフにした線路も設置されている

JR東日本：2k540 AKI-OKA ARTISAN

- 場所：JR山手線 秋葉原駅〜御徒町駅間の高架下
- 開業：2010年
- 「ものづくり」をテーマとしたアトリエショップ。ジュエリーアクセサリーやインテリア雑貨、革製品などのショップがあり、飲食店も出展する

西武鉄道（西武リアルティソリューションズ）：エミキューブ桜台

- 場所：西武鉄道池袋線 桜台駅〜練馬駅間の高架下
- 開業：2022年
- さまざまな用途で使用できる賃貸ユニットハウスで、ミニショップやサロン、ビジネスなどのスタートアップの場としても利用可能

2024年3月には系列店「エミキューブ桜台Ⅱ」の入居募集も始まりました

Chapter9
04

沿線から沿線外まで展開

アクセスのよさで優位性を持つ鉄道会社のホテル事業

ホテル事業も、立地を活かして展開できる事業の1つです。駅から近いという利便性の高さは利用者にとって魅力的であり、とりわけJR東日本は積極的にホテルを展開しています。

ホテル事業に力を入れるJR

鉄道会社のビジネスはその立地を活かしたものが多く、ホテル事業も例外ではありません。とくにJRのホテルは、駅から近いという点を利用して積極的なビジネス展開を行っています。

JR各社は、私鉄に比べて広大なエリアでビジネスを展開しています。ホテルでも、各地に同系列のサービスを展開しています。

とくにホテル事業に力を入れているのはJR東日本です。シティホテルからビジネスホテルまで、多様なビジネスを展開しています。わかりやすい例は、東京ステーションホテルでしょう。東京駅の丸の内駅舎内に位置するこのホテルは、利便性と高級感を高い次元で両立させています。主要な駅近くにはシティホテルであるメトロポリタンホテルズを設け、こちらでは宿泊だけではない需要にも対応しています。

丸の内駅舎
赤レンガを基調とするデザインが印象的な、東京駅の駅舎。2003年に国の重要文化財に指定されている。

ビジネスホテルにも力を入れています。JR東日本ホテルメッツは、駒込駅や五反田駅、赤羽駅などで駅直結もしくは駅近くに位置し、利便性の高さを売りにしています。

JR東日本以外のJR各社も、シティホテル・ビジネスホテルともに力を入れて展開しています。

沿線外に店舗を構える私鉄系ホテル

一方、狭い路線網の私鉄では、沿線だけにホテルを建てるのは難しいのが実情です。そこで、沿線外の「駅チカ」にホテルを建てる動きが目立ちます。

相鉄グループの相鉄フレッサインは、都心に多くホテルを構えるほか、地方にも進出しています。また、西鉄インは九州だけではなく東京や四国にもホテルを設けています。

鉄道会社のホテル事業と大手ホテルチェーンの売上高（2024年3月期）

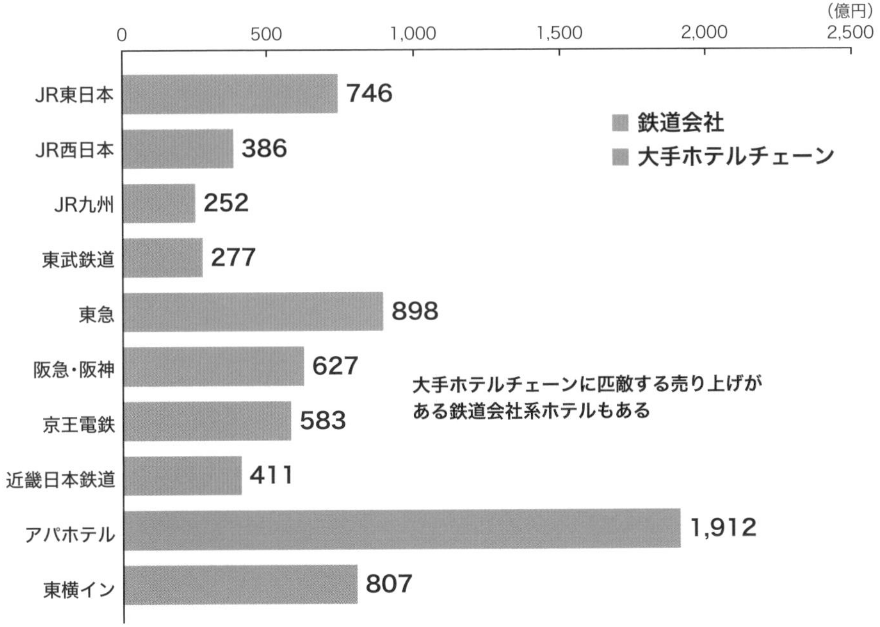

※アパホテルのみ2023年11月期

出所：各社発表資料をもとに作成

鉄道会社が経営するホテルの例

	ホテル名	店舗数
JR東日本	東京ステーションホテル	1
	メトロポリタンホテルズ	15
	JR東日本ホテルメッツ	30
	ファミリーオ・フォルクローロ	8
	和のゐ	1
東急グループ	東急ホテル	6
	東急リゾートホテル	5
	エクセルホテル東急	10
	東急REIホテル	17
	東急バケーションズ	17

※店舗数は2024年3月時点

東京ステーションホテル（JR東日本）

ホテルハーヴェスト南紀田辺（東急リゾート）

Chapter9
05

駅といっしょにリニューアル

鉄道会社が手がける駅前再開発

駅のリニューアルや電車の直通運転といったタイミングに合わせて再開発に取り組めるのも、鉄道会社ならではの強みといえます。たまプラーザや二子玉川の例を見てみましょう。

田園都市線、たまプラーザの再開発

鉄道会社は、駅などのリニューアルなどに合わせ、駅や駅前を一体的に再開発するケースが多く見られます。とくに私鉄が得意とするモデルです。

東急田園都市線は開業以来、多くの人が沿線に暮らすようになっていきました。その中でも、横浜市青葉区にあるたまプラーザ駅周辺は、多くの人が集まるようになっています。東急百貨店たまプラーザ店があることからもわかるように、集客力のある街として作られてきたのが、たまプラーザです。

そんなたまプラーザも、街ができてから時間が経ち、2005年から再開発工事が始まっていきます。東急百貨店と、駅の商業施設を一体化し、駅周辺も整えていくことで、美しい街を作っていこうとしました。駅自体を開放感のある建物にし、一方で駅周辺の商業施設を建て替え、人工地盤を使用したダイナミックな建物の中に新しく多くの商業施設が入りました。こうして作られた「たまプラーザテラス」は、2010年に開業しました。

人工地盤
限られた空間の中で土地を立体的に活用できるよう、鉄骨や鉄筋コンクリートなどによって人工的に整えた基盤。「人工土地」ともいう。

職住近接エリアとしての二子玉川再開発

東急田園都市線と大井町線の2線が乗り入れる二子玉川は、以前から住宅街として有名で、また「二子玉川園」という遊園地もありました。

田園都市線が渋谷へと乗り入れるようになると、通勤に便利な場所としても発展していきます。「二子玉川園」の跡地を再開発し、商業施設とオフィス施設、住宅が一体となった「二子玉川ライズ」が2011年に街開きします。この「二子玉川ライズ」は、楽天グループの本社や各社が入居していることでも有名です。

駅と街を一体的に再開発した例

南町田グランベリーパーク駅（東急）

2000年	・グランベリーモール開業
2006年	・オアシスプラザ建設
2017年	・オアシスプラザを除いて施設を解体 ・周辺一帯の再整備
2019年	・南町田グランベリーパークまちびらき ・商業施設が「グランベリーパーク」に改称 ・最寄り駅の南町田駅も「南町田グランベリーパーク駅」に改称

南町田グランベリーパーク駅の様子

二子玉川駅（東急）

2007年	・二子玉川駅東地区市街地再開発着工
2010年	・二子玉川ライズオークモール・バーズモール開業 ・二子玉川ライズタワー＆レジデンス竣工
2011年	・二子玉川ライズまちびらき ・二子玉川ライズ・ショッピングセンター開業 ・二子玉川ライズ・ドッグウッドプラザ開業
2015年	・二子玉川ライズ第二期事業開業（テラスマーケット、シネマコンプレックス、ホテル）

二子玉川駅周辺の街並み

高輪ゲートウェイ駅（JR東日本）

2013年	・田町車両センターが廃止
2020年	・高輪ゲートウェイ駅開業
2022年	・一般社団法人高輪ゲートウェイエリアマネジメント設立 ・田町車両センター跡地を活用した「TAKANAWA GATEWAY CITY」のプロジェクトが推進
2025年	・「TAKANAWA GATEWAY CITY」開業予定

TAKANAWA GATEWAY CITYのイメージ

出所：JR東日本プレスリリース

Chapter9
06

企業研究のポイントにもなる

JR旅客各社と大手私鉄の不動産事業の売上高比較

JRも大手私鉄も、鉄道と同じく、場合によっては鉄道よりもはるかに不動産事業に力を入れていることが多いです。それでは、それらの売り上げなどを見てみましょう。

不動産は鉄道事業者にとって大事な事業

鉄道会社に限らず、上場している会社はホームページのIR情報に有価証券報告書を掲載しています。非上場の会社で有価証券報告書を掲載していない会社でも決算書は掲載している場合があります。そこに記載された情報をもとに、その企業の経営状況や、セグメント別の売り上げ・力を確認することができます。

有価証券報告書
上場企業や一部非上場企業に提出義務のある書類。企業の概況、事業の状況、財務諸表などの企業情報が開示される。

多くの鉄道会社グループにおいて、不動産事業は運輸事業とならぶ主要事業として位置付けられています。本書でも、第3～4章でJR各社や大手私鉄の売り上げや事業内容などを紹介しましたが、鉄道事業の発展とともに不動産事業も発展してきたことが確認できるはずです。

なお、私鉄グループの多くはホテル事業と不動産事業が別に位置付けられていますが、ホテル事業が不動産事業に包括されている会社もあるため、有価証券報告書確認の際は注意が必要です。

各社の各事業を比較しよう

有価証券報告書では、各事業別の人員・売上高・利益などを確認することができます。売り上げが少ない割に人員が多い事業部門もありますが、通常不動産事業はその逆の売り上げが多いが、人員は少ない事業部門に位置付けられます。

また、当然ではありますが、鉄道会社ごとに全体に占める不動産事業の割合は異なります。どの鉄道会社で不動産が強いかなどは、企業研究の際の重要なファクターといえるでしょう。たとえば、東京メトロのように不動産事業の割合が極めて少ない会社もあれば、京阪電鉄のように全体の半分近くが不動産事業という会社もあります。

鉄道各社の売上高全体のうち不動産の売上高が占める割合

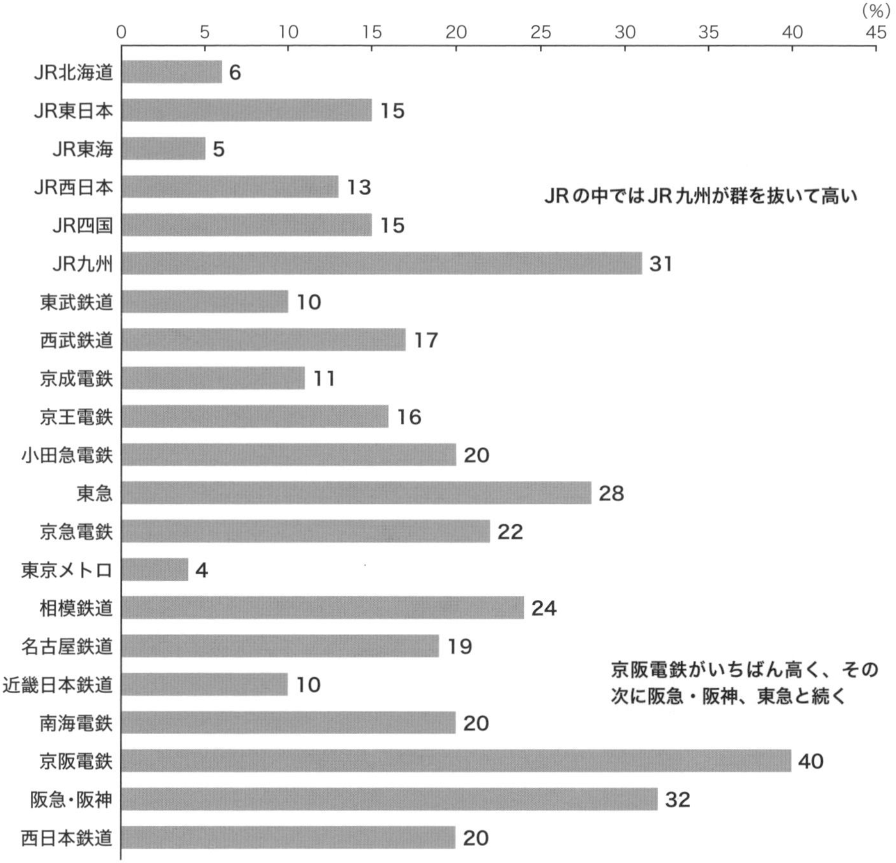

※2023年度各社決算（通期予想）を参照。ただし、JR北海道、JR四国、東京メトロ、近畿日本鉄道、南海電鉄、京阪電鉄は2022年度の数字を使用

出所：各社決算説明会資料をもとに作成

鉄道各社の不動産業の売上高上位5社

（単位：億円）

	会社名	売上高	営業利益
1	JR東日本	3,970	1,000
2	阪急・阪神ホールディングス	3,193	465
3	東急	2,907	460
4	JR西日本	2,200	380
5	近畿日本鉄道グループホールディングス	1,638	160

※2023年度各社決算（通期予想）を参照。ただし、近畿日本鉄道は2022年度の数字を使用

出所：各社決算説明会資料をもとに作成

Chapter9
07

エキナカなどで展開する店舗事業・飲食事業

カフェやカレー屋など、エキナカにある飲食店は鉄道事業者が運営していることがあります。さらには、沿線から離れた場所で本格的な飲食事業も展開しているケースも見られます。

改札内の変化と発展

かつて改札内にあるのは、新聞や飲み物を扱う売店、駅弁の販売店、駅そばといったものが中心でしたが、近年では薬局やカフェ、書店、駅弁以外の弁当といった多様なお店も増えています。

多くの店舗が店を構えることで、駅を単に通過するだけの場所から、企業にとっては利益を生み出す場所へ、鉄道利用者にとっては楽しむ場所へと変化するようになりました。そのプロデュースを、鉄道会社が担っているのです。とくにJR東日本の東京駅は、日本でもっとも改札内のお店が充実した駅といえるでしょう。複数のエキナカブランドが集まっています。

また、駅の中を広告の掲載場所として活用する例も増えており、デジタルサイネージなどはあちこちで見られるでしょう。

エキナカブランド
東京駅には「グランスタ東京」や「エキュート東京」などがある。

デジタルサイネージ
ディスプレイなどの電子機器を用いて情報を発信するシステムの総称。「電子看板」ともいう。

駅そばだけではない駅の飲食店

鉄道会社は、駅構内を中心に、飲食事業も行っています。

駅の飲食店というとまずは駅そばを思い浮かべるでしょう。しかし、駅そば以外にもさまざまな展開があり、京王電鉄が展開するカレーチェーンの「curry shop C&C」や、JR東日本が系列に持つカフェの「BECK'S COFFEE SHOP」などがその例です。

さらに、駅構内どころか鉄道会社のエリアから離れて、本格的な飲食事業に力を入れているところもあります。JR九州の子会社の「JR九州フードサービス」は主に九州に店舗網を広げていますが、駅構内以外にも店舗を出しています。特筆すべきは東京にも複数店舗出店していることで、たとえば赤坂や新宿に「うまや」という九州料理のお店を展開しています。

このような場所にとらわれない飲食店の展開も見られます。

JR東京駅改札内にある店舗の例

薬局・書店	・BOOK COMPASS・Eki RESQ グランスタ東京店
弁当屋	・駅弁屋 祭 グランスタ東京 ・駅弁屋 踊 グランスタ東京 ・駅弁屋 新幹線南乗換口
カフェ	・BOOK COMPASS CAFE ecute東京 ・BECK'S COFFEE SHOP 丸の内南口 ・スターバックス コーヒー グランスタ東京店
ベーカリー	・Zopfカレーパン専門店 グランスタ東京 ・デイジイ東京 グランスタ東京 ・東京あんぱん豆一豆エキュート東京
コンビニ	・NewDays グランスタ東京京葉ストリート ・NewDays 八重洲中央改札内 ・NewDays KIOSK グランスタ丸の内中央口

駅の飲食店は利便性が高く、鉄道利用との相乗効果も期待できます

JR九州フードサービスの店舗例

和食・居酒屋	・赤坂うまや(東京都港区) ・うまや JR博多シティ店(福岡県福岡市) ・豊後茶屋 大分駅店(大分県大分市) など
うどん・ラーメン	・まるうまラーメン ぷらっと博多No.1(福岡県福岡市) ・まるうまうどん 熊本店(熊本県熊本市) ・玄海うどん店(福岡県北九州市) など
カフェ・甘味処	・ミニヨン 大分駅店(大分県大分市) ・MIGNON JR東日本池袋南改札横店(東京都豊島区) ・姪浜 甘党屋(福岡県福岡市) など
専門店	・からあげ大吉っちゃん(福岡県福岡市) ・担々麺 一路發 吉塚駅店(福岡県福岡市) ・博多華都飯店(福岡県福岡市) など

Chapter9
08

「電鉄系」の展開

駅周辺で展開する百貨店

鉄道会社の系列には、百貨店もあります。駅近くという立地を活かして、多くの顧客を集めています。百貨店によっては、高いステータスを誇るところもあります。

百貨店は成り立ちによって種類が異なる

鉄道事業者が百貨店（デパート）を手がける場合も多く、こちらも駅から近いという立地の強みを活かして展開しています。

そもそも、百貨店は「呉服店系」と「電鉄系」の2つに大別することができます。「呉服店系」で有名なのは三越で、三井家による呉服店「越後屋」にルーツがあります。一方で、鉄道会社の発展に伴い、ターミナルに人を集めることを目的として設けられた百貨店もあり、これを「電鉄系」としています。鉄道事業者と関係するのはこの電鉄系です。このビジネスは、阪急グループが先鞭をつけ、多くの私鉄に広がっていったものです。

関西や関東のターミナル駅にはたいてい、自社系列の百貨店があります。とくに阪急百貨店は関西ではもっともステータスの高い百貨店で、中でも阪急うめだ本店はメンズ向けアイテムの品ぞろえのよさで知られています。

百貨店事業の転換

そんな電鉄系百貨店も、近年は変わりつつあります。鉄道会社と百貨店の資本整理で、阪急や阪神の百貨店が**エイチ・ツー・オーリテイリング**の統括になりました。また東急の渋谷駅周辺再開発では東急東横店が閉店し、東急本店は2027年度を目処に36階建ての複合施設に建て替えられます。さらに小田急百貨店新宿店も48階建てビルに建て替えられる予定です。

エイチ・ツー・オーリテイリング
阪急百貨店や阪神百貨店を運営する「阪急阪神百貨店」などの企業を統括する、阪急阪神東宝グループの持株会社。

なお、鉄道会社をルーツに持ち、セゾングループとして分離した西武百貨店も現在では投資ファンドの傘下となっています。

百貨店という業態が転換点にある中で、鉄道系百貨店も変わりつつあるのです。

電鉄系百貨店の転換

東急東横店

渋谷駅周辺の再開発に伴い閉店

小田急百貨店新宿店

新宿駅の再開発に伴い建て替え

解体の様子。新たな再開発ビルは2024年3月から着工され、2029年度に竣工予定

西武百貨店

投資ファンドの傘下となる

渋谷再開発の開業スケジュール

2023年度

2023年11月に竣工・順次開業

渋谷駅桜丘口地区が竣工

渋谷駅中心地区の都市基盤整備を完成させる重要プロジェクト。駅周辺の歩行者ネットワークの整備や地下車路ネットワークの円滑化などを行う

2024年度

渋谷二丁目17地区が開業予定

多層かつ回遊性の高い歩行者ネットワークと、渋谷駅周辺に不足している広場空間を創出。渋谷駅東口エリアの新たなにぎわいと交流の拠点となることをめざす

2027年度

渋谷スクランブルスクエア 中央棟・西棟〜旧渋谷駅街区が開業予定

出所：東急ホームページをもとに作成

楽しい時間を提供

Chapter9 09

多彩な商品を販売する旅行代理店

乗り物での移動を楽しむといえば、何といっても旅行でしょう。鉄道会社も旅行事業に参画するために、旅行会社を子会社にしたり、大手旅行代理店へ出資をしたりしています。

私鉄各社が展開する旅行会社

旅行は、通勤・通学や出張では味わえないような楽しい時間・幸せな時間を提供してくれます。鉄道各社も旅行を扱う旅行会社を子会社として抱えています。

私鉄各社が擁する旅行子会社は、海外ツアー、国内ツアーをはじめ、鉄道や航空などの切符の手配、旅館の予約など、親会社の沿線地域に限定せず、他の旅行会社と同様に幅広い業務を展開しています。

私鉄系の旅行会社で特徴的なのは、鉄道旅行を扱った商品に強いことです。他社の団体向け車両などを貸し切って、特別なツアーを実施するということもあります。

個人向けの国内ツアーで近年注目を集めているのが、阪急阪神ホールディングス系列の「阪急交通社」と、近鉄グループホールディングス系列の「クラブツーリズム」です。阪急交通社は、独自の広告展開で多くの顧客を集めています。クラブツーリズムは、鉄道を利用したユニークなツアーを行うことで知られ、一般向けのツアーでも人気を博しています。

JRと大手旅行会社

JRも、旅行会社と関係を築いています。

たとえばJTBは、JR旅客各社や航空会社が株主となっており、JRが打ち出すさまざまな旅行・観光分野でJTBの存在感を出しています。また、JR西日本の子会社である「**日本旅行**」は、豪華列車「TWILIGHT EXPRESS 瑞風」のツアーを扱っています。

このようにJRも、旅行会社への出資を通して旅行業に参画しているのです。

日本旅行
日本で最初にできた旅行会社。旅行商品の販売から海外教育コンテンツの提供、旅行を楽しんでいただくための情報発信まで、さまざまな事業を展開する。

鉄道会社と関わる旅行会社

阪急交通社

- 阪急阪神ホールディングスの系列会社
- 新聞やインターネットなどの広告に力を入れている
- 手頃な価格で楽しめる「トラピックス」、ゆったりと過ごせる「クリスタルハート」、添乗員同行の「阪急航空フレンドツアー」など、さまざまなニーズに合ったプランを展開

出所：阪急交通社

クラブツーリズム

- 近鉄グループホールディングスの系列会社
- 国内ツアーは50〜70代、海外ツアーは40〜70代の利用者が多い
- 1人参加限定の「ひとり旅」や、添乗員が同行して絵画を楽しむ「スケッチの旅」など、独自のプランを数多く展開

出所：クラブツーリズム

日本旅行

- JR西日本の子会社
- 国内旅行に強く、「赤い風船」というパック旅行は100年の歴史を持つ
- 豪華列車「TWILIGHT EXPRESS 瑞風」のツアーを取り扱う

出所：日本旅行

TWILIGHT EXPRESS 瑞風

車窓や風にこだわりがあり、沿線の豊かな歴史、文化、自然を味わうことができます

COLUMN 9

「非鉄道事業」が作る「沿線」

地域開発と商業施設の展開

鉄道会社は、鉄道事業と非鉄道事業を合わせて、「沿線」という生活空間を作っています。このビジネスは、大手私鉄を中心に現在ではJRでも力を入れています。

主要な駅近くには、私鉄系の不動産仲介業者があり、新築や中古の住宅、土地などを扱っています。私鉄系列のスーパーマーケットで買い物をして私鉄が開発したマンションへ帰る――そんな人も多いでしょう。小腹が空けば、鉄道会社系列の駅そばもしくはカレー、時間をつぶすには鉄道系のカフェ、というのもよくあることです。

そして、非鉄道事業のあり方を通じて、どんな人に暮らしてほしいかということをそれとなく示しているのが、私鉄各社の隠れた企業戦略でもあります。

こういったビジネスは私鉄を中心に行われてきましたが、近年はJRも力を入れるようになっています。都市部によい土地を持っているJRは、オフィスを中心としたエリアとして再開発することで、より「稼げる」企業にするための事業を展開しています。

鉄道事業を軸にするものの、それ以上にそこから派生する非鉄道事業で稼ぐというのが、現在の鉄道会社の主流です。

「沿線」があれば「沿線格差」もある

鉄道事業だけではなく非鉄道事業も充実し、住環境もよいところになると、住みたいという人は集まります。もはや、住みたいという沿線を作ってきたのは私鉄各社だ、ともいえるかもしれません。

よい沿線には高収入の人や高学歴の人が集まり、その路線がブランド化し、沿線ごとに「沿線格差」が生まれます。沿線ごとの働き方やライフスタイルの違いが大きくなり、地域間の格差が生じるということです。そして私鉄各社が沿線の豊かさを競うようになり、非鉄道事業が「沿線格差」の原動力になっていきました。

第10章

鉄道業界の未来動向

さまざまな会社でさまざまな人が働き、日本の交通を支える鉄道。各社で多様な展開が見られますが、今後の鉄道業界には何が必要なのでしょうか。本書の最後に、収益確保や技術革新の動向を見ていきましょう。

Chapter10
01

沿線価値の向上に光明

鉄道会社の収益拡大の方向性

人口が減少している今、鉄道事業の経営環境も厳しくなる一方です。沿線人口や交流人口の確保、そして鉄道を利用する機械の確保がカギとなっていくでしょう。

ポイントは沿線人口と交流人口を増やすこと

人口減少が加速する中、沿線人口に依存する鉄道事業の経営環境はますます厳しくなっており、収益の維持、拡大は容易ではありません。

鉄道収益は、人口×利用率×頻度×単価に分解できます。人口については、日本または自治体全体では減少しても、「住みたい」と思われる沿線であれば移住者が増え、沿線人口を増加ないし維持できる可能性があります。小田急電鉄が小児IC運賃を全区間一律50円、京急電鉄が全区間一律75円に値下げし、子育て世代の取り込みを図ったように、事業者間の沿線人口の奪い合いが今後、さらに激しくなっていきます。

沿線人口の減少は観光客などの**交流人口**で補うこともできます。消費額の多い観光客は地域経済に与える影響も大きいため、鉄道のみならずグループ全体の収益拡大に寄与します。

交流人口
地域と多様に関わる人々のこと。通勤や通学、習い事、買い物、観光など、地域に訪れる目的は問わない。反対に、その地域に定住している人は「定住人口」という。

鉄道を使う機会を増やす

沿線在住者に対する働きかけにも余地は残されています。通勤・通学定期利用者は目的の性質上、利用距離や回数を増やすことは現実的ではありませんが、定期外利用者については、交通手段を自家用車から鉄道に切り替える、鉄道で出かける回数を増やすなど、利用率と頻度を増やすことが可能です。

また鉄道は従来、通勤需要を中心とした画一的な大量輸送を担ってきましたが、近年は通勤利用の減少によって生じた余剰輸送力でグリーン車や特急・通勤ライナーを運行し、快適な移動を求める利用者から料金収入を得て利用単価を増やす取り組みが広がっています。

鉄道収益の確保と取り組み

自家用車から鉄道への切り替え、鉄道で出かける回数の増加などを促進

人口 × 利用率 × 頻度 × 単価

利用者を増やす

単価を上げた快適な移動を提供

沿線人口への働きかけ

- **「住みたい」と思われる沿線にする**

取り組みの例

- **小児IC運賃を全区間一律で値下げ**（小田急電鉄、京急電鉄）

➡子育て世代の取り込みを図る

沿線人口以外への働きかけ

- **交流人口を増やす**

➡とくに観光客は消費額が多く、グループ全体の収益拡大に寄与

JRの普通列車グリーン車

自由席だが、全列車に連結されるため、着席チャンスが大幅に高まる

JR 普通列車グリーン車

私鉄の座席指定列車

運行本数は限られるが確実に座ることができる。多くは急行運転を行うため速達性にも優れる

東武鉄道 THライナー

通勤利用の減少によって生じた余剰輸送力を有効活用しています

Chapter10
02

運賃・料金制度の将来

今後運賃収入が減少したとしても、設備投資にかかる資金の確保は避けられません。整備費用を上乗せしたり、時間帯によって運賃を変動したりといった施策が新たに打ち出されています。

バリアフリー化にはお金がかかる

少子高齢化で鉄道需要の減少が見込まれる一方で、バリアフリー化や災害対策、防犯対策など多額の費用を要する設備投資の促進が求められています。加えてコロナ禍で鉄道事業を取り巻く環境が激変したことから、持続的な経営を可能とする新たな運賃・料金制度の議論が加速しており、一部はすでにホームドアやエレベーターなどの整備費用を運賃に上乗せして徴集する「バリアフリー料金制度」として導入されています。

本来、総括原価方式ではバリアフリーなど設備投資は減価償却費として費用に計上されますが、大都市では利用者に薄く広く負担を求め、従来は大都市にも投じられていた国の予算を地方に重点的に投じることでバリアフリー化を促進しようという制度です。

コロナ禍を経て見られる制度の変化

これまで**特別企画乗車券**などを除き年間、時間を通じて一定だった運賃ですが、これを変動させる新たな試みも始まりました。JR東日本は2023年3月、東京近郊区間の定期券を値上げする代わりに平日朝ラッシュピーク時間帯以外に利用できる割安な「オフピーク定期券」を新設しました。今後はさらに一歩進み、航空のように需要や予約時期に応じて価格差をつけてピークシフトを図る「変動運賃制」の導入が審議されています。

こうした運賃・料金改定は、詳細な将来予測・収支予測のもとで国土交通省の審議会を経て行われるため時間を要しましたが、コロナ禍のような不測の事態でも、機動的・柔軟な運賃改定ができるように申請・審査の簡素化、迅速化も検討されています。今後は日本特有の複雑な営業制度の整理、統廃合も求められます。

特別企画乗車券
利便性の向上や割引サービスの提供などを目的とした割引乗車券のこと。愛称は「トクトクきっぷ」。

バリアフリー料金制度の金額と目的

目的

設備の設置・整備にかかる資金を確保して、バリアフリー化を促進する

料金

整備計画と必要な費用の徴集計画を国土交通省に届け出て料金を決定する

義務

事業者は整備計画期間中、年度ごとに実績を公表しなければならない

制度導入による加算額

券種	定期外		定期			
	ICカード	切符	通勤			通学
			1カ月	3カ月	6カ月	
加算額	10円		370円	1,050円または 1,060円	1,990円または 2,000円	なし

※大人の運賃。小児はバリアフリー料金を加算した運賃の半額

通学定期以外すべてにバリアフリー料金が上乗せ

オフピーク定期券の概要と例

オフピーク定期券

- 平日朝のピーク時間帯以外で使える定期券
- 通常の定期券から約10%※値下げされてお得
- ピーク時間帯は駅によって異なる
- 改札への入場時に利用時間が判定される
- ピーク時間帯に使用する際はICカードの普通運賃が必要

※2024年10月から15%に引き上げ

ピーク時間帯の例（山手線）

入場駅	東京	秋葉原	代々木	渋谷	目黒	浜松町
ピーク時間帯	7時30分～ 9時	7時25分～ 8時55分	7時40分～ 9時10分	7時20分～ 8時50分	7時15分～ 8時45分	7時35分～ 9分5分

出所：JR東日本ホームページ

たとえば東京駅では、7時30分～9時のピーク時間帯以外に入場する場合、オフピーク定期券が有効です

Chapter10
03

路線の存続をかけた動き

廃線の危機に瀕する ローカル鉄道の行方

鉄道業界が新型コロナウイルスの影響を大いに受けたことはいうまでもありません。とくに輸送密度の低い路線は存続が厳しく、廃線が視野に入ることもありますが、地元との協議が生じるケースが多いです。

鉄道事業全体の赤字がローカル線存続にも影響

地方の人口減少と鉄道シェア低下に加え、コロナ禍の影響でローカル鉄道の経営はますます苦しくなっています。度重なる事故やトラブル、不祥事で経営危機に陥ったJR北海道は2016年、輸送密度200人未満の線区（約311km）でバス転換を検討し、また2,000人未満の路線（約925km）も沿線自治体の協力がなければ存続できないと発表しました。

地方ローカル線は従来、大都市通勤路線や新幹線の利益で**内部補助**されてきましたが、コロナ禍による収益性低下で、持続的な交通体系をめぐる議論が避けられなくなりました。JR東日本も2019年度、輸送密度2,000人未満の35路線66区間が計693億円の営業赤字だったと2022年に発表しました。1987年度は40だった赤字線区が66となり、さらに2022年度には75線区まで拡大しました。JR西日本も同年、17路線30区間が計248億円（2017～2019年度の平均）の営業赤字だと発表しています。

内部補助
1つの事業体の中で、ある事業の黒字がある事業の赤字を補填すること。ただし事業の切り分け方や影響範囲をどこまで考えるかで意味合いが変わるため、単純化はできない。

協議会を通じて地域の交通を検討する

鉄道事業法は1年前までの届出で路線の廃止を認めていますが、現実には容易でないため、地元との協議に時間を要するケースが多々ありました。そこで政府は2023年11月に改正地域公共交通活性化再生法を施行し、地域公共交通の活性化と再生に向けた取り組みに地域の関与を明確化するとともに、国と自治体に連携と協働を促進する努力義務を課しました。そのうえで輸送密度が極端に少ない路線について、自治体または鉄道事業者から要請があった場合は、国が「再構築協議会」を設置し、廃止・バス転換を含めたあり方を協議するしくみが構築されました。

内部補助の考え方

例 鉄道事業者Aの収支

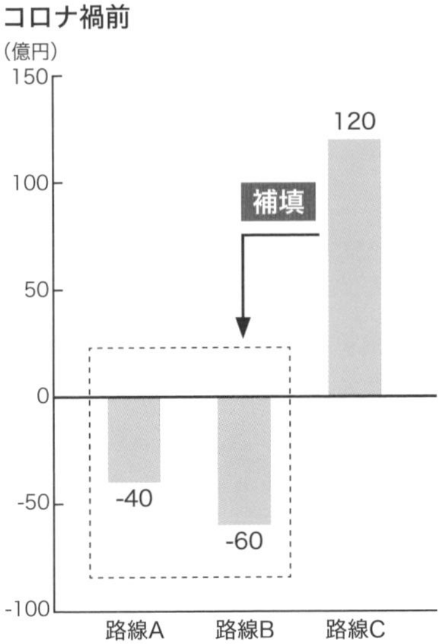

(-40)＋(-60)＋120＝**20**

内部補助で赤字が補填され、
全体で見ると黒字に

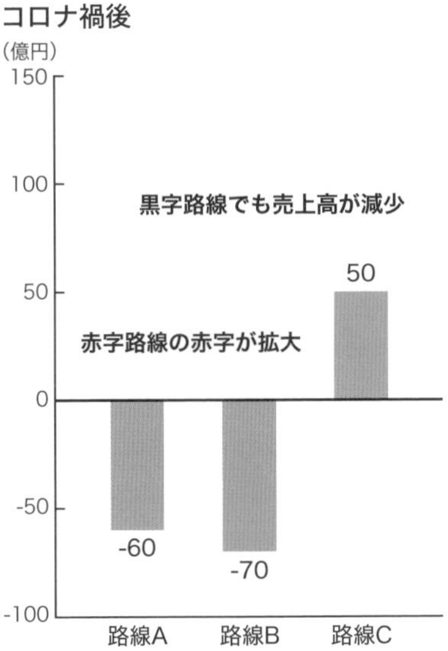

(-60)＋(-70)＋50＝**-80**

内部補助ができず赤字に

路線廃止の流れ

1年前までに国に
廃止届を提出

→

鉄道事業者の独断で
廃止可能

地元との協議に時間を要するケースが多い

↓

改正地域公共交通活性化再生法施行（2023年11月）

・地域公共交通の活性化と再生に向けた取り組みに地域の関与を明確化する
・国と自治体に連携と協働を促進する努力義務を課す
➡申し出があった際、国が「再構築協議会」を設置して、廃止・バス転換を含めたあり方を協議

Chapter10
04

新幹線に消極的な意見も

新幹線・私鉄の新線建設計画と今後の課題

地方経済の活性化にも一役買っていた新幹線。現在も多くの新線建設計画が進んでいる一方で、メリットのわりに費用負担などが大きい点、事業費が嵩んでいる点などが問題視されています。

進む新幹線整備と不満の声

ローカル鉄道が存続の危機に直面する中、新幹線と都市鉄道は新線建設計画が進んでいます。**整備新幹線**は現在、北陸新幹線金沢～敦賀間（2024年3月開業）、北海道新幹線函館新北斗～札幌間（2030年度以降開業予定）が工事中で、北陸新幹線敦賀～新大阪間、西九州新幹線新鳥栖～武雄温泉間が事業化に向けて地元などと協議中です。またJR東海が自社単独事業として中央新幹線（リニア）品川～名古屋間の建設を進めています。

これまで自治体は地方経済活性の切り札として新幹線を歓迎し、整備新幹線の建設費負担や並行在来線の分離を受け入れてきました。しかし近年は、**西九州新幹線**における佐賀県、北陸新幹線（敦賀～新大阪間延伸）における滋賀県のように、時間短縮などのメリットが少ない自治体が建設に難色を示す事例が増えています。

整備新幹線
全国新幹線鉄道整備法にもとづき整備計画が策定された路線。公共事業として国が建設し、JRが使用料を支払って営業する。事業費はJRの貸付料を差し引いた額の3分の2を国、3分の1を地方自治体が負担する。

西九州新幹線
2022年に開業した武雄温泉駅～長崎駅間を結ぶ新幹線。2024年現在、九州新幹線に接続する新鳥栖駅までの整備方式や佐賀県の費用負担などを協議中で、武雄温泉駅では在来線と新幹線を対面乗り換えで乗り継ぐリレー方式が採用されている。

採算性の確保が今後の課題に

都市鉄道は現在、東京メトロ有楽町線（豊洲～住吉間）、南北線（白金高輪～品川間）、JR西日本・南海なにわ筋線、JR東日本羽田空港アクセス線、多摩都市モノレール（上北台～箱根ヶ崎間）などが2030年代の開業に向けて整備中で、いずれも国・自治体の補助制度を活用しています。

ただ近年開業した路線は物価や人件費の高騰、難工事による工期の延長で事業費が想定を大きく上回っており、事業の収支採算性確保が大きな課題となっています。

このほか、2023年8月に開業した宇都宮ライトレール（ライトライン）が好調に推移しており、ほかの地方都市でもLRT整備構想が本格化する可能性があります。

新幹線のメリットとデメリット

メリット

・移動時間を短縮できる
・地方経済活性の切り札となる

デメリット

・建設費負担が大きい
・**並行在来線の経営分離**の問題が生じる

↓

並行在来線の経営分離

メリット：地元密着の経営で運行本数が増加する
デメリット：従来の特急列車がなくなる、JR運営時よりも運賃が値上がりする

デメリットが大きく、新幹線に消極的な見解を示す自治体もある

宇都宮ライトレールの開業後3カ月の利用者数

利用状況	利用者数	平日	土日祝
当初予測 （開業初年度）	約312,000人	約12,800人／日	約4,400人／日
1カ月目 （8月26日～9月25日）	約420,000人	約12,000～13,000人／日	約15,000～16,000人／日
2カ月目 （9月26日～10月25日）	約380,000人	約12,000～13,000人／日	約11,000～12,000人／日
3カ月※ （10月26日～11月26日）	約390,000人	約13,000人／日	約11,000～12,000人／日

平　日：通勤・通学などの日常利用が浸透（当初予測と同程度の利用）
土日祝：買い物や1日乗車券による観光などで広く利用される（当初予測の**約3倍**）
➡開業3カ月目には当初予測の**約1.3倍**の人が利用

※3カ月目の利用者数などは21日までの実績値にもとづき推計・算出

出所：宇都宮市「「ライトライン」開業後の状況について」

2024年4月には月別利用者数が開業後最多の42万1,613人を記録しました

Chapter10
05

「LRT」と「BRT」

輸送力の需要に応える新交通システムの導入

地方都市では「バス以上地下鉄未満」の輸送力が必要とされる場面があり、その際、新たな交通機関に注目が集まります。とくにBRTは多々導入が進んでおり、今後の発展も計画されています。

LRTの普及はまだ先か

地下鉄は都市における有力な高速・大量輸送機関ですが、整備に多額の費用がかかります。そこでバス以上地下鉄未満の輸送力を必要とする地方都市では、安価に整備が可能な新たな交通機関として「LRT」と「BRT」に注目が集まっています。

LRTは1990年代以降、ヨーロッパ各地で急速に広がった輸送機関です。LRTを軸にまちづくりを進めることで自動車の都心乗り入れを制限し、LRTと歩行者が共存するトランジットモールを整備して都市の再生を果たしたことで注目を集めました。

日本初のLRTはJR西日本富山港線を改築して2006年に開業した「富山ライトレール」ですが、新設のLRTは2023年開業の宇都宮ライトレールがはじめてです。宇都宮には各地域から視察が相次いでいますが、続く整備計画は具体化していません。

今後の展開に注目の国内BRT

BRTを称する国内路線は、廃線跡をバス専用道に転換したJR東日本「気仙沼線・大船渡線BRT」、JR九州「日田彦山線BRT（BRTひこぼしライン）」、茨城交通「ひたちBRT」と、都市型の「東京BRT」、西鉄・福岡市の「Fukuoka BRT」があります。

BRTは本来、速達性と定時性を確保するための専用レーンが必要ですが、上記のうち後者2路線には設定がありません。一方、BRTとは名乗らないものの名古屋市の「基幹バス」と、乗り入れ先である「名古屋ガイドウェイバス（ゆとりーとライン）」は専用レーンを走ります。

このほか、JR西日本とソフトバンクが「自動運転・隊列走行BRT」の共同開発を行ったりもしています。

LRT
「Light Rail Transit」の略称。「次世代路面電車」と呼ばれることが多いが、必ずしも路面電車を指すものではない。路面電車より大きく鉄道より小さい車両を用い、必要に応じて路面も走ることで、郊外と都心を安価に結ぶ「軽量軌道交通」と位置付けられる。

BRT
「Bus Rapid Transit」の略称。バスを用いた都市高速輸送機関を意味する。日本では連節バスが走行する路線をBRTと称することが多いが、PTPS（公共車両優先システム）、バス専用道、バスレーンなどを組み合わせることで、速達性・定時性を確保することが本質である。

新しい交通機関の導入

地下鉄は高速・大量輸送が可能な半面、整備に多額の費用を要する

↓

地方都市では「バス以上地下鉄未満」の輸送力が必要

↓

新しい交通機関「LRT」「BRT」に注目が集まる

LRT

- 路面電車（トラム）より大きく、鉄道（ヘビーレール）より小さい車両（ライトレール）を用いた輸送機関
- 「宇都宮ライトレール」、「富山地方鉄道富山港線（旧富山ライトレール）」が該当
- 各地で構想はあるが、宇都宮に続く整備計画は具体化していない

BRT

- バスを用いて鉄道と同等の速達性（Rapid）を実現する輸送機関
- 「被災した路線を転換した「気仙沼線・大船渡線BRT」や都市部の「東京BRT」などが該当するが、日本ではまだ定義があいまい
- 「自動運転・隊列走行BRT」が本格導入に向けて実証実験中

MEMO

新しいBRTで輸送力と運行の柔軟性を両立

JR西日本とソフトバンクが共同開発する「自動運転・隊列走行BRT」は、運転手が乗車する自動運転「レベル3」の先頭車両と、無人の「レベル4」自動運転の後続車両が隊列を組んで専用レーンを走行する輸送機関です。運転手1人で鉄道車両に匹敵する輸送力を実現可能で、バス運転手不足の解決策として期待されています。2024年1月に東広島市の公道上で市民を乗せた走行試験を行うなど実用化間近の段階にきており、数年以内の本格導入をめざしています。

Chapter10
06

業務ごとに異なる無人化・自動化の状況

たとえば券売機や改札機などは自動化が進んでいますが、とりわけ運転業務の自動化は発展途上にあります。地下鉄や新幹線は無人運転導入への試みが進んでいますが、普通鉄道の場合は容易ではありません。

運転の効率化は長らく停滞

少子高齢化は、鉄道の利用者減少のみならず、従業員の採用難にも直結します。駅業務は自動券売機、自動改札機の導入など省力化が進み、近年は都市部でも無人駅が増えていますが、運転業務の省力化は発展途上です。

鉄道の**自動運転**はUITO（国際公共交通連合）が「GoA（Grades of Automation)」というレベルを定めています。GoAは路面電車などの目視による手動運転である「GoA0」から完全無人運転の「GoA4」まで5段階に区分されます。

日本ではじめて「GoA4」の無人運転を行ったのは1981年に開業した神戸市の新交通システム「ポートライナー」でした。ただし、それから40年以上が経過した2024年3月現在も新交通システム以外の営業列車で完全無人運転を行う路線はありません。

無人運転の模索と山手線の挑戦

1990年代以降、地下鉄を中心に「GoA2」にあたる自動列車運転装置を用いたワンマン運転の採用が増加します。地下鉄は新交通システム同様、踏切がなく、容易に人が立ち入れず、ホームドアの設置率が非常に高いため、無人運転を導入しやすいです。実際にフランスでは**無人運転の地下鉄路線**が存在します。また同様の条件を備える新幹線でも無人運転が模索されており、JR東日本は上越新幹線で試験走行を進めています。

一方、踏切などから人が立ち入る可能性のある普通鉄道の無人運転は、少なくとも当面は困難です。そこでJR東日本は2030年代の実用化をめざし、山手線で運転資格を持たない係員が添乗する**ドライバレス運転**の実用化をめざしています。

自動運転
自動運転システムをATO（自動列車運転装置）と称する。線路内に設置された地上子から受信したデータをもとに、プログラムに従って出発、走行、停止を自動で行う。

無人運転の地下鉄路線
日本でも、福岡市地下鉄七隈線は無人運転を想定したシステムを搭載している。

ドライバレス運転
人間による運転を必要とせず、自動運転で列車を運行すること。GoAには定義されていないが、先頭車両に安全確認や避難誘導を担当する係員が乗車する自動運転を、日本では独自に「GoA2.5」としている。

自動運転の分類

自動化レベル	乗務形態	導入状況
GoA0 目視運転（TOS）	 運転士（および車掌）	路面電車
GoA1 非自動運転（NTO）		踏切などのある一般的な路線
GoA2 半自動運転（STO）	 運転士（列車起動、ドア扱い、緊急停止操作、避難誘導）	東京地下鉄（丸ノ内線、南北線など） 首都圏新都市鉄道（TX）　など
日本独自の区分 GoA2.5 添乗員付き自動運転（DTO）	 前頭に運転士以外の係員（緊急停止操作、避難誘導）	JR九州香椎線
GoA3 添乗員付き自動運転（DTO）	 前頭以外に常務する係員（避難誘導）	舞浜リゾートライン
GoA4 自動運転（UTO）	 係員の乗務なし	ゆりかもめ 神戸新交通　など

〈要件〉
①踏切がない
②人などが容易に立ち入れない構造(高架など)
③ホームドアあり　など

↓

①〜③のいずれかの要件などを満たさない一般的な路線への導入を検討

↓

〈検討を要する項目〉
・線路内の監視（センシング技術の活用）
・異常検知（火災（煙）の検知など）
・異常時の避難誘導　など

出所：国土交通省「鉄道における自動運転技術検討会（第1回）資料」をもとに作成

技術の導入・活用

鉄道会社が取り入れるDX

デジタル化が進む昨今、鉄道事業者もDXを取り入れる傾向にあります。サーバ型SuicaやQRコードを活用した乗車券の登場、クレジットカードの活用など、多様な動きが見られます。

Suicaの使用エリア拡大にも貢献

IT・デジタル技術は鉄道の姿を変えてきました。たとえば2000年代を代表する技術革新である「Suica」は、ICチップ「**Felica**」など1990年代の技術で開発したものですが、JR東日本は2010年代以降のクラウド技術を取り入れた「センターサーバ型Suica」を開発し、導入を進めています。

Felica
ソニーが開発した非接触型ICカードの技術。JR東日本では2001年から導入を開始した。

従来のSuicaはICカード本体に記録された乗車駅、降車駅データをもとに、自動改札機に内蔵された運賃テーブルで運賃計算を行っていました。それがセンターサーバ型に移行し、ネットワーク上でデータ処理するようになると、ICカードや自動改札機の記憶容量を超える複雑な計算が可能になるため、Suicaエリアをまたいだ利用や多彩な割引サービスが実現できます。

QRコードやクレジットカードが利便性向上のカギ

センターサーバシステムと密接な関係を持つのが、QRコード乗車券です。QRコード乗車券を導入すると高コストな磁気乗車券を縮小・廃止できる上、乗車券を駅や旅行代理店以外でも発行可能になります。実際、南海電鉄は2023年から全駅にQRコード対応改札機を展開しており、「特急券付きデジタル乗車券」を発売しました。2024年度以降、阪急やJR東日本などが導入を予定しています。

同様に注目されているのがクレジットカードを自動改札機に直接タッチして乗車する「**タッチ決済**」です。とくに訪日外国人は訪日後、駅で乗車券の購入・引き換えが必要ですが、タッチ決済は券売機の混雑解消や削減・多言語対応の負担軽減が期待できることから、空港アクセス事業者を中心に導入が進んでいます。

タッチ決済
決済端末にクレジットカードを近付けるだけで支払いができる決済方法のこと。MastercardやVisa、JCBなどのさまざまなクレジットカードが対応可能になっている。

サーバ型Suicaのしくみとメリット

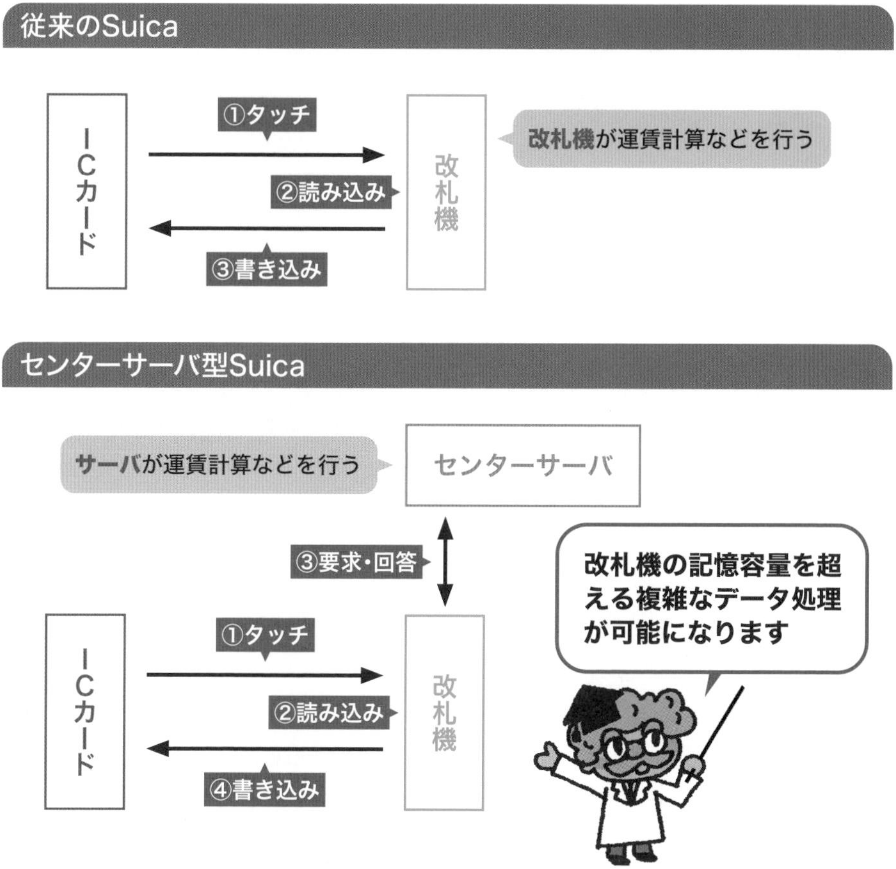

➡Suicaエリアの拡大・統合や多彩な割引サービスが実現する

MEMO

なぜ磁気乗車券は高コスト？

磁気乗車券は裏側に磁気データを記録する特殊な塗装をが必要で、廃棄にも費用がかかります。また自動改札機は切符を物理的に搬送し、磁気データの読み込み・書き込みを行う精密機械の塊であり、頻繁に券詰まりなどのトラブルが発生するため、イニシャルコスト、ランニングコストが高価でした。ICカードリーダーやカメラは小型で安価かつ、非接触なのでメンテナンスの頻度が大幅に少なくなり、大幅なコストダウンが可能になります。そのため、各社で導入が急がれているのです。

Chapter10
08

効率化とスリム化

AIを活用した鉄道事業

人口減少が進む中、多くの人手を要する保守作業の効率化は喫緊の課題で、メンテナンス体制の転換が求められます。DXは保守作業の合理化、設備自体のスリム化など“鉄道の裏側”を大きく変える可能性を秘めています。

保守作業の効率化は人員確保にもつながる

AIの活用はさまざまな分野に及びます。切符の時代は把握できなかったICカードの詳細な乗車履歴を解析したマーケティングや、防犯カメラ映像から転落や不審者の検出、遅延回復や省エネ運転の支援、気温に応じた適切な空調操作など、AIによる業務効率化、質的向上を図る事例が次々と登場しています。

そして、鉄道のDXは整備や保守の面でも進んでいます。

鉄道事業は**資本集約型産業**でありながら**労働集約**性の高い特異な産業です。しかし少子高齢化は従業員の採用難に直結する上、近年は変則勤務で深夜労働の多い鉄道事業を若者が敬遠する傾向にあり、とくに保守作業員の確保が困難になっています。

資本集約型産業
重化学工業や機械産業、通信、エネルギー産業など事業に占める資本の割合が大きい産業。

労働集約
事業活動の大部分を人間の労働力に頼ること。サービス業などが該当する。

そこで、保守業務の効率化が求められます。これまで故障の有無に関わらず定期的にメンテナンスを実施していた体制を、各種施設にデータ収集装置を設置する「IoT」化を進めることで、状態に応じてメンテナンスをする体制へ転換する必要があるのです。その場合、人間が大量のデータを解析するのは困難なので、データから故障の予兆を掴むAI技術の開発も不可欠です。

DXによって設備もシンプルにできる

もう1つの課題が設備のスリム化です。鉄道はレールと車輪の接触から検知した走行位置を信号システムに送り、先行列車との距離から出した信号を列車に送っており、裏側には長大なケーブルが張り巡らされています。そこでデジタル無線を用いて、列車から走行位置や速度、地上設備から停止信号、制限速度などを送信する**CBTC**の導入で、機能向上とコストダウンを実現する試みが広がっています。

CBTC
正式名称は「Communications-Based Train Control（都市鉄道向け無線式列車制御システム)」。

メンテナンス体制の変化

効率化

	従来の保守業務	IoT化した保守業務
実施のタイミング	定期	状況に応じた対応
故障の有無	問わない	故障があるときのみ

作業の効率化が人員確保につながる

故障の有無を問わない定期的なメンテナンスを「TBM（Time Based Maintenance）」、必要に応じたメンテナンスを「CBM（Condition Based Maintenance）」といいます

鉄道におけるDXの例

JR西日本：地上設備の状態監視

システム概要	鉄道沿線にIoTインフラネットワークを整備し、約1㎞間隔でデータ収集装置を設置。各種設備のセンサーやカメラと通信して、各種情報を収集・蓄積・分析する
効果	データ収集や状態監視が遠隔から可能となり、検査効率が大きく向上する

出所：JR西日本ホームページをもとに作成

東京メトロ：CBTCシステム

システム概要	無線通信を使用して連続的に列車の位置を把握し、列車間隔をさらに短くする
効果	遅延回復など運行安定性向上と、地上設備の簡素化により保守作業を削減する従来のシステムより精密な制御が可能なため、自動運転化がしやすい

※丸ノ内線で2025年から実証実験を行う予定

出所：東京メトロホームページをもとに作成

MEMO

日本「初」のCBTC導入

東京メトロ丸ノ内線は2024年度に、日本の地下鉄として初めて「CBTC」を導入します。今後は日比谷線、東急田園都市線にも導入予定です。無線式列車制御装置としては、JR東日本が2011年に開発した「ATACS」が先行しています。CBTCに列車運行管理機能を組み込んだシステムで、現在は仙石線、埼京線で実用化されています。2036年までに首都圏全域への導入が予定されています。

Chapter10
09

内部の知識だけを頼らない

外部の力を活用して拡大していく事業領域

人々の価値観や行動様式が急速に変化する中で、鉄道事業者にも外部の技術を取り入れる、あるいは自社の技術を提供するといった動きが見られるようになりました。これによってさらなる技術の発展に期待が寄せられます。

積極的に外部の技術などを取り入れる

鉄道事業者は「自前主義」を転換し、外部の技術や知見、発想を活用した「オープンイノベーション」を推進しています。こうした取り組みはコロナ禍前から始まっており、たとえば東急は2015年から「東急アクセラレートプログラム（現・東急アライアンスプラットフォーム）」を開始します。2018年にはJR東日本が**コーポレートベンチャーキャピタル**「JR東日本スタートアップ」を設立し、「地域共創」「デジタル共創」などをテーマにハイペースで事業化を進めています。

コーポレートベンチャーキャピタル
事業会社が自己資金でファンドを組成し、社外のベンチャー企業に出資や支援を行う活動組織のこと。

とはいえオープンイノベーションは特効薬ではありません。JR東日本の事例を見てもドローンを用いた駅設備の点検から駅そば店舗への「そばロボット」の導入まで内容はさまざまで、現時点で大きな利益は期待できないものもあります。しかし、まずは鉄道事業者のマインド自体を変えることが重要なのです。

また、2023年9月には、JR東日本スタートアップに加えて東急、小田急、西武ホールディングスが共同で鉄道横断型社会実装**コンソーシアム**「JTOS」を発足し、各社の資産を活用した広範囲な実証実験の実施や、事業化の迅速な判断、負担軽減などを実現したいとしています。

コンソーシアム
2つ以上の企業や団体が共同で1つのサービスを提供すること。「共同事業体」ともいう。

技術の販売がさらなる技術向上へつながる

そして、技術先行でニーズを軽視しがちだった社内開発を、課題解決のために必要に応じて外部技術を活用する取り組みも加速しています。開発した技術は積極的に外部に販売することで事業者の垣根を越えた業務変革をめざすとともに、さらなるニーズを汲み取って技術向上を図ります。

オープンイノベーションの例

東急アライアンスプラットフォーム

- 2015年から開始※
- スタートアップ企業などとの事業共創を推進する

※開始当初は「東急アクセラレートプログラム」

出所：東急アライアンスプラットフォーム

JR東日本スタートアップ

- 2018年に設立したコーポレートベンチャーキャピタル
- 「地域共創」「デジタル共創」などをテーマにハイペースで事業化

出所：JR東日本スタートアップ

JTOS

- 2023年9月に発足したJR東日本スタートアップ、東急、小田急、西武ホールディングスによる鉄道横断型社会実装コンソーシアム
- 各社の資産を活用した広範囲な実証実験の実施や、事業化の迅速な判断、負担軽減などを実現する見通し

出所：JTOS

各社が互いの技術や知見、発想を活用し合うことで、技術のさらなる発展に期待できます

Chapter10

10

鉄道を１つの選択肢としてとらえる

移動をより快適にする ほかの交通機関との連動

多様な交通機関や移動手段が存在する現代において、「MaaS」という考え方が注目を集めています。これを達成するために、主に地方の鉄道事業者がさまざまな取り組みを実施しています。

「移動手段を選択できる」ということ

私たちの身の周りには鉄道以外にもさまざまな交通機関、移動手段が存在しますが、これらは互いに競い合う部分もあれば、補い合う部分もあります。自家用車があればほぼカバーできますが、環境対策や**高齢ドライバー**問題など課題も少なくありません。

高齢ドライバー
一般的には前期高齢者である65歳以上の運転者を指す。2022年末の65歳以上の運転免許保有者は全体の23.7%、75歳以上に限っても全体の8.1%を占めている。

そこで注目されているのが「MaaS（Mobility as a Service）」です。これは移動手段（Mobility）を個人が保有するのではなく、鉄道やバスなどの公共交通やカーシェア、自転車など多様な移動手段を必要に応じて利用し、各サービスの予約や決済を共通化することで、シームレスな移動を実現しようという概念です。

地方での鉄道事業者の取り組み

公共交通が高度に発達し運行本数も多い日本の大都市では、ICカード１枚でほとんどの交通機関を利用できるため、事実上、MaaSは達成されているという見方もあります。しかし地方では自動車移動を前提としたまちづくりが進み、公共交通機関の利用者が減少しています。減便や運賃値上げで使い勝手が悪くなり、さらに利用者が減るという負の循環に陥っています。

こうした中、福井市は市内を走る「福井鉄道」と「えちぜん鉄道」の計35駅に計1,400台の駐車場を完備して**パークアンドライド**を推進しています。また両路線の相互直通運転を開始するなど再構築を進め、通勤利用者が倍増する実績を挙げています。また高速バス大手の「WILLER」は、同社が運営する京都丹後鉄道沿線で路線バスとの接続改善や、AIシェアリングモビリティーサービスを導入しました。地方交通の再生は、鉄道だけでなく全体的な視点で議論を進める必要があります。

パークアンドライド
自宅から最寄駅駐車場まで自家用車を使い、公共交通機関に乗り換えて通勤する利用形態のこと。家族に最寄駅まで送迎してもらう利用形態は「キスアンドライド」という。

地方における移動手段の変化

●これまで

➡・便利だが渋滞やスプロール化など不経済が発生
・マイカー保有にコストがかかる

●MaaS

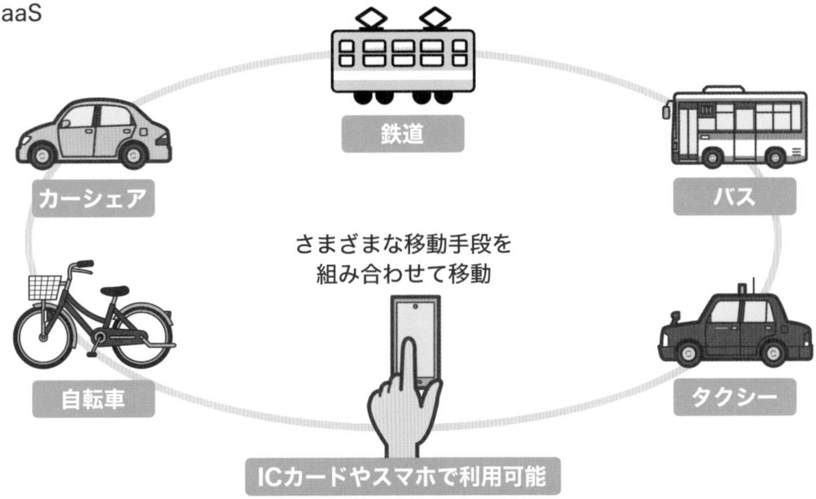

➡・公共交通を中心としたまちづくりが可能
・利用者は必要に応じて料金を払うだけでよい

MEMO

アプリは「MaaSを実現する手段」の1つ

MaaSの本質は郊外の無秩序な住宅地化を防ぎ、都心を中心としたコンパクトシティを作るための脱マイカー政策です。日本では「予約・決済アプリ＝MaaS」ととらえられがちですが、実際はもっと単純で身近な話です。たとえば東京や大阪は自動車保有率が非常に低いですが、これはさまざまな交通機関を組み合わせた乗換検索が可能で、予約を必要としないほど運行本数が多く、すべてICカードで決済可能な、MaaSが実現した都市だからといえるでしょう。

Chapter10

11

鉄道のこれから

“鉄道”を中心に人々の暮らしを提案する

鉄道事業者が鉄道以外の事業を行うのは本書で紹介してきたとおりで、多くの会社で見られる動きです。多様な事業を組み合わせて「駅」を生活の拠点にすることが、今後のカギとなるでしょう。

駅は利用者と経済をつなぐ場

コロナ禍と人口減少社会の到来で、鉄道事業者は今後、鉄道以外の事業を開拓しなければならないといわれます。これは一面では正しいですが、鉄道事業者が手がける事業はあくまでも鉄道の生み出す外部経済を取り込むものでなければ意味がありません。

関連事業の展開については本書でも紹介してきたとおりで、東急グループや阪急阪神グループのように、沿線外でさまざまな事業を成功させている事業者もあります。しかし、これは長い歴史の中で積み重ねたノウハウがあってのことで、ただ未経験の新事業に参入しても先行する事業者に勝てません。

リモートワークの普及やオンラインサービスの進化で人々の移動機会は減少すると見込まれています。しかし、私たちが現実社会に生きる以上、人とモノの移動がなくなることはありません。鉄道の強みは利用者とのリアルな接点です。とりわけ利用者が毎日通過する駅は、生活に付帯する種々の活動や消費を取り込む大きな可能性を秘めています。

これまでもこれからも鉄道中心の暮らしを提案

日本最大の鉄道事業者で鉄道中心の経営だったJR東日本も、2027年頃には営業利益の半分以上を関連事業で稼ぐようになる見込みです。

かつて関連事業は「副業」と呼ばれましたが、鉄道が主で関連事業が従という時代は終わりました。とはいえ、関連事業を本業にすればよいという単純な話でもありません。鉄道事業者が新時代を生き抜くには、鉄道を中心にすべての事業が一体となり、利用者に新しい「暮らし」を提案し続ける必要があるのです。

鉄道経営のあり方

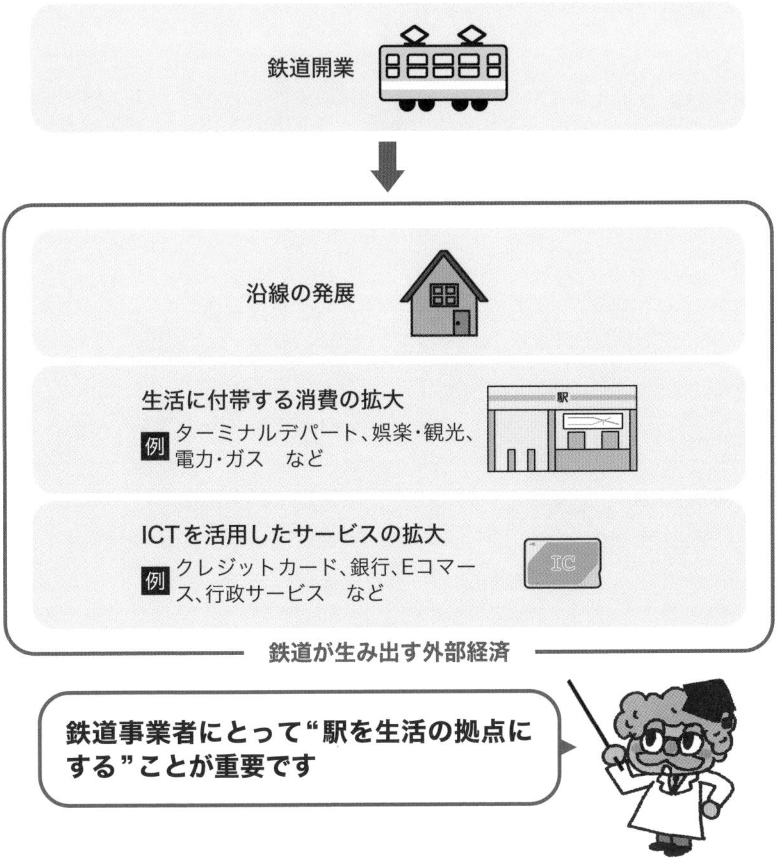

人口減少に応じたアプローチ

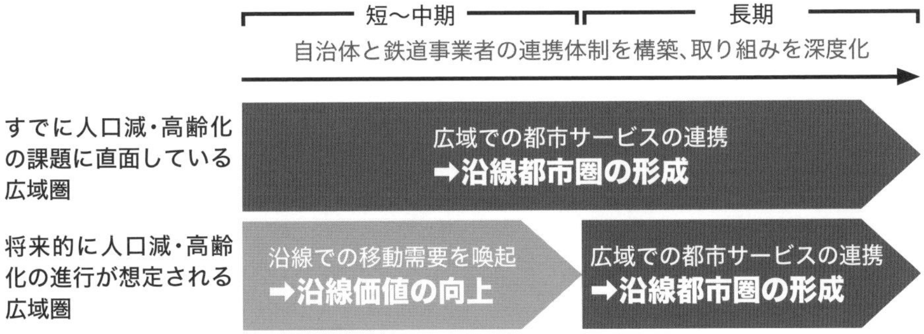

出所：国土交通省「鉄道沿線まちづくりの取組」

索引

さ行

た行

な行

は行

ま行

や・ら・わ行

著者略歴

枝久保 達也（えだくぼ　たつや）

東京地下鉄（東京メトロ）で広報、マーケティング・リサーチ業務などに従事。2017年に同社を退職後、鉄道ジャーナリストとしての執筆活動や、都市交通史研究家としての鉄道史の研究を行う。著書に『戦時下の地下鉄 新橋駅幻のホームと帝都高速度交通営団』（青弓社）など。

佐藤 充（さとう　みつる）

大手鉄道会社に総合職として入社し、主に鉄道車両関係に従事してきた。2011年より鉄道ライターとして活動を開始しており、鉄道ビジネス関連の記事を得意とする。著書に『明暗分かれる鉄道ビジネス』、『誰も語りたがらない鉄道の裏面史』（いずれも彩図社）など。

小林 拓矢（こばやし　たくや）

早稲田大学在学時に鉄道研究会に在籍。Yahoo！ニュースエキスパート。現在はフリーライターとして鉄道・時事などの執筆活動を行い、ウェブメディアなどへ寄稿も多数。著書に『JR中央本線 知らなかった凄い話』、『関東の私鉄沿線格差』（いずれも河出書房新社）など。

■装丁　井上新八
■本文デザイン　株式会社エディポック
■本文イラスト　植木美恵、イラストAC
■担当　春原正彦
■DTP　竹崎真弓（株式会社ループスプロダクション）
■編集　関根孝美（株式会社ループスプロダクション）

図《ず》解《かい》即《そく》戦《せん》力《りょく》 鉄《てつ》道《どう》業《ぎょう》界《かい》の しくみとビジネスが これ1冊《さつ》でしっかりわかる教《きょう》科《か》書《しょ》

2024年6月22日　初版　第1刷発行

著　者　枝《えだ》久《く》保《ぼ》達《たつ》也《や》、佐《さ》藤《とう》充《みつる》、小《こ》林《ばやし》拓《たく》矢《や》
発行者　片岡　巌
発行所　株式会社技術評論社
東京都新宿区市谷左内町21-13
電話　03-3513-6150　販売促進部
03-3513-6160　書籍編集部
印刷／製本　株式会社加藤文明社

ISBN978-4-297-14202-5 C3034　Printed in Japan

◆お問い合わせについて

- ご質問は本書に記載されている内容に関するもののみに限定させていただきます。本書の内容と関係のないご質問には一切お答えできませんので、あらかじめご了承ください。
- 電話でのご質問は一切受け付けておりませんので、FAXまたは書面にて下記問い合わせ先までお送りください。また、ご質問の際には書名と該当ページ、返信先を明記してくださいますようお願いいたします。
- お送りいただいたご質問には、できる限り迅速にお答えできるよう努力いたしておりますが、お答えするまでに時間がかかる場合がございます。また、回答の期日をご指定いただいた場合でも、ご希望にお応えできるとは限りませんので、あらかじめご了承ください。
- ご質問の際に記載された個人情報は、ご質問への回答以外の目的には使用しません。また、回答後は速やかに破棄いたします。

◆お問い合わせ先

〒162-0846
東京都新宿区市谷左内町21-13
株式会社技術評論社　書籍編集部
「図解即戦力
鉄道業界のしくみとビジネスが
これ1冊でしっかりわかる教科書」係
FAX：03-3513-6167

技術評論社ホームページ
https://book.gihyo.jp/116